U0942977

高校机关作风建设和服务实践纵横

主　编　张　楠　姜素兰　王　玮
副主编　王　琪　杨　飞　张　颖

中国政法大学出版社
2016 · 北京

图书在版编目（CIP）数据

高校机关作风建设和服务实践纵横/张楠，姜素兰，王玮主编.—北京：中国政法大学出版社，2016.10
ISBN 978-7-5620-7071-9

Ⅰ.①高… Ⅱ.①张… ②姜… ③王… Ⅲ.①中国共产党－高等学校－党风建设－研究 Ⅳ.①D267.6

中国版本图书馆CIP数据核字(2016)第266606号

出 版 者　中国政法大学出版社
地　　址　北京市海淀区西土城路 25 号
邮寄地址　北京 100088 信箱 8034 分箱　邮编 100088
网　　址　http://www.cuplpress.com（网络实名：中国政法大学出版社）
电　　话　010-58908437(编辑室)　58908334(邮购部)
承　　印　固安华明印业有限公司
开　　本　880mm×1230mm　1/32
印　　张　10.5
字　　数　260 千字
版　　次　2016 年 11 月第 1 版
印　　次　2016 年 11 月第 1 次印刷
定　　价　39.00 元

《高校机关作风建设和服务实践纵横》编委会

PREFACE 序　言

作风建设是一项持久战，必须常抓不懈、久久为功。随着党中央开展“两学一做”工作部署，党的作风建设继群众路线教育实践活动、“三严三实”专题教育之后得到继续深化，学习教育活动从领导干部的“关键少数”向全体党员范围拓展。作为高校重要的枢纽部门，高校机关的作风建设工作要积极适应新形势新任务，坚持理想信念的精神补钙，不断推进和加强高校机关作风建设，助力学校各项事业的科学发展。

欣慰的是，近年来机直党委始终不断加强作风建设，积极探索创新实践路径，将作风建设、工作整改与学校为师生办的年度大事相结合，做实活动方案，做细项目整改，强调监督落实，特别是还相继集结出版了高校机关作风与效能建设系列成果，着实取得了很好的成绩。

作风建设也是一场人民战，必须以党风带民风，以党风赢民心，更好地服务人民。为精神补钙，是为了给思想提神，也是为了在行动中更好的求真务实，真抓实干。党全心全意为人民服务的宗旨在新的历史阶段呈现出新的要求，可以说，“三严三实”既是我们当前作风建设的标准要求，又是重要抓手；有了“三实”，“三严”的实际价值才会得以体现。

在本书中我看到我们的机关干部结合“三严三实”的学习关注着学校“十三五”期间的规划发展，负责任地对如何提升部门执行力、提高工作效能谈思考、提建议。我认为这既让个人获得成长、又能推进工作的学术平台搭建得非常好，大家都在为建设让师生员工满意的服务型机关一起努力，携手共进。

作风建设永远在路上，为人民服务只有起点。希望我们在建设首都人民满意的高水平、有特色、应用型大学的征程中，持之以恒地转变作风，切切实实地从“严”上要求自己、向“实”处谋事着力，善始善终、善作善成，不断取得作风建设的新成效，努力创造出经得起实践和人民检验的好成绩，在实现我们的联大梦、中国梦的伟大征程中谱写出新的篇章。

2016 年 4 月

目录 CONTENTS

实践服务篇

队伍成长篇

作风建设篇

机关作风是机关工作和战斗力的基础，不断创新机关党建工作则是这种战斗力持续活力的根本保障。“欲影正者端其表，欲下廉者先之身。”机关干部要自觉做弘扬优良作风的表率，持之以恒、锲而不舍，善始善终、善做善成，不断把作风建设引向深入，以良好作风推动学校全面建设。

把握新常态，推动有机廉政建设视阈下高校机关作风建设

学生工作部（处）宋杰
档案（校史）馆　姜素兰

摘要：党的十八大后，我国呈现出全面从严治党的新常态，在党风廉政建设的新视阈下，党的作风建设也表现出新的内容。作为特殊部门的高校机关单位，更应该坚持党性教育学习、坚持“1+1”监督协作、坚持贯彻党的群众路线，以丰富有效的实践路径积极适应当前有机廉政建设新常态，推动高校作风建设、廉政建设真正落地生根。

关键词：廉政建设　作风建设　高校机关

“新常态”是十八大后习近平总书记提出的重要论断。特别是在加强党的作风建设方面，以习近平同志为总书记的党中央以身作则、正风肃纪，始终把党风廉政建设紧紧抓在手上，从八项规定到反对“四风”，从党的群众路线教育实践活动到“三严三实”专题教育，再到现在的“两学一做”，使党内呈现出新的政治新常态。因此，高校也要积极主动适应国家全面从严治党的新常态，尤其从高校工作开展的轴心和枢纽——高校机关的作风建设抓起，高举反腐倡廉的旗帜，建立高校有机廉政建设的新秩序。

一、高校有机廉政建设与机关作风建设互为关联

高校有机廉政建设是一个新的概念，也是一种新的体制机制，它是一项多方位、多层次、多途径的艰巨而长期的系统工程，包括腐败源头上的预防、廉政建设中的监管和各层面科学的长效机制的建立等。习近平总书记说过，“在改革开放和发展社会主义市场经济的条件下，我们党脱离群众的危险比过去大大增加，这就是党的十八大强调全党要经受住‘四大考验’、防止‘四种危险’的目的所在。党的十八大之后，党中央决定雷厉风行抓作风建设，出发点和落脚点就在这里。生于忧患，死于安乐”。因此，营造高校有机廉政的建设氛围，其出发点和落脚点亦在于作风建设。换句话说，高校有机廉政建设的重要环节就是要不断加强和改进机关作风建设。

高校机关是高校工作开展的轴心和枢纽，在高校有机廉政建设工作中具有突出的示范与引领地位。党的十八大以来，中央下大决心推进作风建设，开展了以“为民务实清廉”为主题的群众路线教育实践活动，聚焦“四风”，坚决落实“三严三实”“五个坚持”，着重从源头上预防和治理腐败等作风问题。可以说，加强机关作风建设，不仅是我们党的优良传统，也是马克思主义政党一贯的政治自觉。因此，加强高校的机关作风建设，也必须从反腐倡廉这个基础做起，重点抓好廉政建设这个关键切入点。

二、高校机关党委是高校有机廉政建设与机关作风建设的重要力量

党的十八届三中全会明确要求，落实党风廉政建设责任制，党委负主体责任，纪委负监督责任。一方面，机关党委是构建

高校有机廉政建设新常态的主力，另一方面，机关党委也要适应并不断巩固这种新常态建设成果，营造积极向上的有机高校廉政建设氛围，以期形成一种使人不敢腐败、不能腐败、不想腐败的机制和环境，增强党组织的创造力、凝聚力和战斗力，始终保持机关党建的先进性、纯洁性，从而以好的党风政风带动好的教风、学风、校风，实现学校的科学发展和跨越式进步。

三、廉政建设视阈下机关作风建设的路径探索

高校有机廉政建设，说到底重点是要防止、遏制各类腐败现象的滋生和蔓延，建立、形成健康的廉洁校园文化氛围，维护高校的科学发展。在此背景下高校机关作风建设路径的探讨，也将围绕这一共同的目标，认真研究如何建立廉洁、高效的机关行政部门，树立权为民所用的正能量形象，如何打造出一支经得起物质考验、廉政勤政的机关管理干部队伍，提升机关的工作服务效能，提高机关建设战斗力。

要坚持党性教育学习的新常态，在“勤”和“严”上下功夫。高校机关要切实把党性教育学习当作一种政治责任、一种精神追求、一种生活方式，指导机关管理干部勤于学习、增强精神补钙，严于执行、把好人生总开关，做党的忠诚可靠、服务人民的好干部。北京联合大学自从深入开展党的群众路线教育实践活动以来，包括目前正在深入开展的“三严三实”“两学一做”专题学习，学校机直党委敢于直面机关作风顽疾，制定出台了机关党员干部学习方案，不仅为每位党员购买了学习书籍，还在学习时间、学习方式等方面细化规则，指导、监督、加强机关干部真读、真学、真交流，为加强机关作风建设和营造机关廉洁氛围下了大功夫。

要坚持“1+1”监督协作的新常态，在“聚”和“廉”上

下功夫。高校机关要积极动员可以监督监管和效能帮扶的力量，使机关管理工作内外融合，既互相支持又彼此监督，在聚上求合力，在廉上讲规矩，顺利推进机关作风建设。这里的“1 +1”是指北京联合大学机直党委近年来连续开展的一项创新性活动。机直党委从整治软环境入手，以机关作风建设整改项目清单的形式明确责任人和责任部门，由责任部门具体推进落实，随时接受全校师生的监督检查。“1 +1”原本是指机关各部门的支部书记和行政负责人“1 +1”的“双组长制”，使党政工作紧密配合、彼此监管；今年机直党委又丰富了“1 +1”的内涵，为每一对双组长管理配备了一位党风廉洁建设工作指导专家，对每一个作风建设整改项目进行前期指导、中期监督、后期保障，使机关部门在服务群众和加强自身建设等方向不断提升工作的执行力和创新力。

要坚持贯彻群众路线的新常态，在“靠”和“实”上下功夫。高校机关要真正把“一切为了群众，一切依靠群众，从群众中来，到群众中去”在工作中落细、落小、落实，经常问计于民、问政于民，取信于民，才能共谋发展。近三年来，北京联合大学机直党委在与机关各总支、支部充分沟通的基础上，共完成了近 70 项作风建设整改项目的立项结题，一切整改效果由师生切实感受，监督和评价由师生随时开展。机直党委以这种人人看得见、事事摸得着的方式，在推进机关廉洁文化建设、建设师生员工满意的服务型机关上取得了有目共睹的好成绩。正是认真贯彻了群众路线的精髓，才真正解决了诸如文件会议较多、统筹数据支持等实实在在的问题，推动了整体事业的前进。

廉政建设永远在路上，作风建设永无止境。把握新常态，推动高校廉政建设视阈下机关作风建设的路径探索也将持续进行并不断丰富。习近平总书记对加强新形势下机关党的建设、党员干部队伍建设和做好机关各项工作提出了“五个坚持”的要求，即“坚持绝对忠诚的政治品格、坚持高度自觉的大局意识、坚持极端负责的工作作风、坚持无怨无悔的奉献精神、坚持廉洁自律的道德操守”，更为新形势下高校机关建设明确了努力方向，树立了更高的标杆。高校机关要继续在“常”与“长”二字上下功夫，推动保障的制度化、长效化和常态化，使作风建设、廉政建设真正落地生根。

浅析基于胜任特征视角的高校领导干部作风建设

纪检监察办公室　王　琪

摘要：高等学校党政领导干部是党的执政活动在高等学校的重要承担者，既参与学校建设的路线、方针、政策的制定和执行，又参与实现学校各项任务的组织和领导，负责把党的主张变为教职工的自觉行动，其能力和素质如何，直接体现和决定着学校党委的执政能力与办学能力，直接关系着高等学校的前途和命运。本文基于胜任力理论视角，就如何加强高校领导干部作风建设进行了探析。

关键词：胜任　领导干部　作风建设

胜任力理论是20世纪70年代初，由美国著名心理学家David Mclellan（1973）教授提出的。所谓胜任力，是指一些能使人有效或更好工作的潜在特质，包括动机、品质、个性或态度和行为等关键特征，且能区分出绩效优秀者和绩效平平者的主要指标体系。胜任力存于知识与技能、社会角色、自我形象、个性与动机五大领域。胜任力是领导者的核心素质，是衡量领导者领导水平、领导绩效的重要标志。按照既是教育家又是政治家的要求，高等学校党政领导者既应具有一般党政领导的政治素质和领导能力，又应具有适应高等学校工作特点的人文精神、办学治校能力等。本文基于胜任力理论视角，就如何加强高校领导干部作风建设进行了探析。

一、加强领导干部作风建设对提升领导胜任力的意义

领导干部作风是领导胜任特征的最直接的外在表现形式，是领导干部胜任力的重要内容。胜任力是领导者的基本素质，是衡量领导者的领导水平、领导绩效的综合指标体系。胜任特征（Competency）就是能将某一工作（或组织、文化）中有卓越成就者与表现平平者区分开来的个人深层次特征。它可以是动机、特质、自我形象、态度或价值观、某领域知识、认知或行为技能——任何可以被可靠测量或计数的并能显著区分优秀与一般绩效的个体特征（McCleland）。胜任特征划分为知识、技能、社会角色、自我概念、人格特质和动机六个层次。其中，知识是个体对某一职业领域有用信息的组织与利用；技能是个体将事情做好的能力；社会角色是个体在他人面前想表现出来的形象；自我概念是个体对自我身份的认识或知觉；人格特质是个体身体特征及典型的行为方式；动机是个体外显行为的自然而稳定的思想。社会角色、自我概念、人格特质和动机属于个体深层次的胜任特征，是个体较为持久的潜在特征，是决定人们行为及表现的关键因素。领导干部作风是领导者个体的社会角色、自我概念、人格特质和动机等内在特质的外在表现形式，它本身是领导者在公众面前展现出的一种形象，是自我认知和任职动机所直接反映的一种行为模式，是领导干部胜任力的一个重要的基础的能力维度。加强高校领导干部作风建设是提高领导干部胜任能力的关键，对促进高校管理效能的提高和事业发展具有重大意义。

二、领导干部作风建设存在的问题

高校在干部作风建设，特别是领导干部作风建设方面取得了明显成效。但是，也有极个别的领导干部在思想作风、学风、工作作风、领导作风和生活作风方面存在着一些不良风气，虽然是少数，但影响不容忽视。

1. 思想意识不强，不思进取，故步自封。一是有的领导干部政治纪律观念淡薄，缺乏政治敏锐性和鉴别力，理想信念动摇；二是一些领导干部因循守旧、安于现状，创新意识不强，工作缺乏主动性和创造性。

2. 学习风气不浓，理论与实际脱节，时断时续。一是理论学习的自觉性不高，把理论学习当作软任务，看成是虚的、空的，认为学多学少无关要紧；二是学习不规范，有的不按规定的学习制度抓落实，有的学习内容和学习方法与上级学习要求不相符，影响了学习效果和质量；三是学与用脱节，联系实际解决问题不够。

3. 工作作风不实，浮夸拖拉，效率不高。一是有的领导干部缺乏敬业精神，工作作风拖拉懒散；二是有的领导干部不求有功，但求无过，工作避重就轻，避实就虚，避难就易，甚至存在工作相互推诿的现象；三是有的领导干部作风浮躁，不深入调查研究，对工作缺乏督促检查，落实不到位；四是有的领导干部不善于结合本单位、本部门的实际有针对性、创造性地开展工作。

4. 领导作风不民主，存在官僚主义、主观主义。一是一些领导干部在贯彻民主集中制方面不虚心听取各方面意见，搞“一言堂”；二是有些领导班子成员之间缺乏团结、协调、沟通和信任，班子的凝聚力、战斗力不强；三是缺乏责任心，脱离群众，缺乏为群众办好事、办实事的动力和精神。

上述问题虽是个别现象和发生在极少数领导干部身上的问题，但其消极影响和后果不可低估。领导干部不良作风，是动摇党的执政地位的腐蚀剂，是阻碍学校事业发展的阻力墙，是离间党群干群关系的一层隔心网。在当前学校改革发展的关键时期，如果我们不警惕，任其发展，就会涣散队伍，削减领导干部斗志，损害党群干群关系，败坏风气，将直接影响上级方针、政策的贯彻落实，影响学校事业发展。

三、基于胜任视角加强领导干部作风建设的对策建议

1. 增强党性，进一步强化宗旨意识和责任意识。党性是一个政党的灵魂，是阶级性的集中表现。作风建设问题，其根本是增强党性问题。党性与作风体现着党的宗旨，关系党的形象。全心全意为人民服务是党的根本宗旨。能不能做到全心全意为人民、全心全意依靠人民，是衡量党员党性是否坚定、作风是否正派的首要标准。增强党性就要坚持群众路线和群众观点，学校事业发展，最终是为了全体师生教职员工受益，保证师生教职工的利益。为此，领导干部一要增强群众观念。在思想上尊重群众，牢固树立人民群众是历史创造者的观念，具体到工作中就是把师生当主人、当亲人、当家人；在感情上贴近师生，要认真倾听师生的意见建议，及时了解师生的所需、所急、所盼、所怨，在工作中体现问政于民、问需于民、问计于民，体现顺民意、解民忧、增民利。二要把人民群众的利益放在首位。坚持师生利益高于一切，是党员干部处理利益问题的根本原则，也是党员领导干部加强党性与作风建设的基本要求。三要增强责任意识。作为一名党员和领导干部，必须树立强烈的事业心。事业心作为一种精神面貌、思想境界，是党员、领导干部为党和人民事业奋斗的思想基础和必备的基本素质。只有对党的事

业怀有执着的追求，才可能认真履行职责，凝聚群众力量，满足群众期望。

2. 加强学习，进一步统一思想，激发动力，提升状态。提高党员、领导干部的素质、觉悟和能力，无论是作风建设还是学校人才培养，都是一贯的要求。让学校在发展的过程中抢抓机遇，奋发有为，领导干部必须具备抢抓机遇的洞察力和敏锐力，最根本的是要加强学习、掌握信息、洞察大势、科学研判、统筹协调。加强学习，就是要系统掌握中国特色社会主义理论体系，坚持用马克思主义立场、观点、方法来观察问题、分析问题、解决问题，要把部门业务同研究解决师生最关心最直接最现实的利益问题、部门工作业务的重大问题、党的建设的突出问题结合起来，增强工作的原则性、系统性、预见性和创造性。努力创新发展模式，加快转变发展方式，以更大的决心和勇气全面推进各项工作，以便更好地为学校健康发展服务，为教学、科研，人才培养服务，为师生服务，不断增强学校的竞争力、凝聚力和创造力。

加强学习，一要学习马克思主义中国化的创新成果。用马克思主义创新理论明辨是非、审视人生，指导学校事业和个人的全面发展。二要学法律、学业务。法律和业务是保证工作少犯错误乃至不犯错误的准则。一个人思想素质再好，但若法律意识淡薄，业务能力不强，对一些法律法规、政策界限把握不准，就很容易出问题、犯大错。党员和领导干部要带头学法、自觉守规、业务精通、工作立本。三要学习本行业内的先进思想、成功经验。推动学校发展，重要的是要有先进的思想文化引领，以科学的改革思路为导航，因此学习行业内的先进思想、成功经验是理清工作思路、强化工作能力的重要手段之一。四要理论联系实际。“理论联系实际”是马克思主义最基本的原则之一，其基本精神是达到主观和客观、理论和实践、知和行的具体的历史的统一。在学习工作中，只有坚持理论联系实际，坚持马克思主义的实践观点，深入学习研究理论并结合推动学校发展的工作实际，才能科学定位妨碍学校发展的主要矛盾和问题，才能处理好学校改革发展中的各种利益关系，从而统一思想、激发动力、提升状态，不断提高工作的创新能力。

3. 狠抓落实，切实提高工作效率，改进工作作风。结合工作实际，当前抓作风建设，重点是抓执行力建设，转变工作作风，形成高效率、高效果、有强大执行力的工作作风。为此，领导干部要做到：①尊重民意听意见。领导干部要树立以师生为本的观念，要善待学生、厚待教工、进一步增强服务意识，要主动开展调查研究、深入了解师生所思所想，时刻以师生满不满意作为开展工作的根本出发点，才能在工作中密切联系群众，才能贯彻落实好党的路线、方针和决议，才能充分调动广大师生的积极性和创造性，促使大家凝心聚力，共同推动学校更好更快发展。②求真务实干实事。一名党员的作风，直接影响到党在人民心中的形象，关系到党的凝聚力和号召力。求真务实是加强作风建设最根本的要求。深入开展调研的过程是一个求真务实的过程，只有以对师生认真负责的工作态度和踏实肯干的工作精神，开拓创新，勇于担当，并且善于运用有效的工作方法，了解和掌握真实的情况，坚持群众路线和观点，才能对工作有更深入的观察和思考，才能提出正确的、积极的建议和意见，才能把积极的政策建议落到实处，从而为师生干实事、谋福利，充分体现党的根本宗旨。③端正风气提效率。党的十八大明确要求："下决心改进文风会风，着力整治庸懒散奢等不良风气，坚决克服形式主义、官僚主义，以优良党风凝聚党心民心、带动政风民风。"学校下大力气进一步治庸、治懒、治散、治奢，目的是进一步改进工作作风，提升工作效率，为广大师生提供更为便捷、高效、优质的服务，从而树立党的良好形象，凝聚人心、形成共识、推动发展。

4. 追求卓越，切实提升工作品质和效益。“追求卓越”是高校所应具备的文化特质，高校也应以追求卓越来求得学校的发展。领导干部只有在平日的工作中不断提升工作品质，向工作要效率、要效益，才能满足师生的需求，符合师生的期望。只有具备了“追求卓越”的文化自觉和自信，才能在工作中形成和师生保持血肉联系的政治清醒，立足于根本和长远，以满足和服务好师生的一切为己任，不断提升工作品质，以优良的工作效益进一步推动学校科学、健康发展。

加强作风建设，是我们党不断完善自身建设的优良传统，有利于防止和消除精神懈怠的危险，有利于防止和解决能力不足的危险，有利于防止和消除脱离群众的危险，有利于防止和解决消极腐败的危险，必须常抓不懈。切实抓好领导干部作风建设，对领导干部始终保持振奋的精神和良好的作风、始终坚持党的根本宗旨，不断提升领导胜任力都具有重要意义。我们要从党和教育事业兴衰成败的高度，从全面构建社会主义和谐社会的全局出发，充分认识加强作风建设的重要性和紧迫性，切实把加强作风建设放在更加突出的位置，下决心抓紧、抓实、抓出成效。

参考文献：

[1] 李东才：“提高高校党政领导干部素质，促进高校党的执政能力建设”，载《中国林业教育》2005 年第 3 期。

[2] 胡月星：《领导胜任力》，电子工业出版社 2007 年版。

[3] 黄勋敬：《赢在胜任力——基于胜任力的新型人力资源管

理体系》，电子工业出版社2007年版。

[4] 刘延庆、陈艳、刘华：“中国高校领导人才考评：反思与构建”，载《黑龙江高教研究》2010年第6期。

[5] 刘占军等：“农业院校处级领导干部队伍建设调查与分析”，载《沈阳农业大学学报（社会科学版）》2009年第11期。

[6] [美] 马歇尔·戈德史密斯等编，燕青联合译：《领导力是什么》，中国劳动社会保障出版社2007年版。

[7] 吴能全、许峰：《胜任力模型设计与应用》，广东经济出版社2006年版。

[8] 吴慈生、江曾：“领导胜任力研究述评”，载《标准科学》2009年第8期。

[9] 张东红、石金涛：“领导者胜任力理论综述研究”，载《现代管理科学》2010年第9期。

[10] 赵乐天、孙立樵：“高等学校党政领导干部胜任力素质模型构建”，载《沈阳农业大学学报（社会科学版）》2012年第5期。

加强高校机关作风建设

审计处　邵　楠

摘要：本文通过分析高校机关作风建设的重要意义，针对目前高校机关作风建设的不良倾向，对加强和改进机关作风建设提出建议：明确角色定位，强化宗旨意识和服务意识；加强学习，与时俱进，增强综合素质和业务能力；建立健全规章制度，提高办事效率；强化监督检查，整合各方力量。

关键词：高校　机关作风建设

加强高校机关作风建设是塑造学校良好组织形象的基本要求，是高校创建优良校风的内在要求，是促进高校协调发展的必然要求，是建设和谐校园的迫切要求。作为高校的管理中枢和对外的窗口，机关党政工作职能部门工作人员的作风实不实、工作状态佳不佳和工作效率高不高，将直接影响高校的办学层次、教育质量和管理水平。

一、高校机关作风建设存在的问题

1. 机关工作人员缺乏探索和学习精神。大多数机关工作人员认为自己只要把日常的业务工作做了就是完成工作，对工作标准要求不高，以致缺乏对工作思考和总结的过程，很多时候都是凭感觉、靠经验来办事，往往将工作中遇到的新事情、新任务处理得不太圆满或者没有达到预期的效果。事实上无论是在方法上还是在思想上，机关工作都是要有创新点的。

2. 机关工作人员的服务意识需要进一步强化。机关的三大功能是组织、管理和服务，现在社会对机关的要求更多的是服务功能，建立服务型机关也是高校机关目前努力的方向。但长期以来所形成的机关官僚作风在一定程度上影响着现有的机关部门，如同阴影挥之不去。

3. 制度不全，贯彻不严。机关管理和规章制度仍不够健全，有的制度长期未修订，与实际工作严重脱节，难以执行；有的制度完善，但缺乏有效的运行机制，形同虚设；有的部门和干部依法行政、按章办事观念差，只讲人情，不讲原则，只讲关系，不讲事实，使规章制度在执行中变了相，走了样，给机关工作带来了严重的负面影响。

二、加强高校机关作风建设的重要意义

1. 加强高校机关作风建设，是塑造学校良好组织形象的基本要求。一般而言，高校机关的职能包括两个方面，一是对内贯彻执行学校党政的决策部署，二是对外与党政机关、社会各界进行联系和沟通。无论是对内还是对外，机关部门都代表着学校的组织形象。如果一个机关部门对内能够较好地为教学科研服务、为师生员工服务、为学校事业发展服务，对外能够加强与党政机关、社会各界的联系与沟通，为学校事业发展争取方方面面的理解和支持，就能树立学校良好的组织形象；反之，则会对学校的组织形象产生损害。

2. 加强高校机关作风建设，是高校创建优良校风的内在要求。良好的校风是一所学校宝贵的精神财富，是学校精神的重要标志和体现。一所高校校风的好坏，直接影响着培养人才的

质量。优良校风是高校培养合格人才的灵魂，高校应在原已形成的良好校风的基础上，创建新的富有时代特色的优良校风，而机关作风建设又是高校校风建设的重要组成部分，如果高校机关作风懒、散、松、浮，不难想象将会给校风建设带来多大的负面影响。因此，在新形势下切实加强机关作风建设就成为加强校风建设的关键。换句话说，只有以加强学校作风建设为突破口，采取切实有效的措施，努力把高校机关锻炼成学习型、服务型、效能型、廉洁型机关，促进机关形成与学校运行机制相适应的良好工作作风，才会带动和促进新的优良校风的建设。

3. 加强高校机关作风建设，是促进高校协调发展的必然要求。高校机关是学校上下左右、校内校外联系的纽带，起着“上情下达、下情上报、纵横沟通”的重要作用。这就要求高校机关更好地履行机关工作职责，提高工作效率，发挥协调和服务作用。如果机关各部门、工作人员之间出现不协调、不团结等现象，势必会影响高校整体的办学思路和办学效益。因此，必须加强高校机关作风建设，使高校机关“充分发挥核心作用，努力成为和谐校园建设的领导者、组织者和推动者”。

三、加强高校机关作风建设的有效措施

加强高校机关作风建设，是一项紧迫的任务，也是一项长期的要求，更是一项细致艰苦的工作，必须做到思想认识到位、工作措施到位，而且要持之以恒，切不可停留在口头上，一定要抓好落实。

1. 明确角色定位，强化宗旨意识和服务意识。管理理念决定管理行为，加强高校机关作风建设需明确思想定位，强化宗旨意识和服务意识。高校机关工作人员要实现从“管理者”向“服务者”的角色转变，树立正确的权力观、利益观、地位观，

牢记为人民服务的宗旨，确立“管理的本质就是服务”的思想。要牢固树立为教学服务、为科研服务、为师生员工服务的意识，密切联系广大师生员工，为师生员工解决问题，办实事、办好事；机关领导干部要经常深入基层，深入到师生员工中去，全面、准确地了解和掌握群众的呼声和要求，切实解决群众反映的突出问题和矛盾。

2. 加强学习，与时俱进，增强综合素质和业务能力。高校机关工作人员的思想水平、业务能力、职业素质和敬业精神等，是决定机关效能的重要因素，加强和改进机关工作作风，增强综合素质和业务能力是关键。机关工作人员应自觉行动，要提高政治素质，加强理论修养，学会用马克思主义的立场、观点、方法分析和解决问题；要提高工作业务素质，掌握过硬的专业工作能力，对自己所从事的工作驾轻就熟，得心应手；要努力吸收新知识，掌握相关的技能知识，改变传统的思维和管理模式，提高干部的决策能力和控制大局的能力。通过学习，切实增强工作的系统性、计划性、针对性、预见性和创造性，不断增强综合素质和业务能力，不断提高统筹协调、谋划全局的能力。

3. 建立健全规章制度，提高办事效率。建立健全规章制度是有效提高工作效率的保障。规章制度有明确的目的要求，提倡什么，禁止什么，应该怎样做，不能怎样做，哪些合乎准则，哪些必须防范，都作了规定，具有指向作用。在处理工作实务或是出现问题时，管理人员可照章处理，无须事事请示汇报或开会研究决定，也避免了在执行上不必要的理解歧义和相互推诿现象。另外，建立健全了规章制度，学校领导就可将一些工作授权给相关部门照章办理，充分发挥下属的积极性和主动性，自己则可从繁琐的事务中解脱出来，把更多的精力放在抓全局、抓重点和思考全局性的发展计划上。

建立健全规章制度可保证工作的连续性和稳定性。高校作为一个多层次、多结构的集事务性、专业性、行政性于一身的机构，各部门、各成员之间，在认识上存在差异是难免的，同一件事情，如果不按章办事，不同的人采取的措施就有可能不同，即使是同一个人在不同时间处理同一类事情，采取的工作方法也可能不同。规章制度可有效地克服经验主义、理解歧义和长官意志等弊端，避免因人事、时间的变动而影响工作的正常运行，使学校的各项工作都能按章办事，保证学校沿着正确的轨道发展。

4. 强化监督检查，机关作风建设求真务实。为促进机关作风建设各项工作的落实，积极整合各方面力量参与监督、检查，全方位、多角度评议机关各部门的工作。一是成立督查组，全面监督机关工作。以某高校为例，督查组聘请若干名专家，定期、不定期地到机关和学院了解机关作风情况；通过座谈会、约谈会倾听群众对机关作风的意见和建议，并反馈给机关相应部门；定期编印督查简报，向全校师生公布督查情况，把机关作风建设置于广大师生员工的监督之下。二是将目标绩效考核引入机关作风建设。作风建设涉及每一个部门、每一个科室和每一个人，牵一发而动全身。实施目标绩效考核可将作风建设的一系列目标、重要工作转化为可操作、可监控、可考核的目标任务管理体系，实现层层分解、责任逐级落实。实行一票否定制，出现机关作风建设问题，扣除个人、科室、部门绩效，将机关作风建设落到实处。

参考文献：

[1] 郁俊毅："高校机关作风建设内在特点和对策探讨"，载

《高教研究与实践》2011 年第 2 期。

[2] 刘兵："高校机关作风长效机制建设路径探微"，载《党校党建与思想教育》2014 年第 18 期。

[3] 杜冬："高校机关作风建设途径探讨"，载《传承》2015 年第 7 期。

以良好家风促作风建设

纪检监察办公室　郭　鹏

内容摘要：每个人的成长都要受到家风的熏陶。家风关联着党风政风，它是折射作风的一面镜子，是透视党风的一个窗口。要把勤于学习作为培育良好家风的常态任务，要把甘于清苦作为培育良好家风的价值追求，要把乐于节俭作为培育良好家风的行为准则，要把严于管教作为培育良好家风的重要环节。党员领导干部不仅要管好政务，还要管好家务，把家庭打造成一个追求进步的家庭、一个经得起风浪考验的家庭、一个清正廉洁的家庭、一个和谐幸福的家庭。

关键词：党员干部　家风　作风建设

家庭是人的第一环境，也是社会的组成细胞，每个人的成长都是从家庭开始的。人的进步与发展、健康与幸福在相当程度上依赖于一个良好的家风。对于领导干部而言，由于身份特殊，地位重要，社会关注度较高，群众往往也会从他的家风判断其作风。

家风关联着党风政风，它是折射作风的一面镜子，是透视党风的一个窗口。党员领导干部不良的家风影响的不光是一个家庭，而且影响党的形象和社会风气。习总书记在中央政治局召开的专门会议上强调：中央政治局的同志要“严格管理自己的亲属和身边工作人员，不搞以权谋私，不搞特殊化，为全党同志树立爱党爱民、勤政敬业、廉洁奉公的榜样”。因此，党员领导干部要把家风建设作为作风建设的题中应有之意，在人民群众心目中树立良好的形象。

“学以增智，学以立身”。要把勤于学习作为培育良好家风的常态任务。浓厚的家庭学习氛围对人的健康成长起到至关重要的作用。古往今来的有识之士大都重视以文化、以学治家，把培养良好的学习家风与个人的修身立业联系在一起。有资料介绍，列宁家中藏书很多，在这个“特殊的家庭俱乐部”里，一家人常常围在一起朗读、背诵、讲述书中的内容，交流读后感想，还举行各种文艺活动。纯洁而高尚的家庭把全家人凝聚在一个和睦亲密的集体里。大家互相学习，共同勉励，不仅具备了丰富的学识和正直的品格，还培养了勤劳的习惯和坚强的意志。列宁全家包括父母子女共 8 人，其中有 6 人成为举世闻名的伟大革命者。可见，子女从小养成学习习惯，热爱学习，懂得学习，将会受益终生。

腹有诗书气自华。人的内在品质和外在表现，都是通过读书、励学来完成的。高尚的人格、美好的操守是从家庭的熏陶开始，继而在学习和工作的实践中长期培育而成的。厌倦甚至放弃学习，就会知识贫乏，视野狭窄，流于浅薄。只有养成善学、爱学、勤学的习惯，才能提升思想修养和气质风范，也才能避免陷入少知而迷、不知而盲、无知而乱的困境。

培养良好的学习家风，父母首先要做诚实守信、勤劳善良、追求才智的人，因为子女从父母那里学到的东西，决定着他们世界观、人生观、价值观的形成；子女从家庭中得到的熏陶，影响着他们今后做什么样的人、成什么样的材。

古人讲：“学者非必为仕，而仕者必为学。”领导干部不仅自己要做学习的表率，还要使家庭成员养成勤于学习的良好习惯，不断开阔知识眼界，丰富思想内涵，提升精神境界，使良好的学习家风薪火相传。

“为官发财，应当两道”。要把甘于清苦作为培育良好家风的价值追求。是为子女留下万贯家产，还是留下宝贵的精神财富，这是检验党员领导干部是否具有良好家风的重要标志。唐代诗人罗隐就有“国计已推肝胆许，家财不为子女谋”的名句留传后世。林则徐也说过：“子孙若如我，留钱做什么，贤而多财，则损其志；子孙不如我，留钱做什么，愚而多财，益增其过。”就是说，子女有才有德，又何须家长劳心费神；子女无才无德，纵有万贯家财，也会被挥霍一空，甚至招来祸害。事实说明，家财越多越有可能滋生懒惰心理，扼杀创造精神，这无论是对家庭还是对社会都是极为不利的。周恩来生前就有 10 条家规，公私界限定得非常明确。邓颖超离开人世前，仍不忘处理好家政，“所住房屋交公使用”，不得对任何亲属“给予特别安排”。李克强总理对政府官员也有着掷地有声的话语：“为官发财，应当两道，既然担任了公职，为公众服务，就要断掉发财的念想。”当官即不许发财，这是党的性质宗旨决定的，是职业要求决定的，也是家庭教育必须遵循的。清廉是中国吏治文化的核心，历来为人们所推崇。古今中外，人们称颂的好官无不重公义轻私利。范仲淹非但不取不义之财，而且把俸禄拿出来创办义学，施惠于民。杨善洲为民辛劳一生，最后还把苦心经营的农场捐出来，造福于民。

领导干部应明白这样一个道理：物质上的财富与子女未来的幸福并不能画等号，为子女留下的最重要的不应是物质上的东西，而是创造财富的能力和受用一生的精神财富。有了这样的财富观，也就有了正确的权力观，就会把广大人民群众的利益作为最高利益。正确行使手中的权力，以崇高的人品官德和才智服务社会，造福人民。

“俭以养德，廉以立身”。要把乐于节俭作为培育良好家风的行为准则。崇尚节俭是中华民族的传统美德。古代就有“勤于持家，俭以养德”之说。《论语》把“俭”和“温”“良”“恭”“让”同视为重要的道德规范。老子把“俭”誉为人间三宝之一。唐代名臣魏征告诫人们：“居安思危，戒奢以俭。”北宋著名史学家司马光曾告诫子孙说：“俭，德之共也。”就是说，德者皆必俭来。这些都体现了先贤的节俭思想。“历览前贤国与家，成由勤俭败由奢”。古往今来，凡有识之士都鄙夷奢侈，并把“俭”与“奢”和国家兴衰、家风传承、个人品行联系在一起，认为“以俭立名”，“以奢自败”。曾国藩虽是清朝历史上最有权势者之一，拜相封侯，可谓显赫一时，然而他教育子女的方法远比我们现在溺爱式、呵护式的家长要高明得多。他认为，子女在骄奢淫逸的环境下是不可能立大志的，开始的骄逸，最后就是败家。因此，他要求子女们一生铭记 16 个字：“家俭则兴，人勤则健，能勤能俭，永不贫贱。”节俭是一种生活态度，也是一种价值取向，能够起到砥砺意志、催人奋进的重要作用。新中国成立初期，毛泽东就曾号召全国人民要“勤俭建国”。他本人也是一个节俭的楷模，吃穿用度极其简朴。他的衣服鞋帽许多都是补了又补，一件睡衣穿了 20 多年，打了 73 个补丁；一条毛巾也是用了又用，打了 53 个补丁。节俭是一种精神和力量，也是一种文明和本色。如今生活水平提高了，并不意味着节俭的美德就过时了。一个人要有高尚的品德，就要在吃穿用这些小事上克勤克俭，严格自律。唯有从小就接受艰苦朴素、勤俭节约的教育，保持良好的节俭习惯，才能真正懂得“一粥一饭当思来之不易，半丝半缕恒念物力维艰”，防止产生优越感，自觉克服“骄”“娇”二气，在节俭的生活中保持良好的思想修养和道德品行。

节俭不仅是一种美德，也是个人健康成长的护身法宝。现实生活中，有的领导干部就是从追求奢侈生活开始，逐渐走上违法犯罪道路的。可见，奢侈既是消极颓废的表现，也是腐败问题得以产生和蔓延的温床。奢欲虽然没有牙齿，但可以吃掉人的理想；虽然没有双手，但可以把人推入歧途；虽然没有烟雾，但可以熏黑人的灵魂。而节俭的传统美德犹如甘露，能让贫穷的土地盛开富有的花朵，能让富有的土地结出智慧的果实。在培育良好家风中，党员领导干部要自觉远离奢欲的诱惑，始终保持艰苦奋斗的思想和节俭朴素的习惯，立言立行，率先垂范。同时，应适时为子女创造一点“贫穷”，让他们感受到“由俭入奢易，由奢入俭难”，切实把节俭作为一种意识，嵌入灵魂深处，作为安身立命之本，成为生存智慧的理性选择。

“堂前教子，枕边教妻”。要把严于管教作为培育良好家风的重要环节。家庭给人以归属感，成为人们内心情感最柔软的一部分。正因如此，家庭容易成为人性弱点的避风港，原则易在亲情面前变通，底线易在亲情面前突破。事实也证明，家风不正，对家属子女管理不严，常常导致家庭不幸。中国有句古训，“一室不治，何以天下家国为”。领导干部对家属子女严格要求无疑是非常必要的。管别人，先从管好自己的家人开始；治国，先从治家起步。一个领导干部如果连自己的家都治不好，自己的亲属都管不住，那是对他为政之道的莫大讽刺。毛泽东同志把干部子女尤其是高级干部子女的教育问题，提高到关系社会主义生死存亡的高度来认识。他担心干部子女成为“汉献帝”，“生于深宫之中，长于妇人之手”。所以他特别指出：“高级干部的子女不管好，总有一天是要犯罪的。”周恩来曾尖锐地指出：“对亲属，到底是你影响他，还是他影响你，一个领导干部首先要回答和解决这个问题。如果解决得不好，你不能影响他，他就可能影响你。”俗话说：“堂前教子，枕边教妻，半路上教徒弟。”这其中的教，既包含严格管教，也包含行为引导。领导干部对家属子女要严格教育、严格要求，自觉地把党性贯穿于家庭生活之中，对枕边风善而从，恶而弃；对子女不正当的要求，要坚决予以拒绝。当年刘少奇同志对亲属熟人提出的不合理要求，就坚决拒绝，决不让步。他说：“我是国家主席不假，但我是共产党员，不能随便行使自己的职权，不能因为你们是国家主席的亲戚，就可以搞特殊。”焦裕禄因为两个孩子白看了一场戏，便把他们狠狠地批了一顿，并带着他们当面赔礼道歉，补买了戏票。这些事看起来很小，但“小事”的影响不小，能够使党的优良传统和作风浸润家风，培养家人珍惜荣誉、严格自律的良好品质。

古语讲：“廉吏家风正，贪官门庭歪。”一个廉洁的领导应该有一个廉洁的家庭。没有一个廉洁的家庭，很难有一个廉洁的领导。对于领导干部来讲，无论对家人爱得有多深，都必须在党纪国法的范围内，一旦超出了这个范围，爱也就被扭曲了，最终也就失去了爱的真谛。因此，要与家庭成员一道，共同把好家门，筑牢家庭防线，创造廉洁从政的家庭环境。要经常向家人宣传政策法规，帮助他们划清是非、美丑、荣辱的界限，对可能干扰自身权力运行的家庭因素应“约法三章”，决不能纵容姑息，否则，不仅会给家庭生活埋下隐患，还会使自己在群众中的形象大打折扣。同时，“身教重于言教”。要求子女家庭和睦，自己首先要感情专一；要求家人洁身自好，自己首先要远离低级趣味。

总之，党员领导干部不仅要管好政务，还要管好家务，把家庭打造成一个追求进步的家庭、一个经得起风浪考验的家庭、一个清正廉洁的家庭、一个和谐幸福的家庭。

“以法为教”：廉政建设的普法路径

纪检监察办公室　李一宁

摘要：十八大以来，反腐倡廉上升到国家战略的高度，中国廉政建设之路走过了运动反腐、权力反腐阶段，开始向法治反腐进发。近30年的普法运动为中国法治反腐奠定了一定的制度基础、文化基础和群众基础，本文剖析廉政建设中普法的性质、逻辑选择，针对廉政建设面对的问题提出普法的内容与历史借鉴，试图为廉政建设探索一条“以法为教”的普法之路。

关键词：廉政建设　以法为教　普法路径

20世纪80年代，在全国掀起了一场轰轰烈烈的普法运动。这项“以法为教”的普法教育实践活动最初意在降低犯罪率、维护社会秩序稳定。随着党和国家有意识、有计划、有组织的持续推动，普法教育在向全体国民普及法律知识、增强法律意识上发挥了重要作用。有学者认为中国已经进入了后普法时代，“中国已经形成了基本的法律框架，有关法治、权利、人权等法律用语开始形成流行词汇、社会治安基本稳定、法律成为公民维权的重要工具、法律问题成为媒体关注的焦点”。

十八大以来，反腐倡廉上升为国家战略的高度。党的十八大报告提出“更加注重发挥法治在国家治理和社会治理中的重要作用”，“健全反腐败法律制度，更加有效地防治腐败”。中国廉政建设之路走过了运动反腐、权力反腐阶段，开始向法治反腐进发，实现以法导廉、依法治廉、依法防腐。近 30 年的普法运动为中国法治反腐奠定了一定的制度基础、文化基础和群众基础，当下亟待思考的是如何发挥普法工作的反腐价值。

一、廉政建设中普法的性质

首先，从国家治理的角度看，普法是一种治理术。哈耶克说："人不仅是一种追求目的的动物，而且在很大程度上也是一种遵循规则的动物。"法律是一个典型的规则体系，而按照知识社会学的理论，普法中的法律知识是经过官方准入机制界定和取舍的，在这一过程之中蕴含了国家意图。在法律知识的学习和传播过程中，它同个人的思想、行动和生活方式相结合，从而完成了个人自我意识和国家秩序的构建过程。

其次，从信息经济学角度看，普法是一种信息披露方式。"刑不可知，则威不可测"的野蛮历史早已进入故纸堆，春秋时期子产铸刑书就已经开启了公布成文法的时代。法律信息的披露给国民提供了一个合理的行动预期，而普法是政府免费的法律服务。随着我国政治体制改革不断走向深入，政府信息公开的内容、范围不断扩大，普法的重点已不仅仅是全民公布的法律、法规，还应当公开行政、司法、立法机关内部的规章制度以及能够对公民的法律权益构成影响的其他文件。只有这样，公民才能最大限度地遵守法律，才能在一定程度上形成法律认同感。

二、廉政建设中普法的逻辑选择

我国普法教育已经开展近 30 年，而违法行为在日常生活中仍屡见不鲜，可以看出知法与守法之间并不存在必然的逻辑关系。从理论上分析，“知法”属于认识论范畴，而守法属于价值论和实践论范畴，它们分属于人类思维的不同领域，相互之间有联系和影响，但没有直接的因果关系。目前法学界对守法原因的解释主要存在以下两种范式：

一是法律工具主义。它主张在社会系统中，法律只是实现一定社会目标的工具和手段，不具有任何的目的和价值，它通过法律权威来控制和威慑个人服从或遵守法律。它的最大优势在于第一次从行动者的角度探讨规范与服从的关系。但在理性的“经济人”面前，这一理论就显得苍白无力。“经济人”从价值选择的角度仅仅将法律作为选择的对象，行为上服从利益理性。在守法与利益的博弈中，只有当守法可以为自己带来利益时才会选择守法。

二是规范内化范式。规范内化范式是指从行为与观念、意识之间的内在联系的视角来理解人们为何要遵守法律的。按照韦伯的理论，规则能够“为人们的行动提供一种导向，即引导人们选择某一类行为方式，规则与个人主观意志之间存在某种相互渗透的关系：规则中体现着一般化的社会心理（包括情感、传统和道德等），而个人意识领域中也存在一些内化的规范性因素”。因此，行动者是否守法，并非因为外力的作用，而是行动者对法律规则内化的结果。

三、廉政建设中普法的内容

我国的普法运动自上而下，有规划、有步骤，在“一五”普法时就明确提出普法重点是在国家政治生活和社会生活中最为重要和与公民日常生活联系最密切的“九法一条例”，即《宪法》《民族区域自治法》《刑法》《刑事诉讼法》《民事诉讼法》《婚姻法》《继承法》《经济合同法》《兵役法》《治安管理处罚条例》。廉政建设普法应找准侧重点，突出反腐倡廉的主题。涉及廉政的法规制度主要分两类，一类属于国家反腐倡廉的法律体系，一类属于反腐倡廉的党内法规体系。

1. 我国反腐倡廉法律体系的组成。

（1）以惩治腐败犯罪为目的的刑罚规范。主要体现在我国《刑法》上。现行《刑法》将贪污贿赂犯罪单列为一章分别规定了受贿罪、行贿罪。随着近年来贪腐犯罪主体扩大、形式复杂多样，为有力打击犯罪，最高人民检察院、最高人民法院又联合发布了《关于办理受贿刑事案适用法律若干问题的意见》等司法解释。包含反腐败内容的刑法修正案（六）（七）（八）（九）相继得以通过。2012 年 3 月又修订了《刑事诉讼法》等相关法律。可以说，在惩治方面，我国现行法律规定已经达到了一定的水平。

（2）以控制行政权力为目的的行政法规范。2004 年出台了《中华人民共和国行政许可法》，其后相继出台了《行政机关公务员处分条例》《各级人民代表大会常务委员会监督法》等。其中 2007 年公布的《行政机关公务员处分条例》是新中国成立以来第一部全面、系统规范行政处分工作的行政法规。其后又修改了《行政监察法》，颁布了《公务员法》和《行政强制法》。在以控制行政权力为目标的反腐败法制建设中，《行政许可法》的施行成为一个重要标志。《行政许可法》从几个方面遏制了权力的滥用。一是便民原则的确立导致腐败机会减少。行政机关从管理者向服务者的转化，从思想上阻抑了腐败主观条件的生成。行政许可的申请和受理环节大为简化使申请人与审批机关直接接触的机会减少，腐败的客观条件也随之减少。二是许可设立法定原则宏观上降低了腐败的空间。设定许可的内容法定，行政机关将本属于社会的自治权归还给原主。政府的审批权随着放权、还权的过程逐步萎缩，以权谋私的现象将减少。三是程序正义原则导致的腐败可能性降低。审批行为具有自由裁量性，容易使审批者滥用职权。程序正义原则使制度缺陷得到有效弥补，政务公开、听证程序一定程度上限制了行政机关的自由裁量权，防止了权力的滥用。

（3）以提高反腐败成效为目的的国际法规范。2005 年 10 月 27 日，十届全国人大常委会第十八次会议通过了《关于批准〈联合国反腐败公约〉的决定》。加入公约使我国反腐败法律制度建设步入了一个新高度。《联合国反腐败公约》（以下简称《公约》）是 2003 年 10 月 31 日第 58 届联合国大会通过的第一部指导国际反腐败斗争的法律文件，也是迄今为止关于治理腐败犯罪的最完整、最全面而又具有广泛性、创新性的国际法律文件。它在世界范围内提升了治理腐败的科学理念和策略，为国际社会反腐败提供了基本的法律指南和行动准则。对我国来说，加入公约不仅在实务上为逐步解决我国查办涉外案件的“调查取证难、人员引渡难、资金返难”提供了国际合作依据，更重要的是，将公约规定植入我国法律中，已经成为我们必须要承担的国际义务，这对我国反腐败法律制度建设是一个重大的机会。在理念上我们提高了法律制度在制度反腐建设中的地位；在立法实践中也在改变立法导向。公约对反腐败立法最直接的影响有两方面：一是公约所倡导的预防为先、打击为主、强调国际合作、重视资金追回的反腐机制；二是公约强调实体法与程序法相结合、公权机构与私权机构相结合、民事责任与刑事责任相结合，对我国立法技术创新产生了直接影响。

2. 党内法规体系的组成。党内法规是党的中央组织以及中央纪律检查委员会、中央各部门和省、自治区、直辖市党委制定的规范党组织的工作、活动和党员行为的党内规章制度的总称。十一届三中全会以来，依照党章是根本、民主集中制是核心的思路，至今党内法规构架格局已庄严呈现：一部党章、两大准则、十六项条例，以及350个以上的规则、规定、办法、细则等，完整展现了现阶段党内法规建设的宏大规模及成熟水平。

党章是最根本的党内法规，是制定其他党内法规的基础和依据。十一届三中全会之后，《关于党内政治生活的若干准则》发布；在改革开放和建立社会主义市场经济的新条件下，又制定了《中国共产党党员领导干部廉洁从政若干准则》。这两个准则，一个事关党的政治生活，一个事关执政党的各级干部乃至普通党员从政、从业、从事一切同人民群众利益相关的社会事务及公益活动，都属“以法令相约束”的正式文件，是紧随党章之后的高层位的具体法规，再次之者即是条例、规则、规定、办法、细则等，共有七阶法规层位。

《中国共产党党内法规制定条例》规定：①党章对党的性质和宗旨、路线和纲领、指导思想和奋斗目标、组织原则和组织机构、党员义务和权利以及党的纪律等作出根本规定；②准则对全党政治生活、组织生活和全体党员行为作出基本规定；③条例对党的某一领域重要关系或者某一方面重要工作作出全面规定；④规则、规定、办法、细则对党的某一方面重要工作或者事项作出具体规定。

四、廉政建设中普法的历史借鉴

掌握了法律的民众参与到廉政建设、分享法律制定的过程，就是他们通过法律表达、维护自己利益的过程，也就是实现权利内容的过程。而廉政建设能否取得最后的成功，从根本上取决于民众对腐败的认知、态度和意志。

当腐败民俗化，“潜规则”成为大众的生活方式时，不仅会削弱反腐败的力量，也将引发政治危机。所以，廉政建设中的普法不是仅仅将法律作为一个规则体系、知识体系输送给大众，更是将法律作为一个价值体系展现在世人面前。

价值体系根植于历史文化的土壤。综理百年历程，当我们借鉴西方法治成果的时候，必然洞见移植而来的国家法律制度层面与民众法律意识层面的冲突，对这种冲突的形式、性质、机理和根源的认识，是我们正确处理和成功化解这种冲突的前提。中国传统法律意识传播活动为我们认识、破解这一冲突提供了一个有效视角。首先，传统中国的法律意识传播体系是官民一体的，但是以官方倡导为主，而实际组织参与由民间组织完成，且这类组织种类繁多。由于民间组织比官方组织更贴近民众生活，因此在塑造社会基层民众法律意识方面的作用更大一些。其次，传统法制宣传教育兼具通俗性、实用性和教化性特点，与民众的日常生活具有紧密的联系，它们内源于这一方水土之上的人们生活方式和治理方式，符合国情民情，所以效用明显。一些传统的形式和内容延续至今，还在继续影响、塑造着人们的生活和思想意识。最后，传统中国的法律意识传播活动融合了哲理、法理与情理，贯通天理、国法与人情，用礼统刑，以礼驭法，以法律推行伦理，培养中国传统文化环境中的理想人格，具有现实性、吸引性和超越性。由于道德教化、法治建设、其他制度建设多方联结交叉、密切配合，使得传统中国的大多数时代稳定有序、风气良好。

参考文献：

[1] 侯猛：“后普法时代的法律传播和公民守法——以闯红灯为主要分析对象”，载许润章主编：《清华法学》（第 11 辑），清华

大学出版社 2007 年版。

[2] [英] 哈耶克:《法律、立法与自由》(上),邓正来、张守东、李静冰译,中国大百科全书出版社 2000 年版。

[3] 郑戈:“韦伯论西方法律的独特性”,载李猛编:《韦伯:法律与价值》,上海人民出版社 2000 年版,第 57 页。

[4] 陆益龙:“影响农民守法行为的因素分析——对两种范式的实验检验”,载《中国人民大学学报》2005 年第 4 期。

基于廉洁文化视角的高校教职工思想政治教育工作探索

纪检监察办公室　姚志敏

摘要：高校是巩固意识形态工作的前沿阵地，高校教职工是实施高等教育的主体，具有意识形态领域引领导向作用，本文提出基于廉洁文化开展高校教职工思想政治工作，创新工作思路、内容、方法、手段，构建“施教者乐教，受教者乐学”的高校教职工思想政治工作模式。

关键词：廉洁文化　高校教职工　思想政治工作

作为治理国家的一种重要手段，思想政治工作越来越受到各国的关注和重视。国内外、党内外，学界、政界等，都十分重视对思想政治工作的研究探索。百年大计，教育为本。教育大计，教师为本。国运兴衰，系于教育；教育成败，系于教师。没有好的教师，就没有好的教育，中外大学概莫能外。

党的十八提出“四个全面”战略布局，中国经济发展进入新常态，从高速增长转为中高速增长，从规模速度型粗放增长转向质量效率型集约增长，从要素投资驱动转向创新驱动，高等教育面临新的机遇和挑战。如何更好地为教育事业凝聚人才，激发施教者的积极性、创造性，更好地发挥高校人才培养、科学研究、社会服务、文化传承创新的社会功能，思想政治工作始终是一个重要的课题。结合全面依法治国、从严治党的时代背景，笔者基于廉洁文化视角，审视高校教职工思想政治工作，探索“施教者乐教，受教者乐学”的高校教职工思想政治工作的有效路径。

一、依法治国，从严治党，需要做好高校教职工思想政治教育工作

毋庸置疑，高校教职工思想政治工作和其他各行业的思想政治工作一样，有其自身发展规律。创新性地做好高校教职工思想政治工作，对于做好全局的意识形态工作、全面深入地贯彻党的教育方针、培养德智体美全面发展的社会主义建设者和接班人，既有重大的现实意义，又有深远的历史意义。

1. 高校是意识形态领域的重要前沿阵地。“但使龙城飞将在，不教胡马度阴山。”加强高校教职工思想政治工作，对于巩固意识形态工作的前沿阵地具有十分重要的现实意义。高校教职工是实施高等教育的主体，高校培养党的事业建设接班人的任务具体是由教职工来完成的，他们传道授业解惑，同时具有意识形态领域引领导向作用，他们的言行举止，对青年学子产生着或直接、或潜移默化的作用和影响。高校教职工思想政治工作是培养“培养人”的系统工程，攸关“培养什么人”和“为谁培养人”。

2. 高校教职工思想政治工作面临新的挑战。高校教师思想政治工作处于一个更加开放的环境之中，处在一个国内外各种思想文化相互激荡的过程之中，需要在继承和发扬传良传统的基础上不断进行创新。当前，我国改革开放和社会主义现代化建设全面推进，互联网技术迅猛发展，国际思想文化领域的斗争深刻尖锐，意识形态领域的论争纷繁复杂，高校教师的思想状况随之受到干扰、影响而产生了一些变化，导致极少数教师

政治信仰迷茫、理想信念模糊、职业情感与职业道德淡化；极个别教师甚至传播西方错误的政治思想和价值观。同时，当前社会经济飞速发展，特别是面临全球一体化、扁平化及后金融危机，政府提倡“大众创业、万众创新”，高校要经受多重考验，作为施教者的高校教职员工更要面临多元化的思想冲击和诱惑。这使得高校教职工的思想政治工作面临前所未有的挑战。如何通过科学有效的思想政治工作，保持高校教职工这个高级知识分子群体的社会价值地位和内心宁静，甘于为党的事业兢兢业业工作，是高校基层党组织面临的一个重要课题。

二、以廉洁文化视角审视高校教职工思想政治工作

毛泽东同志说过：“人们的社会存在，决定人们的思想。而代表先进阶级的正确思想，一旦被群众掌握，就会变成改造社会、改造世界的物质力量。”廉洁文化是一个国家和社会进步程度的具体表现，承载着民族文化精神，是创建廉政精神和环境的前提基础。众所周知，思想政治工作是一门治党治国的科学，是通过协调人际关系、激发人的情感等做人的工作。基于廉洁文化开展高校教职工思想政治工作，是将二者辩证统一于依法治国、从严治党的框架，转化为高校教职工干事业的动力源泉。

1. 廉洁文化为高校教职工思想政治工作提供软实力。文化之意在于“以文化人”，它是建立在道德、思想、信仰、价值观、制度、大众心理甚至传统习俗之上的一种软实力，它无处不在，是骨子里的一种东西，是心灵的某种状态或习惯。文化可以内化于心，外化于行。任何思想政治工作和道德品质教育，只有深深植根于民族传统文化土壤之中，才能体现出强大的生命力，高校教职工思想政治工作也不例外。廉洁文化具有教化

人心、熏陶濡染、内化行为和群众监督的强大功能，是一种影响深远、对全社会起基础性作用的反腐形式，必须经过一个长期艰苦奋斗的过程，必须经过全社会共同努力，才能熏染累积而成。通过廉洁文化温润过的心灵能够将严格自律的思想认识转化为行动自觉，有效地巩固思想政治工作成效。将党的教育内化于心，外化于行。

2. 高校教职工思想政治工作是廉洁文化发力的硬平台。教职工的积极性和创造性是高校发展的内在动力，是推动高校改革和发展的决定因素，充分发挥教职工的聪明才智是高校可持续发展，建设人民满意大学的关键。要调动高校教职工的积极性和创造性，就要关注他们的现状，关心他们的所思所想及切身利益。总体上讲，高校教职工的思想主流是好的、积极向上的。他们热爱祖国、热爱党、热爱社会主义，拥护党的领导、方针、政策，希望国家日益强大，关心党风、社会风气的好转，关注国家在改革过程中合理调整利益分配，企望比较公平公正的利益调整分配。思想政治工作是经济工作和其他一切工作的生命线，是团结全党和全国各族人民实现党和国家各项任务的中心环节，是我们党和社会主义国家的重要政治优势，是我们党的传家宝。做好高校教职工的思想政治工作，打造一支能够坚持“高线”、坚守“底线”的高校教职工队伍，更好地发挥其“树德立人”的职业效能。通过自身坚定的理想信念、法治素养和道德修养说服人、教育人、感染人，坚守高等教育阵地，增强高校整体社会功能，向社会和家庭辐射廉洁文化，提升全社会和国家整体廉洁文明度。

由此可见，基于廉洁文化视角审视高校教职工思想政治工作，要正确把握二者之间的辩证统一关系，科学推动二者之间的良性互动，既抓高校的廉洁文化建设，又抓高校的教职工思想政治工作，贯彻落实全面依法治国、从严治党的要求，在法治框架内提升治理能力，为人才培养、科学研究创造良好的生态环境。

三、对“施教者乐教，受教者乐学”工作模式的几点思考

从制度构建和实践层面讲，基于廉洁文化视角做好高校教职工思想政治工作，拓展高校教职工思想政治工作路径，是落实依法治国、从严治党向基层延伸的有益探索。通过潜移默化的方式，引导教职工开展教育和自我教育，将廉洁文化根植于教职工生活、工作，内化于心，构建“施教者乐教，受教者乐学”的高校教职工思想政治工作模式。

1. 创新思路，科学构建体制机制。改变惯性思维、被动思维、从众思维，创新思路，科学构建基于廉洁文化视角的高校教职工思想工作体制机制。坚持“以人为本”的理念，坚持“贴近实际、贴近生活、贴近教职工”工作原则，构建“思想、形势政策、实践”三位一体的工作空间，形成由单向性向多向性拓展，由偏重灌输向注重渗透拓展，由居高临下向深入基层拓展，由单一层次向多层次、多侧面拓展的创新工作思路。

2. 创新内容，以廉促勤，以廉聚力。时移事异，高校教职工思想政治工作是做人的工作，面临全面依法治国、从严治党的新形势，必须坚持与时俱进。传统的高校教职工思想政治教育在内容上缺乏一定的针对性、适应性和实效性。当下，高校教职工思想和政治工作需要结合时代需要创新内容，增加廉洁元素，把党纪国法纳入教职工理论学习，着重做好以下几方面工作：一是以理想信念教育为核心，开展科学的世界观、人生观、价值观和社会主义核心价值体系教育，树立共产主义远大理想；二是以爱国主义、集体主义和社会主义教育为基本内容，

开展党的路线方针、科学理论、形势政策等教育，坚定走社会主义道路、实现中华民族伟大复兴的决心和信心；三是以师德师风建设为重点，开展职业道德、科学精神、艰苦创业、遵纪守法等教育，提高教书育人、管理育人、服务育人的总体水平；四是以国情教育、校情教育、形势教育为基点，提升教职工的大局意识、中心意识、勤廉意识，促使学校教育工作更加紧贴中心、服务大局、切合实际。

3. 创新方法，思想政治工作形式多样化。在新的形势下，高校教职工思想政治工作，要讲原则、讲政治，更要讲求春风化雨、潜移默化。对具有不同学科专业背景的高级知识分子群体开展思想政治工作，不能用简单的说教，而要不断创新工作方法。通过学科的、艺术的、生活的多维形式设计，让高校教职工思想政治工作由显性教育向显隐结合转变，将有意识灌输和无意识熏陶相结合，由单一灌输方式，转化为渗透式、参与式、体验式，以“润物细无声”的方式，潜移默化地将先进思想意识灌输到教职工的思想中。长期坚持不懈，感染心灵、启迪智慧、引领行动，提升教职工思想境界，正确处理国家与集体、集体与个人的关系，由“要我勤廉”变为“我要勤廉”，“要我爱岗敬业”变为“我要爱岗敬业”。

4. 创新手段，增加思想政治工作的载体。随着信息化时代的发展，科学技术发展日新月异，新媒体时代给高校教职工思想政治工作开拓了新天地。随着新媒体时代的发展，人与人之间、人与组织之间沟通的载体多样化了，例如邮件、QQ、飞信、微信等便捷的自媒体交流途径日益为人们所接受，甚至成为人们工作中交流沟通不可或缺的一种工具。高校要充分发挥互联网在培养人、塑造人中的新型载体和重要手段作用，利用网络媒体途径对教职工进行教育和引导，使网络思想政治教育活动生动活泼、扎实有效，增强思想政治工作的吸引力、感染力、渗透力。

总之，高校落实全面依法治国、从严治党，落实党委和纪委落实的“两个责任”，有效开展教职工思想政治工作，要以廉洁文化视角向基层延伸，构建“施教者乐教，受教者乐学”的工作模式，营造人人想干事业、个个争做贡献、处处团结协作的和谐环境，为党的教育事业建设一支师德高尚、素质精良的高质量专业化教师队伍，引导教职工把智慧和力量凝聚到教育事业发展上来。

参考文献：

[1] 刘明、刘芳、芦宝亮：“新形势下高校廉洁文化建设的几点思考——基于系统论的视角”，载《法制博览》2015 年第 27 期。

[2] 李琛：“关于美国教师专业化发展的初步研究”，福建师范大学 2003 年硕士学位论文。

[3] 彭雨、管宁：“韩国、美国高校道德教育特色与启示”，载《洛阳大学学报》2014 年第 1 期。

[4] 郭彦荣：“新常态下加强高校教师思想政治工作初探”，载《安阳师范学院学报》2015 年第 4 期。

[5] 舒子松：“教师思想政治工作呼唤创新”，载《学校党建与思想教育：普教版》2001 年第 10 期。

[6] 张国臣：“把握新常态 探索新途径 努力开创思想政治教育研究工作新局面”，载《河南教育》2015 年第 3 期。

[7] 张润枝、高斐：“高校教师思想政治工作的历史经验回顾——新中国成立初期”，载《人民论坛》2014 年第 26 期。

[8] 高志文：“准确把握群体心态 增强思政教育有效性”，载《光明日报》2015 年 11 月 17 日。

[9] 何祥林、吴长锦：“高校青年教师思想政治工作现状与对

策思考——基于6所高校的实证调研”，载《思想教育研究》2016年第1期。

［10］刘震：“思想政治教育视域中的高校廉政文化教育”，载《绥化学院学报》2011年第5期。

“十三五”期间应用型大学建设及发展形势分析

应用型高等教育发展研究中心　虞思旦

一、应用型大学内涵及定位

伴随着中国高等教育大众化、普及化，高等教育的类型日益多元化。既有以培养国家拔尖创新型人才为主的“985”“211”高校，也有以培养地方需要的应用型人才为主的应用型大学，还有以为国家和地方培养技能型人才为主的高职院校，其中，应用型大学是我国高校的主体。

应用型大学的内涵可以体现在以下几个方面：①以应用为本的办学定位；②面向行业产业的学科专业设置；③突出实践能力培养的教学体系和实践环境；④体现产学合作的教育教学模式；⑤有丰富实践经验的教师队伍；⑥体现应用性的学生学习评价机制和对教师的教学评价机制；⑦有直接推动经济社会发展的应用性科研成果；⑧毕业生主要面向生产、建设、管理、服务的基层工作岗位就业。

应用型大学的办学定位是学校科学发展的顶层设计，是学校传统与优势的体现，是学校未来发展目标的展示。办学定位主要涉及四个方面：类型定位、学科定位、人才培养目标定位和服务面向定位。应用型大学的类型定位一般是教学型或教学研究型；学科定位一般是综合、多科或单科；人才培养目标定位一般是应用型；服务面向定位一般是服务区域经济社会发展。

二、应用型大学的发展与格局

国内应用型大学的发展与当时的经济社会发展状况及对人才的需求、高等教育发展现状、教育政策导向密切相关。应用型大学萌芽于20世纪80年代，兴起于20世纪90年代，在21世纪初得到快速发展。就像任何一种类型的大学都会经历产生、发展并逐渐成熟的过程一样，应用型大学也可分为初级阶段和高级阶段。应用型大学初级阶段的主要特征是以本科为主，专本协调发展，以实施应用型教育、为社会培养应用型人才为中心任务，在教学的同时也从事一定的应用性研究，但还没有真正将应用性研究成果直接转化成生产力，解决行业、企业的生产技术问题。应用型大学的高级阶段标志着应用型大学的建设已经进入成熟阶段，这一阶段的主要特征是除了应用型教育已经发展很成熟，应用型科研也已经取得比较丰硕的成果，教育服务已经完全融入地域经济社会发展，并成为学校发展的中坚力量。从目前国内应用型大学发展的情况来判断，多数应用型大学还处在发展的初级阶段。

国内应用型大学发展格局的形成，与应用型大学所在区域经济社会发展状况、各自学校的发展历史密切相关，主要形成了以下应用型大学格局：

1. 地方综合性大学发展成为应用型大学。如深圳大学、宁波大学、广州大学、青岛大学、大连大学、沈阳大学、北京联合大学、集美大学、五邑大学等地方综合性大学。这些大学的特点是：以本科层次教育为主的教学型大学或教学研究型大学，学科门类比较齐全，教学规模较大，研究规模相对较小，尽管有些高校没有明确提出自己是应用型大学，但符合应用型大学的基本内涵。

2. 老高工专院校升格为本科院校，发展成为应用型大学。如：南京工学院、长春工程学院、黑龙江工程学院、湖南工程学院、徐州工程学院、常州工学院、杭州应用工程技术学院等。这些高校是一批老高工专院校升格的工程类本科院校，它们成为应用型大学的重要组成部分，这类高校的特点是工科背景比较强，有较强的行业依托。

3. 高职院校升格为本科院校，发展成为应用型大学。如上海电机学院、上海第二工业大学、金陵科技学院、上海应用技术学院、东莞科技学院、北京城市学院等。这类院校多开展技术应用型本科教育。

三、境外应用型大学的发展

目前发达国家的高等教育相继进入普及化阶段，多数劳动者成为受过高等教育的人，因此为培养应用型人才服务成为多数大学的主要任务，如美国的科技学院、德国的应用科学大学、英国的多科技术学院、法国的科技学院、澳大利亚的科技大学、日本的技术科技大学、印度的工程技术学院等。这些高校已经进入应用型大学的高级阶段，并且形成了较为完善的应用型人才培养体系，突出表现在大学与地方政府和企业合作紧密、学科专业建设紧跟时代与区域经济建设需要、双师型师资队伍实力雄厚、实验及实践教学比重大、专业与课程设置体现实用性、教学方法体现多样性等方面。

四、国内应用型大学发展形势分析

“十三五”期间应用型大学发展面对着“创新驱动发展”“中国制造 2025”“一带一路”“互联网 +”“大众创业、万众创新”的国家重大战略，以及“京津冀协同发展”的地域经济社会发展新形势，使应用型大学发展面临新的机遇与挑战。近期高等教育的政策形势也使应用型大学的发展面临新的转机。

2013 年 1 月教育部部署了“应用科技大学改革试点战略研究项目”，全国有 13 个省（市、自治区）的 30 余所本科院校入选该项目的研究工作。在教育部推动下，由 35 所地方本科院校发起的应用技术大学联盟于 2013 年 6 月 28 日在天津成立，该联盟围绕建设应用技术大学的目标，探索推动中国高等教育的分类办学和特色发展。

2014 年中国发展高层论坛上，教育部副部长鲁昕在演讲中谈到中国教育结构调整的重点是 1999 年大学扩招后“专升本”的 600 多所地方本科院校，在培养模式上，这些高校将淡化学科，强化专业，培养技术技能型人才。

2015 年 10 月，教育部、国家发展改革委、财政部联合发文《关于引导部分地方普通本科高校向应用型转变的指导意见》，为“十三五”时期国内应用型大学的发展指明了方向和路径。

中国教育科学院受教育部委托，正在研究制定国内应用型高校准入标准和评估标准，目前已经基本完成初稿的制定。标准的出台，为国家加大应用型大学的政策支持和资源投入提供了依据，并有力地促进国内应用型大学有序发展，为国内一流应用型大学的脱颖而出提供机遇。

五、应用型大学发展趋势分析及我校发展之路初探

在分析国内应用型大学发展现状，借鉴境外应用型大学发展经验的基础上，结合我国经济社会发展形势以及我国应用型大学发展的宏观政策，可以初步判断，“十三五”期间国内应用型大学将处于一个快速发展时期，将出现一批引领应用型大学

发展的地方高校，也会出现一批更加坚定地走应用型大学办学之路的地方高校。

对于北京联合大学而言，我们已经有十余年的应用型大学建设的理论思考和实践探索，“十三五”期间是我校建成国内一流应用型大学的有利时机。我们在聚焦北京地区经济社会发展的基础上，针对北京政治中心、文化中心、科技创新中心和国际交往中心的核心功能，以及高端服务业、高新技术产业和文化创意产业为主的城市经济功能，建立紧密对接产业链、创新链的专业体系，打造北京地区急需、优势突出、特色鲜明的专业。实现专业链与产业链、课程内容与职业标准、教学过程与生产过程对接。形成科研团队，广泛开展科技服务和应用性创新活动，努力建成区域和行业的科技服务基地、技术创新基地。

我们在增强服务京津冀一体化国家战略意识的基础上，加强与京津冀三地政府、科研院所、科技中介、金融机构、企业行业、社区合作，建立产学研长效机制，创建协同创新平台。加强为京津冀产业调整、升级服务的创新意识，根据京津冀产业发展规划，及时调整专业集群，优化专业结构布局，凝练应用型科研方向。针对天津作为国际港口城市、北方经济中心和生态城市的定位，重点在物流业、商业、金融业、服务业方面开展教学改革以及应用性科研探索；针对河北省的高新技术产品配套的专业化加工基地和现代服务业外包基地的定位，重点在现代制造业、服务业、现代加工业等方面开展教学改革以及应用性科研探索，进一步拓展“十三五”期间学校的发展空间，力争在“十三五”期间跻身具有国际影响的国内一流应用型大学之列。

参考文献：

[1] 教育部、国家发展改革委、财政部《关于引导部分地方

普通本科高校向应用型转变的指导意见》。

[2] 孙建京等：《现代应用型大学与学科建设研究》，电子工业出版社2014年版。

[3] 赵文青："对我国应用型本科院校发展战略的思考——潘懋元先生访谈录"，载《高校教育管理》2014年第1期。

[4] 孙建京：《应用型大学发展与建设研究》，中央文献出版社2010年版。

[5] 孔繁敏：《应用型本科人才培养的实证研究》，北京师范大学出版集团2010年版。

[6] 高林：《应用性本科教育导论》，科学出版社2006年版。

[7] 陈厚丰：《中国高等学校分类与定位问题研究》，湖南大学出版社2004年版。

严要求，实着力，以“三严三实”标准做好“十三五”规划工作

校图书馆　程雨琴

今年，学校党委同时部署开展了两项工作：在处级以上党员干部中进行“三严三实”专题教育和启动学校“十三五”发展与改革规划工作。表面看来，这两项工作之间没有联系，一项是党的工作，一项是行政工作，两者独立开展，互不相干，其实不然。我认为“三严三实”专题教育活动既是思想要求，也是行为准则，教育活动开展的实效如何，不能仅看干部学了多少学时、作了多少笔记、谈了多少体会，还要通过领导干部的实际工作来检验学习成效。“十三五”规划作为本年度一项重点工作，应列为检验“三严三实”教育成效的重要指标。干部落实“十三五”规划工作，也需要以“三严三实”要求来指导，二者之间是辩证统一的关系。要避免“三严三实”教育活动和“十三五”规划工作出现两张皮的现象，实现理论学习与工作实践有机结合，就要在“十三五”规划工作中自觉贯彻落实“三严三实”的要求，以“三严三实”标准做好“十三五”规划工作。

一、“三严三实”的思想内涵和精神实质

“三严三实”是党的十八大以来，习近平总书记在多次讲话

中对党员干部，特别是各级领导干部提出的具体要求，他强调各级党员领导干部都要严以修身、严以用权、严以律己，谋事要实、创业要实、做人要实。今年年初，党中央作出了在县处级以上领导干部中开展“三严三实”专题教育的部署，把做“三严三实”型干部作为党中央推进全面从严治党的重要举措。

“三严”，即严以修身、严以用权、严以律己。“严”具有严格、严肃、严苛等含义。“严”的内容指向是做人与用权。人生在世是要有点精神的，“三严三实”强调领导干部“严以修身”，就是要求各级党员领导干部要坚定为人民谋幸福、为国家谋富强的理想信念。之所以用“严”字定位修身，就是要求领导干部党性修养要做到高标准、严要求，要树立为人民服务的远大理想和人民必胜的信念，理想强了、信念稳了，党员干部的精神也就强大了。对于掌握着一定权力的各级领导干部来说，“严以用权”，就“严”在秉公为民，造福人民。权力为人民所赋，权力就是责任，领导就是服务，权力必须为民所用，造福人民，才能不负组织、不负人民。“严以律己”，“严”在行使权力时必须心存敬畏，敬畏人民、敬畏权力、敬畏法律规章，勇于为民用权，但要为所当为。

“三实”，即谋事要实、创业要实、做人要实。“实”具有务实、扎实、诚实等含义。“三实”既是主观态度，也是行为准则，体现了知行两方面的统一。“谋事要实”，“实”在一切从实际出发，听真话，知实情，得真经，这就要求领导干部理论联系实际，密切联系群众，坚持实地调查研究，掌握第一手资料；“实”在实事求是，尊重客观规律，符合科学精神，用科学的眼光审视过去，谋划未来。“创业要实”，“实”在脚踏实地、真抓实干，以习总书记所倡导的抓铁有痕、踏石留印精神扎扎实实做好眼下的工作，对人民负责，对历史负责。“做人要实”，“实”在忠诚坦白、公道正派，对人民、对国家、对集体、对社会表现出应有的正义感、责任感与使命感。“三严”是领导干部的立身之本，“三实”是领导干部的行为取向，“三严三实”既是自我内在约束，又是外在实践要求，体现了党对领导干部为民、务实、清廉的总要求。

二、“十三五”规划工作的意义和要求

2015 年是我国“十二五”规划的收官年，党和政府都提出了关于做好“十三五”规划工作的任务和要求。根据《教育部办公厅关于做好教育事业发展“十三五”规划编制工作的通知》，国家教育“十三五”规划编制工作大体分三个阶段，从 2014 年 10 月到 2014 年底为基本思路研究与规划框架起草阶段，从 2015 年 1 月到 2016 年 3 月为规划文本编制阶段，2016 年 3 月到 6 月为规划发布与宣传阶段。各地都在以这个进度为参考，制订本地区规划编制的时间表，明确各阶段的工作重点。我校已于 2014 年开始“十三五”规划编制调研工作，2015 年全面启动“十三五”规划编制工作，目前各部门正在紧锣密鼓地进行“十三五”规划编制。图书馆作为学校的教辅单位，也已按照学校的部署启动了“十三五”规划编制工作，目前已完成“十二五”总结，进入“十三五”规划编制阶段。如何做好“十三五”规划，使“十三五”规划具有前瞻性、科学性和实践性，而不仅仅是个华而不实的花架子，是摆在图书馆领导面前的一个课题。

“十三五”时期是我国全面建成小康社会的关键时期，也是我国基本实现教育现代化的决定性阶段。北京联合大学图书馆肩负着为学校培养首都人民满意的高素质应用型人才提供有力

文献信息保障重任，做好图书馆“十三五”规划十分重要。图书馆必须立足北京首都功能和城市发展的战略定位，立足学校建设高水平、有特色应用型大学的奋斗目标，根据我校由规模大校向质量强校转变的总体要求，全面审视和把握图书馆发展的阶段性特征，深入研究图书馆服务规律，科学谋划图书馆“十三五”规划，加快推动图书馆服务改革创新，不断提高图书馆服务质量，强化办馆特色和优势，积极探索服务新模式，推动图书馆在更高起点上实现新发展。

“十三五”规划能不能做好、做实，取决于图书馆领导班子和领导干部对这项工作的态度和务实程度。是敷衍了事走过场，还是真抓实干出精品，反映了干部的工作标准。高标准、严要求、求实效会把规划工作放在心上、当作大事，工作中认真组织调研，精心打磨，追求质量；标准低、图应付、做样子会对“十三五”规划工作漫不经心、敷衍了事。因此，做好“十三五”规划工作，需要自觉以“三严三实”要求为指导。

三、按照“三严三实”要求做好图书馆“十三五”规划

按照“三严三实”要求做好图书馆“十三五”规划工作，要从以下五方面着力：

一要树立高标准。我校图书馆“十三五”规划，关系到图书馆如何为学校未来五年的发展提供有力的支撑，关系到全校图书馆事业下一步如何发力，关系到图书馆全体职工将向何处努力。馆领导贯彻落实“三严三实”要求，必须对做好“十三五”规划工作给予高度重视，要本着对学校负责、对图书馆的全体职工负责、对历史负责的精神，高标准做好“十三五”规划工作。

二要勇于担当。开展这项工作，必然会遇到这样那样的困

难，耗神费力是免不了的，馆领导作为图书馆的当家人，要敢于提出严格要求，要以功在眼下、利在长远发展的高度责任感投入其中，肩负使命，勇于担当，敢于负责，严于要求，不允许有应付差事、蒙混过关的想法。

三要深入调研。以务实的态度、扎实的作风，深入开展调研工作。要通过文献调研、实地考察、专业培训等多渠道收集学校规划思路和其他图书馆信息，正确吸取他人开展“十三五”规划工作的经验，并坚持从本馆实际出发，积极发挥馆领导班子合力，广泛听取征求馆内外意见，切忌盲目地拍脑袋、拍胸脯。

四要解放思想。坚持从本馆实际出发，认真分析本馆情况，学习借鉴他馆经验，既不妄自菲薄，也不夜郎自大；既不排斥他人经验，也不照搬别馆模式，尊重客观规律，实事求是地做好“十二五”总结和“十三五”规划工作。

五要三思而行。“十三五”规划要建立在对学校发展需要和图书馆发展趋势的正确判断、对“十二五”期间图书馆建设成绩的正确把握、对图书馆自身办馆条件综合分析等基础之上，要在学校的整体部署下按规定程序和科学方法妥善推进，既不能该为不为，也不能胆大妄为，要尊重客观规律，广泛听取意见，按程序推进。

社会上有人调侃那些为了完成规划任务而订立的“十三五”规划为“鬼话”，言外之意是这样的规划脱离实际，连鬼都不信，制定完了谁也不会真的照着去做；这样的规划其实徒有其表，制定者白白浪费时间和精力而已。以“三严三实”为标准编制“十三五”规划，要求真重视、真调研、真用力，只有坚持高标准、严要求、实着力，图书馆规划才可能是规划而不是鬼话。我身为馆长，责任重大，正像一篇微博中所说的“做规划，是件大事，不仅需要了解别人干啥，大方向是啥，更要知道自己想干啥，能干啥。成不成鬼话，在于馆长。馆长不支持，什么都是纸上谈兵”。

注：引文出自科学网王启云博客：“高校图书馆规划要三严三实”，载 http://blog.sciencenet.cn/blog-213646-921604.html，访问时间：2015 年 10 月 20 日。

高校机关作风建设与效能提升的创新与实践——以北京联合大学为例

党委、校长办公室　丁兆明

高校机关是学校运行管理的中枢系统，处于承上启下的关键环节，承担着保障和服务学校正常运转的重要职责。高校机关效能是高校机关的办事效率和处事能力，是学校管理效能的核心要素，是高校机关部门管理水平、服务质量、工作绩效和发展潜力的集中体现，涉及机关的思想建设、机构及岗位设置、工作制度及流程、绩效考评等诸多方面和环节。作风建设是高校机关建设的重要内容，机关作风关乎机关效能，决定机关效能，“只有从作风建设入手，才能切实、根本地抓好效能建设”。因此，高校机关开展作风建设，促进效能提升，是再塑机关形象、提高服务能力的要求，是提高工作效率、增强管理能力的要求，更是推进高校治理体系和治理能力现代化的必然要求。

长期以来，北京联合大学始终高度重视机关作风和效能建设，创新理念，明确目标，厘清思路，探索实践，总结了机关作风与效能建设“三三三”基本框架和实施路径：

第一个“三”是指：机关作风和效能建设的总体目标推进“三型”组织（即学习型、服务性、创新型）建设。

第二个“三”是指：机关作风和效能建设要在三个关键环节抓好重点工作，即抓组织领导，着力强化机关基层党组织建设；抓实施关键，着力加强机关干部队伍建设；抓常态长效，着力完善机关效能相关制度建设。

第三个“三”是指：机关作风和效能建设最终要提高三个能力，即机关服务能力，干部胜任力和执行力，以及持续建设能力。其中，机关服务能力提升是核心，干部胜任力和执行力是关键，持续建设能力是保障。

一、夯实机关作风与效能建设的组织基础

机关作风是党风的重要体现。高校机关党组织是高校机关作风和效能建设的重要主体之一，是党在高校机关的各项工作和全部战斗力的基础，在作风与效能建设中发挥着组织领导、推动实施、践行表率的重要作用。加强高校机关基层组织建设的根本任务在于提升机关服务能力。

（一）高校机关党组织在作风与效能建设中的角色和作用

1. 机关党组织是机关作风与效能建设的组织领导者。一方面，高校机关党组织是党通过高校党委对高校机关进行领导的重要组织形式。党的路线、方针、政策要通过它来贯彻落实，学校党委行政部署的各项工作要通过它来完成，校机关党员要通过它来进行教育、管理、监督和服务，校党委对机关工作的领导也要通过它发挥政治动员和思想教育作用来实现。另一方面，《中国共产党党和国家机关基层组织工作条例》第2条作出明确规定，赋予了机关党组织“紧紧围绕党的基本路线，结合本部门的工作任务和特点，加强党的思想、组织和作风建设”的职责。因此，机关党组织是机关作风与效能建设的直接责任人，扮演着组织者的重要角色，要通过制定工作方案、加强组织实施、完善制度保障、强化督促检查等各个环节的落实，不断把机关作风与效能建设引向深入。

2. 机关党组织是机关作风与效能建设的推动实施者。党的作风建设是全面加强党的建设的重要内容，与思想建设、组织建设、反腐倡廉建设和制度建设共同构成全面加强党的建设的统一整体。其中，组织建设是推动包括作风建设在内的各项建设的主体力量，是作风建设的推动实施者。高校机关党组织是党在高校机关中的战斗堡垒，肩负着组织、协助、监督等重要职能，具有政治优势、组织优势和密切联系师生的优势。发挥高校机关党组织的“三大优势”，抓好党员干部的教育、管理、监督和服务，加强机关精神文明建设、思想政治工作和党风廉政建设，构建和谐机关，对凝聚人心、端正风气有着积极的推动作用。

3. 机关党组织是机关作风与效能建设的带头践行者。作风是在思想、工作和生活等方面表现出来的态度或行为风格。“党的作风是党的形象，是党的性质、宗旨、纲领、路线的重要体现，是党的创造力、凝聚力、战斗力的重要内容。”机关作风不是指某一个人的作风，也不是某一个领导的作风，而是机关整体的作风，是党的作风的重要内容和重要体现。在高校机关作风与效能建设中，机关党组织和机关党员干部是主体，要充分发挥表率作用，从我做起、从点滴做起，大处着眼、小处着手，贯彻落实好“勤奋好学、学以致用，心系群众、服务人民，真抓实干、务求实效，艰苦奋斗、勤俭节约，顾全大局、令行禁止，发扬民主、团结共事，秉公用权、廉洁从政，生活正派、情趣健康”八个方面的良好作风，全面加强思想作风、学风、工作作风、领导作风、生活作风建设，弘扬新风正气，抵制歪风邪气，着力解决突出问题，努力实现机关作风的进一步转变。

（二）以机关基层组织建设引领推动作风与效能建设

机关基层党组织是机关效能与作风建设的领导者、组织者、实施者、推动者、践行者和带头者，是效能与作风建设的核心枢纽。多年来，机直党委在校党委的领导下，贯彻落实《中国共产党普通高等学校基层组织工作条例》，完善“分类指导、三级联动、重心下移、协同创新”的党建模式，以“强组织、增活力、促发展”为主题，着力提升党支部战斗力水平，着力提升党支部书记素质能力水平，着力提升党员队伍生机活力水平，着力提升基层基础保障水平，着力提升基层党建制度化水平，充分发挥基层党组织和党员在机关作风与效能建设中的战斗堡垒作用和先锋模范作用，增强机关作风与效能建设的内核活力。

1. 落实主体责任，提升作风与效能建设的领导力。思想是行为的先导。机关基层党组织作为机关作风与效能建设的领导者、组织者，是机关作风与效能建设的最重要主体之一。提升基层党组织作风与效能建设的领导力，深化认识、凝聚共识是前提，创新机直、强化领导是关键，丰富载体、增强活力是保障。

深化认识，凝聚共识。校机关作风与效能建设的状况是学校品质和办学水平的重要显性体现。机关作风与效能建设是学校转型发展、内涵升级的需要，是善待学生、厚待教工的需要，是提升品质、服务首都的需要，是建设高水平有特色应用型大学的需要。为此，机直党委加强对所属基层党组织书记的培训教育力度，强化对机关党员、干部的宣传舆论工作，积极组织党员干部开展“机关作风建设大家谈”活动，积极开展“机关就是服务、干部就是公仆、作风就是形象”的主题活动，以此深化认识，统一思想，凝聚对提高机关作风与效能建设重要性、紧迫性的共识。

创新机制，强化领导。在机关基层党组织中，普遍存在由部门副职担任党支部书记的现象，甚至有的部门还出现由本部门普通党员担任党支部书记的情况，如此，便导致了机关基层党组织弱化，基层党支部依附于行政部门，难以充分发挥作用的问题。为此，机直党委创新机关作风与效能建设的领导机制，试行推广“双组长制”，由党支部书记和部门行政负责人共同担任组长，组织领导本部门的作风与效能建设工作。党政双组长制能够促进党建工作得到行政主管领导思想高度重视、行动积极主动和充实活动主题和活动载体，具体到结合本部门工作来加强党建工作，达到“全覆盖”。

丰富载体，增强活力。“一分部署，九分落实”。机关作风与效能建设的关键在于创新思路、丰富载体，充分调动机关基层党组织的积极性和主动性。近年来，机直党委结合学习型、服务型、创新型党组织建设，以学习实践科学发展观活动、创先争优活动、党的群众路线教育实践活动等党的集中学习实践活动为契机，探索实践创新，加强基层党组织建设，持续推进机关作风与效能建设。①“创建五好支部”活动。为提高机关和直属单位党支部的创造力、凝聚力和战斗力，充分发挥其战斗堡垒作用，加强校机关和直属单位的履职能力和执教能力建设，促进机关和直属单位工作上新台阶，机直办公室起草下发了《关于在校机关和直属单位中开展创建‘五个好’党支部活动的方案》和“五个好”支部的评选条件。②“十佳党支部”创建活动。③“支部内涵联合共建”活动。为进一步探索新形势下开展基层党组织活动的有效方式，构建基层党组织活动平台，增进机关间与基层的相互了解，拉近机关与服务对象间的距离，进一步改进工作作风，不断提高机关的工作水平，推动学校各项工作的顺利开展，机关各支部自愿组合，按同一工作对象、同一工作性质或同一校领导分管等为基点进行联合共建。例如组织部党支部、人事处党支部联合共建，纪监办审计处党支部、财务处党支部、基建处党支部、国资处党支部联合共建，招就处党支部、教务处党支部、学生处党支部、研究生处党支部联合共建。通过支部共建活动，对接了工作内容，交流了工作经验，破除了工作壁垒，改进了工作作风，提升了工作效能，方便了广大师生，提高了满意度。

2. 加强管理监督，提升作风与效能建设的推动力。作风建设永远在路上，服务提升永无止境。机关基层党组织作为机关作风与效能建设的实施者、推动者，一方面，通过调查研究，及时了解掌握机关作风的基本状况，并针对意见集中和反映强烈的问题进行集中整改；另一方面，搭建作风与效能建设的交流平台，促进互相学习，共同提高。

实践调研，推进整改。机关作风评议是群众对机关作风建设的满意度的集中反映，对改进机关作风、提高工作效能具有一定的促进作用。自2006年以来，机直党委先后开展过五次机关作风评议活动，每两年开展一次，评议范围不断扩大、作用不断显现。其中2006年、2008年和2013年重点对机关各部门和单位进行了评议，根据机关部门机构的设置，对被评议单位作适当调整（如下图所示）。评议的分类和计算方法保持不变，共分总体评价、精神面貌、办事效率、服务创新、工作质量、政策水平、制度建设、廉洁从政以及存在的突出问题等九个层面进行统一评议。综合五次评议结果分析显示，被测评的部门单位满意度平均百分比为96.7%，机关作风评价分数整体上呈现出逐年递增的态势，学校教职员工对校机关各部门、各单位的工作满意度逐年提升，机关作风效能建设整体水平得到了提高。

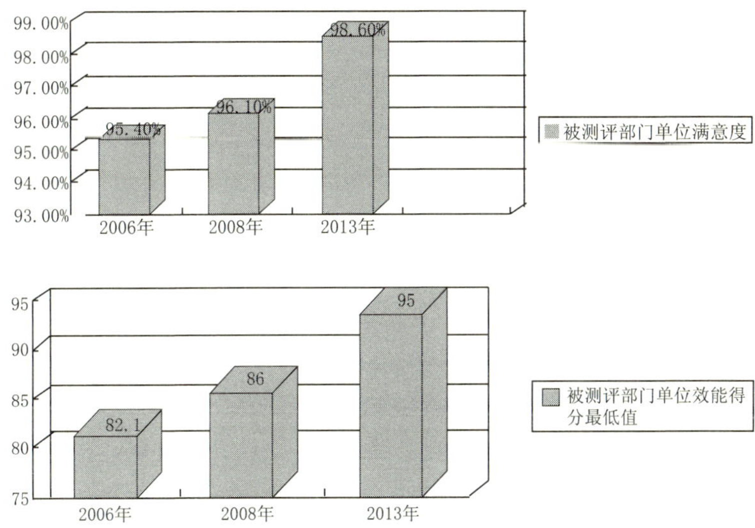

2006 年 ~2013 年机关作风建设评议结果

同时，通过机关作风评议，能够发现师生意见集中和反映强烈的突出问题，提高作风与效能建设的针对性。综合五次评议结果分析，机关作风与效能建设的突出问题主要集中在“程序繁琐、工作质量不高、办事效率低”“干部综合素质及工作能力低”“会议多，多头布置任务，基层疲于应接”“职能交叉，责任不清，互相推诿”四个方面，这反映了教职工越来越集中对机关各部门提高服务效率和减少办事环节提出要求，同时希望能进一步加强干部培训，提高综合素质。

以 2011 年、2013 年两年数据为例，如下表所示：

2011 年、2013 年机关作风与效能建设突出问题

	项目	2011 年		2013 年	
		总数	占比	总数	占比
机关工作作风存在的突出问题	程序繁琐，工作质量不高、办事效率低	242	20.6%	156	20.9%
	干部综合素质及工作能力低	217	18.5%	139	18.6%
	会议多，多头布置任务，基层疲于应接	211	18%	130	17.4%
	职能交叉，责任不清，互相推诿	185	15.8%	124	16.6%
	服务意识淡薄，服务态度差	147	12.5%	95	12.7%
	政令不通，执行力不强	90	7.7%	52	7%
	思想观念保守、贻误发展	59	5%	51	6.8%
	其他	23	2%	0	0

搭建平台，促进交流。交流学习平台搭建是推进作风与效能建设的重要措施。通过平台建设，既能促进不同部门之间互相学习，交流经验，同时也是对各部门单位的作风与效能建设的检查与督促。机直党委通过召开支部专题会议、总支座谈会、交流会等形式查找各部门在作风建设、提高质量和效率方面存在的问题，并按照“提高认识、查找不足、研究思路、提出举措、积极整改”的工作要求，制定整改计划，落实整改措施，汇报交流经验。通过这一平台，各支部进一步完善了制度、优化了流程、改进了作风、提高了服务。

清单管理，提高效率。清单管理，是指针对某项职能范围内的管理活动，通过分析其流程，建立管理台账，并对流程内容进行细化、量化，形成清单，列出清晰明细的管理内容或控制要点，检查考核按照清单去执行的管理制度。机直党委为促进机关作风建设，提升服务效能，积极探索应用这一科学管理模式。例如，在与各总支、支部充分沟通的基础上，机直党委2014年共制定整改服务项目清单34项，每个党支部（或党总支）列出一至两项作风建设改进项目，明确具体责任人和完成时限。为保障项目建设切实取得实效，机直党委成立联合检查组，检查组由学院领导、教师代表、人大代表、党外代表、部分机关部门负责人等构成。项目启动以来，各部门已经陆续展开项目建设，整改效果逐渐显现：现代教育技术考试由7个环节减少到3个环节；住房公积金提取周期由一年缩减到一季度；全校图书资源实现馆际互借；青年教师的理论引领和宣传干部的业务培训进一步加强；党风廉政宣传教育合力和效果进一步增强；“三全”第二课堂活动体系进一步完善；自主学习中心延长开放时间，实践教学资源服务功能扩展；等等。

3. 增强教育服务，提升作风与效能建设的自觉性。加强思想教育，增强党性意识。“君子为政之道，以修身为本。”在人的决定性因素中，政治思想素质是最重要的。没有一个好的思想作风，就不会有好的工作作风，因此，加强作风建设务必把思想作风建设放在第一位，旨在巩固宗旨意识，提高党性修养。机直党委坚持和完善“三会一课”制度，通过集中学习、座谈讨论、听专题讲座、知识竞赛等形式，组织党员干部原原本本学习，深刻领会，加强理论武装，不断提高党员干部的政治素质、理论水平和业务能力；还运用专题电视片、电影、主题党日等多种形式开展党支部、党员学习活动，提高党员、干部为师生服务的党性意识。

加强职业教育，提升职业素养。服务和管理是高校机关的两大职能，每一个机关工作人员必须确立“管理也是服务，在服务中实现管理”的思想，兢兢业业、勤勤恳恳地为教学、科研服务，为师生员工服务。机直党委坚持开展和谐处室的创建评比活动，进一步规范工作流程，加强内部沟通和培训，提升职业素养，建设和谐团队。例如，为进一步提升机关干部礼仪形象，改善机关干部整体形象，邀请北京求实学校副校长蔡少惠为机关党员、干部开展行政礼仪专题培训。

加强廉洁教育，维护窗口形象。廉洁自律是党的性质和宗旨对党员、干部的基本要求。高校机关是学校的窗口单位，掌握着学校的大量资源，加强廉洁教育，维护廉洁形象，是高校机关的重要职责和义务。机直党委坚持开展“廉润校园”等主题党日活动，加强廉洁文化建设；组织机关和直属单位处以上干部学习《廉政准则》，以案说纪，加强廉洁自律教育，开展警示教育；做好廉政风险防范管理工作，完善各项制度，堵塞漏洞，提高工作效率。

二、抓牢机关作风与效能建设的干部队伍

加强作风和效能建设，重点在机关，关键在干部，尤其是领导干部。高校机关作风与效能建设的核心是提高机关工作人员的履职能力和办事效率，要把其切入点放在领导干部身上，加强党性修养，严格教育、管理和监督，提升胜任力和监督力，使领导干部成长为弘扬新风正气、抵制歪风邪气的楷模，通过领导带头、上下联动，促进整个干部队伍的作风建设。

（一）联大机关干部素质和能力提升行动

提高干部队伍素质、觉悟和能力，无论是机关作风建设还是人才队伍培养，都是学校的一贯要求。学校党委要加强领导，搞好干部配备，领导干部本人要讲党性，讲忠诚。具体来讲，就是要提高三个素质，提升五项能力。

1. 提高三个素质。一是政治素质。作为一名机关干部，要

具备良好的政治素质，要有坚定的政治信念和远大的革命理想，要有强烈的事业心和高度的责任感，要培养高瞻远瞩的战略眼光。在任何情况下，不糊涂、不消极、不迷失方向，永远成为事业发展、进步的动力。

二是思想素质。思想素质所反映出的道德和情操，是一定社会调整人们之间以及个人和社会之间行为规范的总和，做得好可以体现出一个人的境界、价值和声誉，做得不好就会反过来影响一个人的声誉和威信。现在从中央到地方在选拔任用干部上都把干部“德”的考察放在突出的位置，德高才能望众，才能产生强大的影响力和感召力。这就要求党员领导干部要自觉地培养自己，努力成为具有坚持原则、光明磊落、正直正派、通情达理、严己宽人、平易近人等良好思想品德的人。

机关的职业道德，即机关干部在履行职责和处理个人与他人、个人与集体之间的相互关系时应遵守的行为规范和应具备的思想品德。机关干部职业道德的基本原则应该是以权为公。这是正确调整和处理机关干部个人利益和他人、集体利益的关系时所必须遵循的原则。这一原则充分反映了机关干部职业道德的本质，是机关干部职业道德的灵魂和核心，它贯穿于一个干部一生工作的全过程，是在任何情况下，始终用以评价、衡量机关干部个人行为、品质的是非、荣辱、善恶的最高道德标准。

三是业务素质。业务素质实际是能力素质，是一个人知识、智慧和技能等综合的外在表现。业务素质是指一个人通过长时期的实践和积聚，在能力方面所达到的水平。

2. 提升五项能力。一是读书学习、科学研究的能力。机关干部承担着为教学服务，为广大师生员工服务的重任，必须有终身读书学习的意识，做到边学习、边工作、边研究，自觉树立学习和研究的意识，把自己培养成为一个学习型的人。①要自觉学习政治理论，系统掌握中国特色社会主义理论体系，坚持用马克思主义立场、观点、方法观察问题、分析问题、解决问题。②要善于在实际工作中总结提炼，总结好的经验和做法，提升到理论高度，以利于更好地继承发扬光大；对失败的原因，要认真分析，查找根源，以便于在以后的工作中吸取教训，少走弯路。③要把部门业务同研究解决师生最关心、最直接、最现实的利益问题、部门工作业务的重大问题、党的建设的突出问题结合起来，增强工作的原则性、系统性、预见性。

二是对外交流、沟通协调的能力。机关工作部门是联系上下、内外，沟通左右的职能部门，机关干部要具备较强的协调能力。既要按照领导的要求配合搞好同下属的协调，又要根据任务要求配合搞好与相关部门的协调；既要搞好领导同志之间的协调，又要搞好上下级之间的协调、校内校外工作的协调。协调工作搞好了，可以事半功倍，提高工作效率和工作质量；搞不好，不但工作推不动，而且质量不高，甚至还可能产生上下级之间、部门之间、同志之间的矛盾，造成工作的被动。

怎样搞好协调工作？①情况明决心大。也就是接受和安排的工作要心中有数，不能似是而非、大概知道。只有任务明确了，心中有数了，思路清楚了，再加上有决心 ，任务才可能保质保量地快速完成。②善观察勤思考。任何一项任务的完成，都包含着主客观结合的因素。同类事物的不同环境，同等环境的不同对象等，都可以加大或减少工作的难度。因此，我们要注意观察事物的内在因素和现实状况，并根据已变化了的情况进行认真的思考，形成切合实际的解决方案。③讲原则重情感。讲原则是办事的前提，丧失原则或不明确原则，都可能导致事情出现质的变化。办事只有原则也不够，还要注意情感的沟通，人都是有情感的，你的工作也是需要别人支持的，如果不注意这一点，工作中也同样会出现不利的情况。④多请示多汇报。在工作过程中，肯定会遇到来自方方面面的困难和阻力，会有意想不到的可变因素。自己在很难做出决断的情况下，要多请示、多汇报，根据新的指令、精神，及时调整解决问题的方法。⑤多联系常沟通。机关职能部门的工作，虽然有联系，但都有相对的独立性，当有工作任务时，需要人家支持，让人帮忙。而平时不注意联系和沟通，不注意支持和配合别的部门的工作，在关键时刻也很难得到对方的配合。

三是谋划工作、执行决策的能力。机关干部要“站得高、看得远”，从宏观、大局、长远考虑问题，要准确把握发展趋势，科学谋划发展目标，善谋科学发展之策，加强对发展的统筹协调。需要具备战略思维能力和前瞻眼光，要有较强的全局意识，跳出局部利益的狭隘圈子，用时代的要求去审视，用改革的思路去谋划，用创新的方法去推进。机关干部担负着将上级的决策付诸实施的职责，为了雷厉风行地落实决策，就必须具有较强的执行能力。要满怀爱岗敬业之心，恪守为师生办事之责，多办好事、多办实事。机关各部门都掌握一些资金、资源、平台和权力，那是用来工作的，要在推进学校事业、成全他人发展的过程中，使个人得到进步。要培养脚踏实地、拼搏奋斗的实干精神以及处理复杂矛盾、完成重大工作任务的综合能力。只有具备较强的执行能力，才能很好地履行领导工作的职责，实现管理工作的目标。

四是推进改革、创新工作的能力。管理的本质就是创新。如果机关干部只埋头做那些过去已经做过的事情，那么，学校的管理工作就会变得墨守成规，停滞不前，甚至可能衰退。创新不仅体现在制定规划之中，而且在执行管理的各项职能时，也都需要解放思想，大胆改革，勇于创新。机关干部要努力创新发展模式，加快转变发展方式，以更大的决心和勇气全面推进各项工作，以便更好地为学校健康发展服务，为教学、科研、人才培养服务，为师生服务，不断增强机关的战斗力、凝聚力和创造力。

五是团队建设、职业发展的能力。机关各部门的每一个员工都有自己的个性特点、长处和优势，同时也有自己的短板和劣势。要加强团队建设，着力提升团队的整体、综合效能。要注意观察、研究团队所有成员的优势和劣势，把每一个人放到最合适的岗位上，把每一项工作安排给最合适的人干，使每一个员工既能感受到工作的顺手，又能实现较高的工作效率，使团队的整体效能最优化。机关部门作为一个团队，要关心每一名员工的个人发展和职业进步，为他们创造尽可能好的发展条件，使他们产生较强的归属感，能够感受到组织的关心，知道自己的发展与部门的工作成绩是一致的，愿意为部门的工作而奉献，使团队的向心力、凝聚力和战斗力能够不断得到增强。

（二）联大干部队伍作风建设的主要措施

1. 加强理论武装，提升宗旨意识，筑牢思想根基。

（1）完善中心组学习制度。定期组织机关党员领导干部参加学校理论学习中心组扩大会，强化学习党的指导思想、强化学习理论热点、强化学习高等教育理论、强化学习学校发展规划、强化学习廉政理论。通过延伸学习链条，抓好预备性学习、探究式观察实践、学习成果转化三个环节，进一步弘扬党员领导干部理论联系实际的马克思主义学风，开阔了视野，提高了素质和能力，增强了党性修养，提升了党员领导干部为师生服务的宗旨意识，为机关作风与效能建设奠定了思想基础。

（2）完善“学·思·行”干部培训模式。干部培训是增强干部宗旨意识、提升履职能力、促进作风转变的重要形式。“学·思·行”干部培训模式注重把握“一条主线”，抓好“两个着力”，注重“三个结合”，确保学习取得“四新成效”。“一条主线”是指加强党的执政能力建设、先进性和纯洁性建设这条主线；“两个着力”是指着力做好调研准备、着力做好学用相长；“三个结合”是指注重“软引导”和“硬管理”相结合，注重“专题学”和“动态学”相结合，注重“请进来”和“走出去”相结合；“四新成效”是指抓思想理论建设上要有新自觉，在深入学习贯彻讲话精神上要有新收获，提高党员干部党性修养要有新进展，学用结合推动学校各项工作要有新成就。

2. 实施清单管理，推行双组长制，增强责任意识。开展作风整改项目清单建设工作。面向服务对象征求意见，对群众反映突出的机关作风意见和建议由联合检查小组商议后，为各单位或部门列出一项改进作风项目具体事项。项目由“双组长”共同牵头负责，联合检查小组定期进行检查，督促项目推进。清单管理和双组长制既能够解决师生反映强烈的突出问题，提高作风整改的针对性，也能够较好调动机关各部门党政负责人的积极性，形成加强作风建设的领导合力，推进作风建设取得新成效。

3. 严格干部管理，开展廉洁教育，强化纪律约束。

（1）严格干部管理。开展全校处级干部《党政领导干部选拔任用工作条例》培训，出台了《处级干部选拔任用工作实施办法》；制定实施《处级及以上干部外出请假报备制度》，严格干部请假管理；贯彻执行《北京联合大学二级单位和处级干部考核办法》，严格做好干部考核工作；贯彻落实《中共北京联合大学委员会北京联合大学关于改进工作作风、密切联系群众的实施办法》，进一步落实定期联系党支部制度，加强调查研究。

机直党委委员每学期至少调研两次，重点听取党员群众的心声，指导和帮助他们解决思想、工作和生活中的实际困难。

（2）开展廉洁教育。认真开展廉政警示教育；组织处以上干部赴国家博物馆参观《复兴之路》专题展览；组织机关和直属单位各党总支书记、机关党支部书记以及各单位主要负责人开展参观廉洁奥运主题文化园主题党日教育活动，等等，进一步提高干部职工廉洁从政的思想意识。

三、强化机关作风与效能建设的制度保障

"建设好、管理好一个有几千万党员的大党，制度更带有根本性、全局性、稳定性、长期性。"作风建设关系到党的生死存亡，是一项长期的、艰巨的、复杂的系统工程。作风问题具有顽固性和反复性，改进作风不可能一蹴而就，也不可能一劳永逸，是一项需要经常抓、长期抓的任务。根治作风问题，根本上要靠制度来保证。

（一）作风建设的根本问题是制度建设

党的十五届六中全会通过的《中共中央关于加强和改进党风建设的决定》鲜明地把"推进制度建设"写进了加强和改进党的作风建设的指导思想，强调从源头上预防和治理各种不良作风，必须"一靠教育，二靠制度"。这为从根本上解决作风建设中存在的问题指明了方向。习近平同志强调，加强改进作风制度建设"要体现改革精神和法治思维，把中央要求、群众期盼、实际需要、新鲜经验结合起来，努力形成系统完备的制度体系，以刚性的制度规定和严格的制度执行，确保改进作风规范化、常态化、长效化"。因此，制度之于作风建设具有根本性的重要意义。

1. 只有加强制度建设，才能实现作风建设规范化。实现作

风建设规范化，就是要形成作风建设完备的、科学的制度规范体系，使作风建设能够有章可循、有据可依，从法律制度层面确定作风建设是党的建设重要组成部分的重要地位。十八大之后，中央批准发布了《中国共产党党内法规制定条例》《中国共产党党内法规和规范性文件备案规定》，为党内法规制度体系的进一步健全完善提供了依据。党的十八届三中全会把完善和发展中国特色社会主义制度、推进国家治理体系和治理能力现代化作为全面深化改革的总目标，并对党的建设制度改革做出了全面部署。习近平同志指出："不管建立和完善什么制度，都要本着于法周延、于事简便的原则，注重实体性规范和保障性规范的结合和配套。"也就是说，要以科学的态度和方法推进作风建设制度化，使制定的制度科学完备、具体周密、系统配套。

2. 只有加强制度建设，才能实现作风建设常态化。实现作风建设常态化，就是始终高度重视、常抓不懈，使作风建设成为一种经常的、平常的、正常的状态，成为一个持续的过程。一方面，要通过制度建设，帮助领导干部树立制度思维意识，养成从制度的视角认识问题、分析问题的习惯，围绕解决问题建章立制，用制度推动问题的解决。另一方面，要通过制度建设，引导广大党内外群众关注、关心作风建设，激发基层党组织和广大党内外群众的内生动力和自觉性、责任心，积极建言献策，参与全程监督，保证作风建设的长久动力。

3. 只有加强制度建设，才能实现作风建设长效化。实现作风建设长效化，就是以求真务实的精神开展作风建设，使作风建设的成效长期巩固、经验长期坚持，形成作风建设良性运转的长效机制。首先，要建章立制。建章立制是作风建设的重要内容，也是作风建设取得阶段性成果的重要标志，只有以制度机制确立固化作风建设的成果，使制度成为党员干部联系和服务群众的硬约束，才能使贯彻群众路线、不断加强和改进作风真正成为党员干部的自觉行动。其次，要常抓不懈。作风建设的整改工作是一项长期的工作，只有进行时，没有完成时。作风建设要始终坚持“频道不变、力度不减、标准不降”。坚持不懈地把不断完善的制度贯彻到底，才能把作风建设引向深入。

（三）联大机关作风与效能建设的制度推进

推进机关作风与效能建设，必须加强规范化，形成科学完备的制度体系，这是作风与效能建设的前提；必须抓牢常态化，将作风建设与具体工作相结合，这是作风与效能建设的关键；必须谋求长效化，形成长效机制，这是作风与效能建设的目标。

1. 完善作风建设制度体系。高校加强机关作风建设，提升工作效能建设，关键是要建立一套完善的制度作保证，形成用制度管权、按制度办事、靠制度管人的有效机制。近年来，机直党委重点围绕组织、职能、管理、服务、责任等层面，对现有制度进行全面梳理，对凡在规章制度实施过程中不符合工作规律，不利于推动工作的规章制度及时进行修订或废止；对实际工作需要但尚未形成规章制度的着手准备制定，切实提高工作效能，初步形成了机关有效运行的比较规范、健全的制度体系和机制。在基层组织建设方面主要形成了民主生活会制度、中心组学习制度、党务公开制度、会议制度和议事规则、三会一课制度、联系基层制度、责任追究制度等。在教师职业道德建设方面，为加强和改进机关工作作风建设和行为规范，同时为纠正“四风”，进一步将党的群众路线教育实践活动落到实处，制定了《北京联合大学机关工作人员师德规范》。在日常行为要求方面，为转变机关干部的“四难”印象，用真情服务促进和谐校园建设，重申机关文明用语九句话，机关形象转变首先从“声”开始。

2. 提高作风与效能建设制度执行力的基本路径。好制度贵在执行，制度再好，如果得不到有效执行，也只能是一纸空文。维护制度的严肃性和权威性，提高制度的执行力，严格按程序和规矩办事，日益成为高校机关与作风建设的共识。

发挥领导干部模范带头作用。领导干部必须充分发挥示范带头作用，做坚持制度、遵守制度、落实制度的表率。领导干部带头严格遵守了，自然会对干部职工产生影响。

从作风建设入手，抓好高校机关党建工作

产业管理委员会办公室　杜　娟

一、高校党的建设与高校机关作风建设的关系

1. 党的建设的内涵。党的建设包括思想建设、组织建设、作风建设、反腐倡廉建设和制度建设等。《中华人民共和国教育法》明确规定，我国国家举办的高等学校实行党委领导下的校长负责制，校党委按照党章和有关规定，统一领导学校工作。而学校的二级党组织（党委或党总支）主要起政治核心和监督、保证作用。

2. 作风建设的概念。作风是在思想、工作和生活等方面表现出来的态度或行为风格。“党的作风是党的形象，是党的性质、宗旨、纲领、路线的重要体现，是党的创造力、凝聚力、战斗力的重要内容。”作风建设是党的建设的一个重要方面。作风建设搞得如何，是评价高校党的建设工作的重要标准之一。

3. 作风与党建的关系。作风建设是党的建设的一部分，作风建设的好坏是党建工作的重要指标，因此高校可以用党建的手段促进作风的转变，以作风建设为抓手促进党的建设。

二、机关作风建设在高校的重要性

1. 作风建设引领高校的文化建设。高校的校园文化建设与高校机关作风建设看似两个不相干的话题，却是息息相关。一个越有文化积淀的学校，就越是重视学者，重视一线的教师，重视服务，作风也就越好，相反，文化底子薄的学校，对教学的行政干预越强，教授治学体现得越弱，也就难有较好的作风。

文化是在历史中形成的积淀。作风，顾名思义是“行为的风气”。文化建设是作风建设的基础，作风建设可以引领文化建设，“中国共产党要始终代表中国先进文化的前进方向”，因此抓作风建设的同时也要抓文化建设。作风建设抓干部，文化建设抓职工；作风建设抓党建，文化建设抓团队建设，共同促进整体的队伍建设。文化建设的重要载体是群众活动，作风建设的重要依靠是群众监督；文化建设的主体是群众，作风建设的主体是干部，因此文化建设和作风建设相辅相成，互为补充。

2. 高校机关在高校的地位和作用。高等教育的任务是培养具有创新精神和实践能力的高级专门人才，发展科学技术文化，促进社会主义现代化建设。高校机关的核心任务是保证教学、科研和人才培养工作的有序高效运转。高校机关是学校运转的枢纽，涵盖教学、科研等管理职能部门，在贯彻执行党和国家的教育方针路线，制定实施学校的各项政策，保证学校各项工作正常有序运转方面负有重要的责任、起着重要的作用。高校机关党建是整个高校党的建设的重要组成部分，是完成高校机关各项任务，促进机关全面建设的重要保证。做好高校机关党建工作，关键在于注重与机关业务工作相结合，通过抓机关党员、机关基层党组织建设，提升机关人员素质，提高机关工作效率，改进机关服务水平、机关作风。机关党委所处位置的特殊性，决定了它的职能、地位、任务、工作方式、机构设置等都要与高校机关的特点相适应。机关党的建设既不能游离于业务工作，又不能用业务工作代替党的工作。

3. 作风建设事关机关的整体形象。评价一个单位工作做得好不好，不在于这个单位的工作总结，而在于服务对象的感受，因此人们经常用“作风”这个词来评价机关，可见，机关作风实际上体现的是机关的服务效果、服务能力、服务态度、服务水平。因此，不妨以作风建设为龙头加强机关党的建设。

4. 加强作风建设的“三严三实”要求。纪律严明、作风过硬是打造高素质执政骨干队伍的内在要求，是好干部的“新国标”，是推进改革发展稳定的重要保障。习近平总书记强调：“我们党是靠革命理想和铁的纪律组织起来的马克思主义政党，纪律严明是党的光荣传统和独特优势。党面临的形势越复杂、肩负的任务越艰巨，就越要加强纪律建设，越要维护党的团结统一，确保全党统一意志、统一行动，步调一致前进。”

三、以作风建设为龙头抓党建的几个措施

既然作风的主体是干部，也就应由党委来主抓。党委主抓作风的措施有：

1. 抓好理论教育，提升干部保持优良作风的自觉性。思想指引行动。理论学习在机关能否取得实效，关键体现在机关作风是否切实转变。理论学习属于思想层面，作风建设属于行为层面，思想引领行为，因此，作风建设要抓，就要贯彻到理论学习中。通过抓干部理论学习，强化对党员干部的作风教育。尤其要注重理论学习的效果，丰富理论学习的形式，改进理论学习的方式，创新理论学习模式。

从机关工作的重要性来看，机关的核心功能是管理和服务，

机关是学校运转的枢纽。从校机关的工作特点来看，存在着业务工作繁忙，各部门业务领域不交叉的特点，容易导致安排政治理论学习时间有限，对业务工作深入思考时间不多以及部门之间深入沟通机会不多等问题。

基于以上分析，机关党员学习培训要解决的问题关键在于：构建具有机关特色的党员学习培训模式，以理论学习为抓手，推进机关整体的融合、交流，促进机关各部门内部的建设，增强机关的凝聚力，强化机关的服务效能，保障机关的核心功能更好地实现。

由此可见，机关党员培训学习要达到三个目的：第一，有计划地提升机关党员的政治理论水平，丰富学习内容和形式，力求取得实效。机关党组织可以通过集中学习的方式来实现这一目的。第二，抓好支部政治理论学习，创造对业务工作深入思考的时间，提升部门凝聚力。这一点可以通过机关各支部自主学习来实现。第三，为部门之间的深入沟通创造机会，促进理解，提高机关服务效能。这一点可以通过支部之间的交流学习来实现。以三种形式不同层面的理论学习构建多维度立体化的理论学习模式，促进理论学习取得实效，作风建设深入人心。

2. 听取群众意见，找准机关作风中存在的突出问题。深入调查研究，听取群众意见是践行群众路线的最基本要求。只有深入一线才能充分了解群众的疾苦。调查研究有多种渠道，可以通过座谈会、来信来访、民主生活会、组织生活会和深入一线基层走访等多种形式开展。广开言路，听取群众意见。把群众所急所想收集起来，整理归类，从中发现问题，针对问题提出改进措施。

3. 抓好整改落实，提升改进作风的效果。2014 年 3 月 9 日，习近平总书记在十二届全国人大二次会议安徽代表团参加审议时指出，各级领导干部都要树立和发扬好的作风，既严以修身、严以用权、严以律己，又谋事要实、创业要实、做人要实。习近平总书记的讲话，论述精辟、意义深远，对广大党员干部谋事创业具有很强的指导作用。作风本来就是一种风气，作风建设的好坏，不好量化，就更要以“严”和“实”的要求加以落实。群众反馈的意见要落到实处，就是要反馈到部门，找到责任人，要确定整改任务，要明确整改目标，要组织阶段检查，定期向群众反馈意见，最终向群众汇报整改结果。

4. 强化组织建设，为作风建设提供组织力量。明确支部是作风建设第一责任单位，支部书记是作风建设第一责任人，严格党员发展质量，抓组织建设，增强部门凝聚力。搞活支部活动形式，使得支部活动不只限于听报告、读文件和参观。党政工共建也是党员深入群众的具体举措。把好发展党员质量关、抓好支部书记培训关，从严格要求党员干部做起，抓好作风建设的源头。

5. 强化制度建设和党风廉政建设，为作风建设做保障。以完善的制度保障作风建设取得成效。废止、改进不适合的制度必须既对制度有前瞻性设计，又要符合相关规定。通过党风廉政宣传教育对干部加强警示，在干部中开展《中国共产党廉洁自律准则》《中国共产党纪律处分条例》宣传教育，保证党员干部清正廉洁，增强党员干部拒腐防变的能力，是作风建设取得成效的根本保障。

综上所述，以作风建设为抓手促进基层党建创新，以党建为手段促进作风的转变是高校机关党建的创新模式，为作风建设的探索提供了一个新的思路。在践行“三严三实”的历史背景下，对提高高校机关服务效能，推进高校深化改革具有重要意义。

恪守党纪之我见

档案（校史）馆　宋　秦

作为一名党员领导干部，必须清醒地认识到自己手中的权力是人民给的，它不是你身份的摆设，而是你真正服务于人民的工具。“既严以修身、严以用权、严以律己，又谋事要实、创业要实、做人要实”。这是习近平总书记3月9日下午参加十二届全国人大二次会议安徽代表团的审议时的讲话。“三严三实”是对新时期党员干部作风建设的新要求，既指出了党员干部修身律己的要求，又明确了其干事创业的标准，成为基层干部不断提升履职能力、领导水平、综合素质的基本准则和衡量标尺。下面从严明党的纪律和规矩的角度谈谈我个人的认识。

一、从全面推进依法治国方略看严明党的纪律和规矩

党的十八届四中全会审议通过了《中共中央关于全面推进依法治国若干重大问题的决定》，这是我国推进依法治国、加快建设社会主义法治国家的纲领性文件，在法治建设的进程中具有里程碑的意义，将开启法治中国建设的新起点。全面落实依法治国方略，必须坚持严格执法。习近平总书记指出，各级领导机关和领导干部要提高运用法治思维和法治方式的能力，努力以法治凝聚改革共识、规范发展行为、促进矛盾化解、保障社会和谐。

法治国家的建成必然受当时当地的政治、经济与文化具体条件的影响与制约。当代中国，社会结构深刻变动、利益格局深刻调整、思想观念深刻变化，更需要发挥法治的引领和推动作用，以更好地统筹社会力量、平衡社会利益、调节社会关系、规范社会行为。我们说违法犯罪，是对公平正义的破坏，党员干部违纪，则往往是从破坏党的规矩开始。在日新月异的改革时代，人民更加期待公平正义，一方面折射出对法治的更高要求，另一方面折射出对执政党形象的更高要求。在新的形势下，执政党要履行好执政兴国的重大职责，必须依据党章从严治党，依据宪法治国理政。党领导人民制定宪法和法律、执行宪法和法律，党自身必须在宪法和法律范围内活动，保证执法、带头守法。全面从严治党是全面推进依法治国的政治基础和根基。而守纪律、讲规矩，是全面从严治党的最重要抓手和中心环节。

二、从培育社会主义核心价值观看严明党的纪律和规矩

习近平同志指出："核心价值观，承载着一个民族、一个国家的精神追求，体现着一个社会评判是非曲直的价值标准。"在24个字的社会主义核心价值观基本内容中，"自由、平等、公正、法治"，是对美好社会的生动表述，是我们党矢志不渝、长期实践的核心价值理念。一种价值观要真正发挥作用，必须融入社会生活，让人们在实践中感知它、领悟它。要把社会主义核心价值观所提倡的与人们日常生活紧密联系起来，健全各行各业规章制度，使社会主义核心价值观成为人们日常工作生活的基本遵循。作为执政党，必须不断加强党的自身建设，用良好的党风带政风促民风，营造良好的社会风气。习近平总书记多次强调，加强党的建设，必须营造一个良好的从政环境，也就是要有一个好的政治生态。否则，庸俗的"圈子"文化、潜

规则大行其道，恶性的政治生态只会使党丧失执政之基，丧失民心。到那时，“富强、民主、文明、和谐”的我国社会主义现代化国家建设目标只能成为空谈。

三、从守法意识的训练看严明党的纪律和规矩

全面落实依法治国方略，必须坚持全民守法。党员领导干部带头成为社会主义法治的忠实崇尚者、自觉遵守者、坚定捍卫者，形成“办事依法、遇事找法、解决问题用法、化解矛盾靠法”的氛围，从而为法治中国建设奠定坚实的社会基础。除了法律、党章、党纪外，党的规矩有一部分是党在长期实践中形成的优良传统和工作习惯，是非成文的、非刚性的约束。破坏这些规矩的人可能并非有意放弃其党性原则和宗旨意识，但是当面对复杂的社会关系和社会影响时，他们可能会丧失这些信念，成为盲从者。从盲从中逃离，是需要勇气和精神的。苏格拉底曾经说过：“守法精神比法律本身重要得多。”

有人说，中国是“人情社会”，人情大于制度。在工作和生活中，人情与制度虽然可以并行，但不能相悖。换句话说，制度不能阻碍人情的正常交往，但人情也不能逾越制度的正义底线。然而，当下官场上“人情风”“关系风”对政治生态的不良侵蚀，更反映出一部分官员“规矩意识”的缺失。这种缺失，归根到底是没有从心理层面认可纪律的权威性，从思想层面接纳规矩的公正性，更没有真正意识到“规矩意识”对工作和自身成长的重要性。

守纪律是底线，守规矩靠自觉。如果说人与人之间维系正常情感最要紧的是“讲人情”的话，那么党员干部之间维系正当关系最重要的就是“讲规矩”。这里所说的规矩，不仅包含对全体公民普遍适用的法律法规，更主要的是指党员干部必须遵

循的党规党纪。

如何做到自觉遵守纪律和规矩？我认为领导干部都应当强化守法意识的自我训练，用法律思维来看待事物、认识问题、指导行为。具体说，要正确看待来自各个方面的监督，自觉主动创造条件坦然接受监督，让遵守规矩和纪律源自自觉，真诚敬畏和坚守规矩。

我们来看看美国。美国最高法院的大法官们需要一年一度地公布自己的财产状况，看到这些报告，公众知道了他们当中可能最富有的金斯伯格法官，因为她的丈夫给她留下了丰厚的遗产；明白了为什么阿利托法官不断回避了70多个案件，原来他去世的岳父给女儿女婿留下了很多股票。在我国，作为党员领导干部，严明党的纪律和规矩，就应当认真执行领导干部个人有关事项报告制度。

四、从维护党章的权威地位看严明党的纪律和规矩

全国人大常委会于2015年7月1日表决通过了实行宪法宣誓制度的决定，誓词共70字："我宣誓：忠于中华人民共和国宪法，维护宪法权威，履行法定职责，忠于祖国，忠于人民，恪尽职守、廉洁奉公，接受人民监督，为建设富强、民主、文明、和谐的社会主义国家努力奋斗！"宣誓本身代表了宣誓人内心的认同和良心上的约束。宣誓人也会因为想到表过态、宣过誓而提醒自己应该履行自己的誓言。"忠于中华人民共和国宪法"，这不同于草案中"拥护中华人民共和国宪法"，二者的不同，毋庸赘述，让我感触颇深。其实在入党誓词中也有类似的用词："我志愿加入中国共产党，拥护党的纲领，遵守党的章程，履行党员义务，执行党的决定，严守党的纪律，保守党的秘密，对党忠诚，积极工作，为共产主义奋斗终生，随时准备

为党和人民牺牲一切，永不叛党。”正如实施依法治国、依宪治国，必须牢固树立宪法的权威地位，从严治党，严明党的纪律和规矩，最根本的就是要严格遵守作为“党的根本大法”、“全党必须遵循的总规矩”的党章。党章是最根本的党内法规，是一个政党为保证全党在政治上、思想上的一致和组织上、行动上的统一所制定的章法，对本党的成员起约束作用，其性质如国家的“宪法”，要求全党必须一体严格遵守执行。而在目前，一些领导干部维护党章的意识淡薄、违反党章规定的纪律规则的现象也经常存在。这无疑大大损害了党员的形象，动摇了人们对执政党的信任。保证我党的执政地位就必须强调遵守党的纪律和规矩。党章是最根本的党内法规，是管党治党的总规矩。所以，必须强化党章的“党的根本法”和“管党治党总规矩”的地位，必须强化入党宣誓制度和重温入党誓词，这就是告诉全体党员，一切权力行使都以法律为依据，一切治理活动都在宪法框架内进行，任何党员不仅没有超越法律的权力，还必须受到党章的约束。

高校廉政治理结构的框架设计

纪检监察办公室　吴雪疆

一、大学章程规范权力

“加强章程建设，完善治理结构”是《国家中长期教育改革和发展规划纲要（2010～2020年）》关于中国特色现代大学制度建设的重要目标。建立科学有效的大学章程，是高校实施依法治校、制度治校、合理配置学校政治权力、行政权力与学术权力的重要保障，是优化大学内部治理结构的重要手段，是建立高校廉政治理结构的基础制度。

大学章程在内容上，除了办学形式、组织机构、管理体制、学术管理等，还涉及整个学校的战略定位和发展方向，是高校宪法精神和规范学校治理体系的最高表达，也是“依法治国”基本方略在大学治理中的具体表现。

大学章程的制定和生效过程体现了坚持党的领导、行政负责、民主参与、主管部门批准的原则。国家法律法规、教育行政规章和高校内部的规章制度构成大学治理的基本依据。大学章程以学校内部的基本制度作为主体内容，衔接国家法律法规和教育行政规章在对大学决策权力进行制度性安排的同时，形成大学诸多利益相关主体间相互作用的基础规范。我国现代大学制度的显著特征是党委领导、校长负责、教授治学、民主管理。

综上所述，大学章程是大学廉政治理结构的制度保障。通过大学章程确立高校依法治校的顶层设计，准确规范党员大会或党代会、教代会、学校理事会、党委会、党委常委会、校长办公会、纪委委员会、教授委员会、学术委员会等权力机构的决策机制、运行程序、议事规则、权力界限、权力制约机制，合理设计大学法人制度、党委领导下的校长负责制、教授治学制度、民主管理制度、信息公开制度、学院管理制度、教师管理制度、学生管理等制度，保障各有其权、各司其职、各尽其能的运作流程，为围绕规范权力及运行，科学配置高校权力结构，强化对权力的制约和监督，从源头上防治腐败提供了制度保障。

二、两个责任制衡权力

2014 年 1 月 14 日，习近平总书记在第十八届中央纪律检查委员会第三次全体会议上指出，之所以要强调党委负主体责任，是因为党委能否落实好主体责任直接关系到党风廉政建设成效。在强调党委主体责任的同时，还要强调纪委的监督责任。习近平总书记强调，要以深化改革推进党风廉政建设的反腐败斗争，改革党的纪律检查体制，完善反腐败体制机制，增强权力制约和监督效果，保证各级纪委监督权的相对独立和权威性。要强化制约，科学配置权力，形成科学的权力结构和运行机制。要强化监督，着力改进对领导干部特别是一把手行使权力的监督，加强领导班子内部监督。要强化公开，依法公开权力运行流程，让广大干部群众在公开中监督，保证权力正确行使。要落实党委的主体责任和纪委的监督责任，强化责任追究，不能让制度成为纸老虎、稻草人。各项改革措施要体现惩治和预防腐败要求，同防范腐败同步考虑、同步部署、同步实施，堵塞一切可能出现的腐败漏洞，保障改革健康顺利推进。习近平的上述讲话，既强调了深化改革对推进党风廉政建设和反腐败斗争的重要作用，也强调了党委的主体责任和纪委的监督责任的相互制约和监督。

2014 年 11 月 5 日，中共北京市委为了进一步加强党风廉政建设责任制，落实党委主体责任和纪委监督责任，扎实推进首都党风廉政建设和反腐败工作，出台了《中共北京市委关于落实党风廉政建设责任制党委主体责任和纪委监督责任的意见》。该文件对落实党风廉政建设主体责任和监督责任提出了总体要求。党风廉政建设和反腐败斗争是全党的重大政治任务，关系人心向背和党的生死存亡。当前，滋生腐败的土壤依然存在，反腐败斗争形势依然严峻复杂。党的十八届三中全会作出重大决策部署，要求落实党风廉政建设责任制，党委负主体责任，纪委负监督责任，体现了党要管党、从严治党的要求，是党章赋予各级党组织和领导干部的重大政治责任，对于深入推进党风廉政建设和反腐败工作具有全局性、根本性和战略性意义。①要求各级各部门党委（党组）要落实好从严治党责任，树立正确政绩观，把抓好党建作为最大的政绩，把党风廉政建设作为党的建设重要方面，增强执政意识和不抓党风廉政建设就是失职的意识，把主体责任落实到党的建设和改革发展稳定各个方面以及党风廉政建设决策和执行的全过程，当好党风廉政建设的领导者、执行者、推动者。②要求各级各部门纪委（纪检组）要履行好党章赋予的监督职责，突出主业主责，聚焦党风廉政建设和反腐败中心任务，协助党委加强党风建设和组织协调反腐败工作，坚守责任担当，监督执纪问责，加快转职能、转方式、转作风，更好地发挥党内监督专门机关的作用。③要求各级领导班子和领导干部要牢固树立党的观念，增强管党治党意识、落实管党治党责任，坚持党建工作与中心工作一起谋划、一起部署、一起考核，切实履行党风廉政建设“一岗双责”，坚持从严要求自己、从严管理干部，抓好职责范围内的党风廉政建设，切实做到守土有责、守土尽责。

文件明确主体责任，党委要当好党风廉政建设的领导者、执行者、推动者。明确党委十一项主体责任：①加强对党风廉政建设的领导，认真贯彻落实中央和市委的部署要求，党委抓、书记抓、班子成员抓，部门各负其责，一级抓一级、层层抓落实。②严明党的纪律，严格执行党的政治纪律、组织纪律、工作纪律、财经纪律和生活纪律等各项纪律，切实履行执纪职责，克服组织涣散、纪律松弛现象。③持续深入改进作风，努力改进思想作风、工作作风、领导作风、干部生活作风，切实改进学风、文风、会风，建立健全改进作风常态化制度。④坚持、巩固和深化中央八项规定精神和市委实施意见，持之以恒地纠正形式主义、官僚主义、享乐主义和奢靡之风问题。⑤坚决纠正部门和行业损害群众利益的不正之风，切实解决党风廉政建设中群众反映强烈的突出问题。⑥选好用好干部，严格执行《党政领导干部选拔任用工作条例》，按照标准和程序选拔任用干部，防止出现选人用人上的不正之风。⑦领导和支持执纪执法机关查处违纪违法问题，坚持有腐必反、有贪必肃，以零容忍态度惩治腐败，抓早抓小、治病救人，坚决遏制腐败蔓延势头。⑧建立科学有效的权力运行制约和监督机制，科学配置党政部门及内设机构权力和职能，加强对主要领导干部行使权力的制约和监督，深化廉政风险防控“三个体系”建设。⑨建立健全党风廉政建设法规制度，增强制度执行力，制度执行到人到事，做到用制度管权管事管人。⑩督促检查党风廉政建设工作任务落实情况，加强对主体责任和监督责任落实情况的检查考核。⑪党委（党组）主要负责人要管好班子，带好队伍，管好自己，当好廉洁从政的表率。

文件明确监督责任，纪委要切实履行监督、执纪、问责的职责。明确纪委七项主体责任：①认真贯彻落实中央纪委和市委关于党风廉政建设和反腐败工作的部署要求，协助党委加强党风建设和组织协调反腐败工作。②维护党的章程和其他党内法规，加强对党的政治纪律、组织纪律、工作纪律、财经纪律和生活纪律执行情况的执纪检查。③检查党的路线、方针、政策和决议的执行情况，加强对中央和市委重大决策部署落实情况的监督检查，加强对职能部门履行职责情况的监督检查。④协助检查中央八项规定精神和市委实施意见的落实情况，加强对党风政风和廉洁自律各项规定落实情况的执纪监督。⑤加强对同级党委特别是常委会成员的监督。⑥严格审查和处置党员干部违反党纪政纪、涉嫌违法的行为，严肃党纪政纪处理，涉嫌犯罪的移送司法机关。⑦严格党风廉政建设责任制责任追究，对违反党风廉政建设责任制规定的、落实党风廉政建设责任不力的，严肃问责。文件还明确了责任追究和工作保障制度。

从文件内容看，明确了党委的主体责任和纪委的监督责任，厘清了党委落实党风廉政建设和反腐败的工作职责，细化了工作任务，明确了纪委的监督执纪问责的界限，为基层纪委落实“三转”指明了方向。同时，使主体责任、监督责任相互制约，相互促进，使党委、纪委共同推进反腐倡廉工作。

三、责任追究监督权力

1. 建立权力主体兑现机制。《中共北京市委关于落实党风廉政建设责任制党委主体责任和纪委监督责任的意见》还进一步明确了责任追究，是细化和落实《中共中央、国务院关于实行党风廉政建设责任制的规定》的又一举措。

文件明确责任追究，落实党委主体责任和纪委监督责任。对发生重大腐败案件和严重不正之风的地方、部门和单位，既追究党委主体责任，又追究纪委监督责任。

文件明确了责任追究的七种情形：①发生腐败窝案、串案，或在短期内连续发生重大腐败案件；②在地方领导班子成员中，届期内发生多起腐败案件；③发生严重违反中央八项规定精神和市委实施意见的问题；④发生严重损害群众利益的问题，引发群体性事件或在社会上造成恶劣影响；⑤发生严重违反《党政领导干部选拔任用工作条例》的问题，或在选人用人上发生严重不正之风，以及拉票、贿选问题；⑥发生对违纪违法问题不制止、不查处、不报告以及执纪不严的问题；⑦发生其他严重违反党风廉政建设责任制的问题。

文件设置了责任追究的程序：①调查。对发生责任追究情形的地区、部门和单位，由其上级党委（党组）或纪委（纪检组）提出启动责任追究程序的建议，按照违反党纪政纪案件的调查处理程序办理。②处理。经调查，需要给予纪律处分的，由负责调查的纪委（纪检组）按照党内审查审批程序办理；需要给予组织处理的，按照干部管理权限由组织人事部门办理。

文件规定了责任追究的方式：①对领导班子的责任追究。情节较轻的，责令作出书面检查；情节较重的，给予通报批评；情节严重的，进行调整处理。②对领导干部的责任追究。情节较轻的，给予批评教育、诫勉谈话，责令作出书面检查；情节较重的，给予通报批评；情节严重的，给予党纪政纪处分或组织处理。

2. 建立监督全覆盖网络。从目前看，高校基本形成了完善的廉政治理结构多层监督主体，上级党委监督、上级纪委及监察部门监督、党代会监督、教代会监督、同级纪委监督、纪检监察部门监督、内设部门监督、党风廉政监督员监督、群众监督、信访监督等多层次监督。

上级党委通过落实主体责任，定期听取高校党委落实党风廉政建设责任制情况汇报等形式进行监督。

上级纪委及监察部门通过落实监督责任，定期或不定期开展党风廉政建设责任制检查、专项工作检查、专项治理、听取信访办理汇报等方式进行监督。

党代会、教代会通过定期召开会议听取校党委、行政部门进行工作汇报行使监督权力，对学校发生的重大事项进行讨论和表决。

同级纪委和纪检监察部门通过落实监督责任，开展定期或不定期党风廉政建设责任制检查、专项工作检查、工作约谈、专项治理、查办违纪案件等方式进行监督。

内设部门通过推进廉政风险防控“三个体系”建设，科学配置权力和职能，加大信息公开力度，落实自身监管职能，开展工作监督。尤其是审计、财务等具备内控职能的处室，充分发挥内控监督的职责，切实防控领导班子、部门、岗位和个人在决策、执行、监督环节的廉政风险。

党风廉政监督员通过参加具体重大事项决策、听取并反映教职员工意见等方式发挥民主监督的作用。

群众可以通过向职能部门、纪检监察部门和纪委、党委、各职能部门直接反映、通过党代表和教代会代表反映、通过党风廉政监督员反映、通过校长书记信箱反映、通过校领导接待日向校领导直接反映、通过信访反映、按照规定向上级党的和政府部门反映等途径发挥监督作用。

参考文献：

[1] 肖金明、张强："大学章程的框架体系、治理结构、制度要素与生成机制——基于十所高校章程的文本比较"，载《河南财经政法大学学报》2012年第1期。

[2] 郭锐："完善大学章程，推进依法治校"，载《求知导刊》2015年第11期。

[3] 史华楠："完善中国特色现代大学制度的法治化途径"，载《阅江学刊》2010年第5期。

[4] 张荣恒："习近平党风廉政建设和反腐败工作思想梳理——兼论中国共产党从严治党历史经验"，载《人民论坛》2015年第4期。

实践服务篇

不断加强作风建设，积极探索提高执行力路径，是为了更好地提高创新力，努力建设师生员工满意的服务型机关。本部分内容包括了机关干部对书院制建设、网络信息安全工作、档案管理、外语教学服务等各项工作的总结和思考，把“软服务”做成“硬指标”，努力把工作做实、做深、做细、做透、做好。

浅谈高校基层服务型党组织建设

组织（统战）部 王 玮

党的十八大报告指出：“以服务群众、做群众工作为主要任务，加强基层服务型党组织建设。”《中共中央关于加强基层服务型党组织建设的意见》要求以服务型党组织建设引领基层党建工作，使服务成为基层党组织建设的鲜明主题，推动基层党组织在强化服务中更好地发挥领导核心和政治核心作用。建设高校基层服务型党组织，要以科学发展观为指导，以服务师生为主要任务，以学校改革发展为动力，以师生满意为根本标准。要紧紧围绕立德树人，促进学校全面发展的目标，努力推进各级党组织进一步强化服务功能、改进服务作风，不断增强党组织的凝聚力、战斗力。

一、加强高校基层服务型党组织建设的意义

1. 加强高校基层服务型党组织建设是学校科学发展的需要。针对社会遇到的新问题、新情况以及师生在新常态下思想观念发生的变化，要求高校在内涵式发展的制度建设上，考虑广大师生员工在教学、科研、学习、生活上的需求，努力维护好、实现好、发展好师生员工的根本利益。这一切都需要高校各级党组织提升服务水平、推进学校科学发展。

2. 加强高校基层服务型党组织建设是巩固党的执政地位的

需要。我校党员 5200 人，党组织 300 多个，庞大的党员队伍，较高的党员比例，在学校高层次人才和党外人士比较集中的形式下，加强基层服务型党组织建设尤为重要。做好基层服务型党组织建设对于凝聚人心、保障学校的正常运转具有重要作用。

3. 加强高校基层党组织建设是创先争优活动长效机制建设的重要内容。在创先争优活动中开展的“承诺践诺”“结对帮扶”“党员志愿服务日”“送温暖献爱心”等活动，在提高教育教学质量、解决重点难点问题、改进教风学风方面取得了明显的效果。高校基层党组织建立在群众之中，工作在群众之中，只有面向群众、联系群众、依靠群众、服务群众，才能担负起为党的教育事业服务的重要职责。

二、高校基层服务型党组织建设的主要做法

各级党组织要找准开展服务、发挥作用的落脚点，搭建师生成长发展的平台，调动各方面的积极性和创造性，紧紧围绕学校改革发展的中心任务，推进党建工作与人才培养、学科建设、校园文化等工作有机融合。构建各级党组织围绕中心抓党建、抓好党建促发展的工作体系，将党的组织优势转化为促进内涵发展的强大动力，为学校又好又快地发展提供坚强的组织和队伍保障。

1. 立足本职岗位丰富服务内容，强化服务功能。

（1）管理服务单位的服务型党组织建设。管理岗位的党组织要围绕学校中心工作，服务大局。坚持问题导向、需求导向、目标导向，齐心协力抓好管理，服务育人。在服务工作中要做表率，确保学校的中心工作完成。工作要积极主动，服务师生。落实党员领导干部直接联系基层、联系群众制度，开展服务承诺、基层调研、走访慰问、主动接受群众监督和群众评议。推

动机关作风建设，使机关管理的服务更加人文化、精细化。要“把党员培养成业务骨干，把业务骨干培养成党员”，真正提高管理岗位的工作水平。

（2）教学科研单位的服务型党组织建设。教学科研单位要做好教书育人工作，服务学生的成长成才。充分发挥课堂这一主阵地的作用，把思想政治教育工作有机地融入课堂教学、专业教育、课程设计、实习实践、毕业设计以及学生社团、科技竞赛等各个环节。努力“把党员培养成高层次人才，把高层次人才培养成党员”。结合专业建设努力把党员培养成教学团队和科研团队的骨干。形成有经验的党员教师带青年教师，指导青年教师的提高教学技能、科研申报和研究能力，积极搭建教学研讨和学术交流平台。

（3）学生服务型党组织建设。加强学生党员的培养教育，通过广泛开展志愿服务、社会实践、社区共建、课外科技竞赛等组建功能党支部。坚持“把学生骨干培养成党员，把党员培养成学生骨干”，切实加强各类学生组织的党员骨干的队伍建设。开展朋辈教育，服务学生的成长成才。开展高年级低年级党支部共建活动，帮助大一新生顺利度过自律关、集体关、学习关。开展“小先生助学”活动，帮助学业困难的学生顺利完成学业。大力推进相同专业的教师党支部和学生党支部的“1+1”共建活动，通过科技竞赛，助力学校的教育教学改革，助力学生综合素质的提升。

2. 加强队伍建设，提升服务能力。

（1）加强基层支部书记队伍建设。高校党员队伍建设是高校党建工作的核心内容。高校着力加强基层支部书记队伍能力建设，并把其作为基层党组织服务能力提升的关键抓手。把“具有服务能力”作为选拔基层党组织负责人的重要标准，选拔党性强、能力强、敢于担当、清正廉洁的人担任党支部书记。

（2）加强教育培训和交流研讨。把“树立服务意识”作为党组织书记教育管理和培训的重要内容。有计划地举办党委书记、副书记、支部书记培训班。加强对新任党支部书记的培训。分类开展教工党支部书记、学生党支部书记、离退休党支部书记培训。开展“党组织活动案例”观摩。通过争创十佳党支部，不断加强党支部书记的交流研讨，不断提升党支部书记的工作水平。

三、创新服务载体，完善服务格局

高校基层服务型党组织建设必须突出载体和体制机制创新这个关键。载体建设是高校党建工作的一项重要内容，高校党建工作内容的落实、活动的开展都离不开载体。

1. 创新服务载体，打造服务品牌。开展党员示范岗、党员责任区、党员承诺践诺，为群众提高更优质的服务。探索建立微党课、网络党组织，推行网络服务，拓展党建工作网络阵地。各二级党组织都应该开展一个党建品牌服务活动。做到“一院一品牌，一院一特色”。

2. 以党组织为核心，完善服务格局。深入开展“党建带团建”“党建带班建”“党建带学生科技活动”，发挥党代表的作用，开展志愿服务的各类活动，组织科技服务团开展服务，引导党员主动服务，群众参与服务，形成以党组织为核心，全员共同参与的服务格局。

四、加强高校基层服务型党组织建设的保障措施

1. 强化领导职责。坚持书记抓、抓书记，落实好基层党组织书记述党建，其他分管领导围绕党建抓分管工作的格局。基

层党组织书记要树立起服务型党组织建设的第一责任人的意识，履行职责。党员领导干部要联系基层党组织，深入基层调查研究，指导工作。

2. 组织部门要加强工作指导，推进工作。组织部门要牵头协调，建立基层服务型党组织的考核体系，实行分类考核。采取座谈交流、基层调研及时了解基层党组织开展活动的进展情况。总结经验、探索创新、破解难题，抓好服务型基层党组织建设。

3. 落实经费保障，确保每个党员每年活动经费 200 元、培训经费 100 元的落实，确保基层党组织在开展活动中的经费保障。完善平台建设，灵活设置基层党组织，缩短服务距离。加大投入，完善服务设施，建好用好网络平台，提升新媒体、新技术下的服务便捷性。

高校内部控制建设

审计处　毕玉兰

摘要：《行政事业单位内部控制规范（试行）》自2014年1月1日起正式实施，结合目前高校内控建设现状，提出如何做好单位内部控制建设，加强风险防控的途径。

关键词：行政事业单位　内控环境　内控体系　评价机制

为进一步提高行政事业单位内部管理水平，规范内部控制，加强廉政风险防控机制的建设，使行政事业单位的经济活动风险得到有效防范和管控，自2014年1月1日起，《行政事业单位内部控制规范（试行）》（以下简称《规范》）正式实施。该规范所称内部控制，是指单位为实现控制目标，通过制定制度、实施措施和执行程序，对经济活动的风险进行防范和管控。美国联邦政府内部控制概念立足于从政府审计角度提供合理保证，以实现组织目标。相对于美国联邦政府内部控制，我国行政事业单位内部控制是以提升内部管理水平，加强廉政风险防控机制建设为目标，突出控制目标、控制制度、控制措施和控制程序，既包括设定的目标和制度，也包括实施的措施和程序，从具体经济活动着手，以风险为导向，设计防范和管控措施，带有明显的中国行政事业单位的组织特色。

高校作为事业单位，其经营目标主要是为社会提供优良的服务，保证服务取得最大的社会效益。自《规范》颁布起，应全面梳理本单位的经济业务流程，系统分析经济活动可能产生的风险、查找风险点，选择应对措施，健全、完善管理制度，并加以落实。

一、加强高校内部控制建设势在必行

1. 加强内部控制建设，是高校依法治校、依法发展的必然选择。党的十八届四中全会通过了《中共中央关于全面推进依法治国若干重大问题的决定》，提出了建设中国特色社会主义法治体系、建设社会主义法治国家，从整体环境上营造了法治社会、法治国家的氛围。高校承担着教书育人的社会责任，其大部分资金来源于财政拨款，必然应按照财政规则使用资金。自2000年起，随着财政预算改革的不断深入，零基预算、预算外资金的“收支两条线”管理、部门预算、国库集中支付、非税资金的改革、政府采购、绩效评价等措施的出台，无疑都为科学化、精细化管理财政资金奠定了制度基础。

在这种良好的法治环境中，高校应不断提高整体管理水平，完善自身的内部控制建设，提高教学、科研水平，以期最大限度地发挥高校的社会服务功能，积极吸收社会资金流入，支持、发展高等教育事业。

2. 加强内部控制建设，是高校深化内部改革（加强内部管理）的需求。1995年颁布的《中华人民共和国教育法》规定教育经费要依法增长，具体要求为：教育经费财政拨款的增长应高于财政经常性收入的增长、在校学生人均教育费用逐步增长、教师工资和学生人均公用经费逐步增长。为了依法保证财政教育经费投入，近年来高校的财政经费拨款逐年增加，因此极大地改善了高校软硬件条件，保证了高校发展所需资金，与此同时也不可避免地出现了资金、资源的浪费现象，财政资金的投入效益减弱。

按照财政部的要求，2015 年各级财政部门清理规范重点支出挂钩事项。在编制 2015 年预算时，对农业、教育、科技等重点支出，不再采取先确定支出总额再安排具体项目的办法，而是进一步加强对相关政策和内容的审核，据实安排预算。也就是说自 2015 年起财政经费仅负担高校基本运转所需资金，高校要想得到更高、更快的发展，其所需资金必须通过其他方式、渠道取得。

财政教育经费投入政策的变化，促使高校必须通过加强内部管理、增收减耗等措施来保证教育资金的良性循环，保证高校的健康发展。

3. 加强内部控制建设，是高校防范风险、廉政建设的需求。随着高校社会服务功能的加强，资金渠道由原来仅仅依靠财政拨款转变为逐步进入市场化的多渠道资金的流入，财务收支规模的增大、财务活动的复杂性以及高校社会服务水平，都加大了风险。

近年来，随着高校经济案件的曝光，高校的廉政建设需求在不断增强。如何遏制不正之风、保持高校清廉的教育环境，“把权力关进制度的笼子里”“用制度防止腐败”，是管理者需要重点关注的问题。

二、高校目前内部控制建设的现状

由于《规范》实施时间较短，高校整体的内部控制建设工作起步晚，而高校作为行政事业单位，在管理上与企业有着明显的差异，也造成了高校内部控制整体环境较企业的巨大差异，内控水平参差不齐，整体建设处于较后的阶段。具体表现在：

1. 内部控制建设机构设立不健全。按照《规范》要求，高校应在单位内部确定内部控制职能部门或牵头部门，负责组织协调高校的内部控制建设工作。而在实际中多数高校没有设置相应的内控职能部门，大多是将财务部门、校长办公室等作为牵头单位，也没有单独配备相应的岗位人员，这些部门既要保证常规工作的落实，还要兼顾高校的内部控制建设，从时间上、精力上得不到充分保证，可能会造成内控工作推进的迟缓；另外，这些部门既是内控制度的制定者，也是执行者，在一定程度上存在不客观性。

2. 对内部控制建设的重视程度不一。行政事业单位内部控制的主要目标是合理保证单位经济活动合法合规、资产安全和使用有效、财务信息真实完整，有效防范舞弊和预防腐败，提高公共服务的效率和效果。

作为高校，开展内部控制建设，最终是为了逐步实现依法治校、科学管理，保障高校的健康运行和发展。而内控建设应该是高校加强内部管理的一种管理手段，作为管理层应该是一种自上而下的管理需求，是一种自发的行为，应该是主动的、迫切的、自觉的活动。但从目前来看，由于高校对内控建设认识的局限性，或者说对内控认知的缺乏，造成对单位内控工作重视不足。形式上单位指定了内控牵头部门，内控工作已经启动，而实质上这种仅靠牵头部门被动地推动的做法，其建设进展非常缓慢，建设成效微乎其微，久之，会造成牵头部门工作的积极性不足。

3. 对内部控制建设的有效指导不足。随着高校资金渠道、经费总额的不断增加，除了一部分来源于财政补助资金外，还有一部分需要学校通过实施人才培养、提供社会服务等来增加资金流入，保证高校各项工作的正常运转。这种局面既要求高校紧跟发展步伐，适应发展需求，提高整体管理水平，也给高校内部控制建设带来了一定的挑战。

从目前状况看，高校自身的内部控制建设体系模糊不清，缺乏适合自身的整体框架设计的有效指导，各个职能部门仅对分管的业务流程进行梳理、查找风险点，并加以规范，完善相应的管理制度，但职能部门之间缺乏有效的沟通、交流机制，出现了对一项完整业务人为分割的现象，没有形成闭环控制，造成制度间互相独立，缺乏互联，有的制度的条款间还出现了相互矛盾、内部控制评价标准不一等不协调的现象，造成控制无法有效执行的局面。

4. 内部控制未得到有效实施。内部控制体系建成后，需要单位内部所有人员按规范执行，但在实际中内部控制制度没有按照设计得到有效运用，人为随意变动的情况比较突出。究其原因：

一是制定过程中缺乏有效的沟通：一项管理措施的出台，往往是主管部门根据自身业务的需求而制定的。在制定过程中，制定者往往站在自身管理的角度来梳理条款，没有顾及相邻的管理环节或管理措施，或者在征求意见环节相邻部门没有充分地参与，造成措施出台后由于无法顺畅地执行而出现人为变动的情况。

二是缺乏有效的讲解及宣传：由于每个个体对内控制度、相关管理流程等的关注程度、理解上的差异，以及政策宣传的力度不同，造成一项政策、措施的执行在不同部门出现不同的版本，其结果可能会差之千里。

三是由于涉及部门或个人利益问题，在措施的执行过程中，极容易出现上有政策、下有对策的情况，执行者随意变更控制流程、规避控制手段，对于这些问题，因为难有一套有效的查处机制，造成内控的“双轨制”运行，竞相效仿，使得内控制度的有效执行大打折扣。

三、加强高校内部控制建设的有效途径

1. 创造一种积极的内控环境。高校内部控制建设工作刚刚起步，对其的认识、理解仅仅处于一种浅显的状态。从高校管理层的层面应利用这个时机，理清学校发展的目标、方向，并设立相对独立的内控建设部门，梳理各部门的管理内容、职责界限，使之权责清晰。通过不断的专业指导，构建内控建设体系。

各职能部门根据学校的发展规划变被动建设为主动建设，并积极调动全体员工共同参与，形成一种自发的内控建设氛围，通过内控建设全面提高管理水平，防范风险。

作为高校的员工，应主动执行学校各项规章制度，提高全员的制度执行力。良好的内控执行情况是衡量高校管理水平的一把标尺，是保证高校各项工作正常进行的关键，是高校教育事业良性发展的保障，所以要在校内营造一种良好的遵法、信法、守法、用法、护法的浓厚氛围。

2. 制定一套适合自身的内控体系。实施内部控制，主要是为了实现所预期的工作目标。通过实施各种活动来实现，是一种过程控制，是达到目标的一种手段。

结合高校近年来开展的三个体系建设，紧密围绕工作实际情况，设定一套适合高校自身的内部控制体系就显得十分重要。从内控制度的制定、岗位职责之间的权责明确、清晰，从体系的设计、导入、执行，到内部控制体系的评估，整套体系的建设围绕设定的发展目标、自身特点，并考虑外部环境对其的

影响。

内部控制的建设既涵盖独立的每个工作环节的控制，又将各独立环节串联起来，实施整体控制。所以在目前的情况下，根据自身具体情况和财务环境的特点，可以探索采取走出去、请进来的方法，在梳理现有管理制度、管理方法的同时，不断地吸收、借鉴外界的优秀经验，结合自身情况不断加以修正、完善，形成一套符合自身特点的明了、规范、适用、便于操作的内控体系。

鉴于目前的情况，可以以一项或几项业务作为试点设计内控措施。以学费管理为例：高校的财务部门是学费的主要管理部门，而学费的管理又涉及许多相关因素，如：学费标准、学籍数据、应享受的各种政策等，所以单纯由财务部门很难有效地完成管理工作，必须多部门互通互联，共同完成。

而目前高校各职能部门虽然对自身所管的业务制定了各种管理制度，也设计使用了各自的管理软件，但现状是高校内部各部门根据自身的业务特点，使用着由不同厂商设计的管理系统来管理各自的业务，各业务系统间相互独立，数据没有进行有效的交换。在这种现况下，要形成有效的、良性的内部控制管理模式，必须通过信息化手段，将各个业务系统相互连接，打破信息壁垒，实现数据实时共享，形成有效的内部控制手段。（如下图）

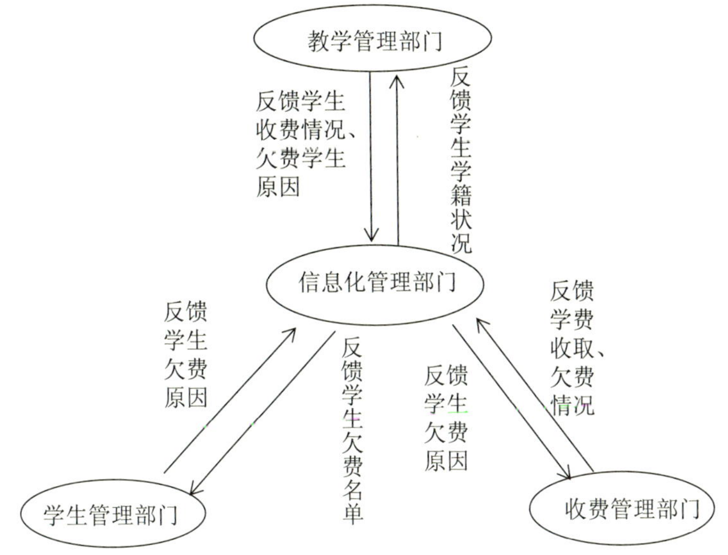

以信息化共享平台为支撑，各业务系统通过数据实时交换取得各自所需的数据来达到有效管理的目的，同时各业务系统间也起到了数据信息相互核对的功能。各管理部门按照自身的需求提取数据信息，通过对网络信息提供的数字资源加以分析、整理，寻找风险点，修改、完善符合现状的学费管理、学籍管理、学生奖助学金管理等相关管理措施，不断提高管理水平；还可以通过数据信息，分析学生欠费原因，对那些家庭经济困难的学生，伸出帮助之手，为其减免学费、提供勤工俭学等机会，减轻其经济困扰。

又如高校材料物资采购工作：随着高校预算资金规模的加大，物资采购资金所占比例不断增加，为降低采购风险，促进采购信息公开透明、采购资金使用规范、资源调配合理、使用效益提高，必须设计好校内物资采购内控措施。

首先，要制定有效的物资采购等相关管理制度，如：教学、科研实验耗材管理办法、大型仪器设备管理办法、招投标管理办法、合同管理办法等并严格执行。

其次，对各部门提出的采购预算的必要性、合理性，预算管理小组要结合申请部门的职能进行有效审核。

再次，从采购申请入手，采购管理部门对采购申请中涉及的采购数量、价格、型号、性能指标等，结合政府采购网及相关的物资采购信息网的相关信息，进行实时复核，以保证其信息的真实性。

最后，要加强物资验收入库及领用管理。使用部门与物资管理部门要根据采购合同中签订的具体项目、数量、型号等进行数量验收工作，对发生变更的项目要核实是否办理了校内审批程序，严防采购漏洞；使用部门还要对物资的使用性能等指标进行验收，查看其是否符合使用标准，并做好记录备案工作。

物资使用时，使用部门要完善领用记录，并做到物资管理人与实际使用人相分离，确保物资使用与采购理由的一致性。

3. 建立一套完善的评价机制。完善的评价机制既包含内部控制的自我评价，又包含内部控制的审计制度。

内部控制的自我评价是高校根据自身的不断发展，对内部控制体系不断修正的过程。通过内部控制自我评价，对内部控制设计、运行的有效性进行全面评价，并随着环境的变化不断调整、完善不适应的内控措施。

内部控制审计是对高校的内控设计和运行的有效性进行审查和评价的活动，开展内部控制审计是优化内部控制自我监督机制的一项重要制度。通过对高校的内部控制环境、业务活动等的评价，如内部控制机构及内控岗位责任制的健全性，经济活动决策、执行、监督权是否相互分离，不相容岗位是否分离，内部授权审批控制、预算管理控制、财产保护控制的有效性，是否将内控流程嵌入校内信息系统，减少人为因素，是否及时公开校内信息，校内监督体系的健全性等，以此检查高校内部管理制度和机制的建立与执行情况，内控关键岗位及人员的设置等情况，及时发现内部控制建设方面存在的问题，并提出改进建议，用审计监督倒逼内控措施的完善。

参考文献：

[1] 田祥宇、王鹏、唐大鹏：“我国行政事业单位内部控制制度特征研究”，载《会计研究》2013 年第 9 期。

[2] 财政部：《行政事业单位内部控制规范（试行）》（2012 年版）。

[3] 韩国薇：“市场经济体制下中国企业内部控制发展及对策建议分析”，载《中国内部审计》2013 年第 6 期。

[4] 徐玉：“事业单位内部控制援救现状与发展展望”，载《中国内部审计》2014 年第 11 期。

[5] 王怡心：“COSO2013 的‘内部控制’定义”，载《中国内部审计》2013 年第 6 期。

数字化传播中的普通高校学术期刊“栏目”建设

——以“北京学研究”栏目为例

学报编辑部　周小华

摘要：教育部哲学社会科学名刊工程启动十年来，成效显著，示范作用明显。随着数字化进程的加剧，名刊建设的环境已经发生了重大的变化。学术期刊数据库的出现，彻底改变了学术期刊的传播途径，也改变了人们阅读期刊的方式。作为非“985”“211”的普通市属高校学报，一定要明确自己的定位，找到自己有代表性和个性化的内容，要有特色，并将这种特色做优，从“全”到“专”，从“散”到“特”，形成品牌。目前全国高校文科学报研究会正在设计建设的专域学术出版平台：“超云”——专题学术出版平台，将使学术期刊的“栏目”在数字化传播中不但不会被淹没，反而会焕发出新的活力。

关键词：数字化　传播　学术期刊　栏目　出版平台

教育部哲学社会科学名刊工程启动十年来成效显著，示范作用明显。随着数字化进程的加快，与十年前相比，名刊建设的环境已经发生了重大的变化。在互联互通的背景下，文化产业领域正在出现新的平台服务链模式，成为文化生产力的孵化和推广引擎，数字化时代使人们的思维方式和信息获取方式都发生了根本性的转变，数字文化产业带来了巨大的产业形态变革。学术期刊的数字化进程不断有新的突破，它彻底改变了学术期刊的传播途径，也改变了人们阅读学术期刊的方式。如在学术期刊数据库中，“期刊不见了，因期刊而存在的刊物特色、编辑思想、编排风格、专栏结构、各专栏间的呼应对话统统不见了。社科期刊这一独立存在的个体已迷失在网络的海洋之中”。在数字化背景下，面对媒体融合的“窗口期”，作为非“985”“211”的普通市属高校学报，如何顺应目前的期刊网络传播方式，是我们必须探讨的问题。

作为非“985”“211”的普通市属高校学报，占高校学术期刊的绝大多数，他们没有名校背景，也没有由名校背景带来的学术资源、社会声誉、科研实力、学科建制、著名学者的支撑等，要想在强手如云的学术期刊界立足，一定要明确自己的定位，找到自己有代表性和个性化的内容，要有特色，并将这种特色做优，形成品牌。入选“教育部哲学社会科学名栏工程”的期刊，就是普通高校学报创品牌的良好平台。《北京联合大学学报（人文社会科学版）》从做好“北京学研究”栏目入手，结合参与“中国高校系列专业期刊·区域文化研究”的具体工作，带动《北京联合大学学报（人文社会科学版）》的整体发展。

高校学术期刊如何从“全”到“专”，从“散”到“特”，是多年来学术期刊界共同关注的问题。为此，结合《北京联合大学学报（人文社会科学版）》的实际，我们积极探索在高校学报的“专业性”和“综合性”之间，走一条“小专业、大综合”的办刊思路，即通过一个个有特色的栏目，体现专业方向；再用一个个成熟的栏目，将整本学报串联起来。而一个个栏目之间，尽量有所关联，体现在整体的期刊上，逐渐向专业期刊靠拢。比如，《北京联合大学学报（人文社会科学版）》入选第二批教育部哲学社会科学名刊工程的“北京学研究”栏目，与北京联合大学的“北京学研究基地”及相关研究机构紧密合作，发挥其学科优势，使编辑部周围聚集了北京市乃至全国研究相关问题的专家学者，刊发了一批代表国内一流水平的高质量的学术论文。由于与学术机构的密切合作，既有深厚的学术后盾，又具有良好的发展前景。同时，围绕“北京学研究”栏目，《北京联合大学学报（人文社会科学版）》又延伸了“文化产业研究”栏目，这个栏目也尽量结合“北京文创”的主题，在其他栏目中，同时对“北京问题”作呼应。这样，逐渐地由“综合”性学术期刊，向研究“北京问题”的“专业”刊靠拢，虽然《北京联合大学学报（人文社会科学版）》目前还属于综合类期刊，但已经逐步有了比较明确的专业导向，也有自己的特色，将逐渐形成以研究北京问题为导向的多学科综合发展的办刊路径，由“散”到“特”，由此也推动了“北京学”这个多学科研究的蓬勃发展，无疑也对该学科的发展做了一定的贡献。在办刊实践中我们体会最深的是，一流的作者队伍和高质量的学术文章是高校学报学术质量的具体体现。对于普通高校学报编辑部来说，如果只局限于本校的作者，是很难办好学报的，必须打破校际间的界限，开放办栏，在学术研究的共同体中，借助专业团队的学术资源，直接瞄准国内各知名大学和科研院所的研究者，吸收全国顶尖学者的学术成果，借力发展，来支撑该学报的学术质量。这种以问题为导向的“专业化”栏目策划，更能在学术期刊的数字化平台上体现编辑策划和期刊的风格。

随着跨学科、跨领域学术研究的深入和对数据相关性的探索，以用户需求为导向的学术资源整合思路和服务模式必将成为数字化学术期刊发展的新趋势。将数字化学术期刊对受众的整体满足需求，转变为在整体满足需求的基础上，为用户按需提供个体服务，是一项复杂的多主体、多属性创新。朱剑认为："数字化对于学术期刊而言至少有三方面功能：快速传播，信息聚合，在大量信息聚合基础上的个人定制。将来的数字化期刊一定会更主动，通过你的阅读习惯，对你在网络上阅读痕迹的分析，知道你关心什么问题，关心哪些作者，单独为你做一本期刊。个性化期刊，一定是数字化期刊将来要走的一条路。"我们要用互联网思维，真正理解互联网时代媒体与用户的关系，在学术期刊的数字化转型中，从目前的资源型，向面向用户型转化，从以提供内容为本，转变到以服务用户为本，把学术期刊的服务"建在用户桌面和用户过程中"。

我们认为，目前全国高校文科学报研究会正在设计建设的专域学术出版平台："超云"——专题学术出版平台，是继续破解高校学术期刊从"全"到"专"、从"散"到"特"、从"小"到"大"、从"弱"到"强"难题的新路径，是栏目建设在数字传播平台的新体现，更是教育部"名栏"转型的新机遇，它以"专题"与"专栏"为基本单元，更能体现编辑思想与编辑理念，使学术期刊的"栏目"在数字化传播中不但不会被淹没，反而会焕发出新的活力！

高校创业课程中诚信教育的意义及实施途径

党委、校长办公室　王君卓

摘要：许多高校已经把创业培训课程列入教学体系。然而对于初涉创业领域的大学生来讲，诚信是其健康创业的根本保障。因此，在创业教育中引入诚信教育有着重要的意义，如何在创业教育中开展诚信教育也值得我们去思考。

关键词：大学生　创业教育　诚信教育　实施途径

随着社会经济的发展，我国高等教育普及化步伐越来越快，大学毕业生的职业生涯规划以及创业问题也成为社会关注的焦点。现在许多高校在人才培养过程中，在培养学生竞争现有工作岗位的能力的同时，也开始注重培养学生创造新工作岗位的能力，许多高校已经把创业培训课程列入到教学体系之中。然而对于初涉创业领域的大学生来讲，除了掌握一定的创业知识外，选择好创业项目、诚实守信也是保证创业成功的关键。因此，在高校开设的创业教育课程中，引入诚信教育的内容对于指导大学生成功创业有着重要的意义。

一、大学生创业课程中诚信教育的意义

1. 诚信是立业之本。诚信，是人类的一种美德，对于一名有着创业愿望的大学生来讲，就显得更为重要。诚实守信，是

建立良好商业关系的基础，不论是在与客户的沟通之中，还是在与合作伙伴的交流之中，赢得别人的信任才能获得他们的支持和帮助。因此诚信是创业成功的重要保证。大学生在平时的生活和学习中，往往容易受到社会不良因素的影响，诚信意识也相对淡薄。特别是通过一些经常发生的小事情，可看出他们诚信意识不强，更没有充分认识到不诚信所带来的危害。例如：大学生活需要更多的自律性，有些同学在老师点名时替别人答“到”，有些同学抄袭别人的作业或论文，这些不诚信的举动成功之后，很容易给学生带来短期的利益。即便这些举动被识破，学生因为不诚信所付出代价也不高。再加上他们很容易获得家长和老师的谅解，更不能使学生正确地认识到不诚信带来的危害。如果学生把这些看似微小的不诚信习惯带到创业过程中去，就如同“温水煮青蛙”一样，对一些诚信的小细节不注意，然而日积月累就会慢慢失去客户或者失去合作伙伴的信任，甚至失去这些重要的市场资源，导致创业很难成功。因此，坚持诚信是大学生创业成功的重要保障。

2. 诚信是发展之道。诚信作为创业者的一种无形资产，它的价值不是静止不动的，而是在动态中积累和发展的。对于客户来讲信任的构建过程十分漫长，一般要经过了解、熟悉、信任三段过程。在初期，作为创业者，诚信的增值很难，需要他们用大量的诚信记录来维护诚信的价值。反之，诚信的贬值却非常容易，一些小的失信行为都可能会造成创业者诚信价值大幅贬值。大学生在创业的路上，由于社会经验不足，在面对短期可以预见的经济利益和需要长期坚守诚信而获得回报利益之间，很容易迷失方向。在创业教育的过程中，应该使他们意识到坚持诚信不仅仅只是道德层面的问题，更是经济利益的问题。从短期看，也许可以利用诚信来换取一定的经济利益；从长期来看，这等于把创业变成了一种投机行为，这种行为最终会被市场淘汰出局，导致创业失败。因此，坚持诚信发展是大学生创业的重要原则。

二、大学生创业教育中诚信教育的内容

1. 遵纪守法，依法创业。最近几年，国家加大对大学生创业活动的政策扶持力度，并且出台了一系列鼓励和扶持大学生创业的优惠政策和措施。大学生的创业活动既有了法律法规的保护，也有了相关政策的约束。大学生在接受创业教育的过程中，要学习和了解相关政策，以便在创业的路上得到有力地助推。在针对大学生创业教育的过程中，也要提醒学生在创业过程中要遵守法规和政策，否则，他们面对的不仅仅是创业的失败，更可能是法律的制裁。在创业教育的过程中要教育学生：一是要在经营的过程中遵守法律的红线，合法经营，绝不能为了谋取一时利益而做一些违法的事情；二是要提醒学生不能以不正当的方式来钻政策的空子，骗取国家的相关政策支持；三是面对资金筹措等重大问题，不能够被社会不良风气影响，而采用欺骗、非法集资等手段筹集资金。

2. 客观真实，真实创业。创业准备阶段，是大学生创业的一个非常重要的环节。在这个阶段里，不诚信的行为可能会给创业成功埋下隐患。在创业教育中，要提醒学生在准备阶段尊重实际情况进行创业活动。例如，在项目准备阶段，需要学生进行大量的市场调研和分析。如果学生没能本着实事求是的原则去进行调研，而是编造一份由虚假的调研数据或是隐瞒对自身不利的实际情况而写成的创业计划书，这样的不诚信行为不仅欺骗了别人，更会在自己的创业路上留下巨大的隐患。在项目实施阶段，特别是在创业初期的宣传过程中，如果为了吸引

客户采用了夸大其词、言过其实的虚假宣传，在产品生产过程中没能兑现自己的宣传效果，就会造成客户失去信任、大量流失的不良后果。在大学生的创业课程中，就要教育学生坚持客观真实的基本原则，坚守诚信做人做事的底线，不能靠编造或者隐瞒一些实际情况来获得一时的方便。

3. 诚实有信，有序创业。创业的产品生产阶段和成长阶段，创业者的诚信意识就显得更为重要。在这些阶段，大学生也许早已经离开了学校创业教育的课堂。因此，就要求在创业教育的过程中，事先提醒学生注意这些阶段会出现的诚信风险。在创业产品的生产阶段，不论是实物形态的产品还是非实物形态的产品，都不能弄虚作假，要按照自己宣传的内容来生产产品，不能以次充好，并且要一直坚持产品质量的连续性，不能盲目地追求利润而放弃产品质量，这样才能保证企业的健康发展。在创业成长阶段，往往不再是一个人的单打独斗的创业，良好的创业团队会为企业带来更大的发展和更多的效益，因此，创业团队的建设和发展就显得极为重要。组建一个团队的基本原则就是相互诚信，如果创业团队内发生相互欺骗的行为，那后果可能是团队解体。在创业教育中，要教育学生在组建创业团队的过程中一定要以真诚换合作，以信任换团结。

三、大学生创业教育中诚信教育的途径

创业教育的课程与其他基础理论课程的授课方式有所不同，更侧重于实践性教学。为了让大学生更好地在创业教育中接受诚信教育，需要教师采用更加丰富和灵活的教学模式。

在课堂教学中，可以采用案例教学法。在创业教育的各个阶段，精选一些与诚信创业有关的真实案例，通过教师对这些案例的分析和学生的讨论，帮助大学生理解诚信在创业过程中

的重要性，并把诚信融入学生的意识，把诚信作为一种使命和责任。

在模拟教学中，可以采用仿真化的教学方式。采用情景模拟，让大学生真实地感受到创业过程中会存在哪些不诚信行为，并且让学生亲身体会到这些不诚信的行为给创业带来的伤害。还可以采用“头脑风暴”的教学模式，让大家对假定项目进行诚信风险分析，通过这样的形式，使学生认识到诚信在创业活动中的重要性。

在实践教学中，可以通过深入实地考察或参与实习等方法，让学生在实践中体验诚信的重要性，在体验中感悟诚信的意义，感悟诚信给创业不仅仅可以带来道德层面的收益，更重要的是可以在创业路上，使企业稳定发展、持续发展。特别是在创业中后期，诚信会转变成品牌的优势，为企业的发展保驾护航。

综上所述，大学生创业在我国还是一个新兴事物。在高校针对大学生开展的创业教育中，不仅仅要求我们向学生传播创业的知识和技能，更要担负一定的社会责任。在帮助大学生创业的同时，也要坚持道德层面上的引导，使学生遵守诚信原则，用诚信来赢得市场的信任、赢得消费者的信任，最终取得创业成功。基于诚信基础上的成功创业，才可以做到既促进社会主义市场经济的发展，又对整个社会的道德建设起到推动作用。

参考文献：

[1] 陆志荣、邓云晓：“寓诚信教育于大学生创业教育之中”，载《教育探索》2011 年第 11 期。

[2] 张雪琴：“创业教育应注重培养大学生的诚信精神”，载《职业技术》2007 年第 6 期。

[3] 吴玲娜：“高职学生诚信问题与学校创业教育”，载《机械职业教育》2013 年第 11 期。

[4] 邓洪玲："大学生创业诚信品质教育的障碍及排除对策"，载《职业时空》2012年第7期。

本文是北京联合大学2015年度教育教学研究与改革项目《应用型高校本科学生职业生涯规划视野下的创业教育研究》（项目编号：JJ2015Q041）的研究阶段性成果。

首都高校网络与信息安全管理存在的问题与策略分析

——以首都高校网站安全管理为例

信息网络中心　焦　婧　周玲艳

摘要：网络与信息安全问题威胁国家的政治安全、经济安全、文化安全和国防安全。研究首都地区高校网络与信息安全管理具有重要意义。本文提出了对高校网络与信息安全管理内涵的认识，总结当前首都高校网络与信息安全管理存在的问题，并以网站安全管理为例，对首都高校网络与信息安全管理策略进行深入分析，提出了解决问题的思路与具体措施。

关键词：高校　网络与信息安全管理　策略

全球化浪潮和互联网的迅猛发展为高校信息化建设带来更多启示的同时，也为高校的网络与信息安全管理工作带来了更多挑战，特别是首都作为国家政治中心，且高校的校园网建设水平普遍较高，学校对外提供服务的网站和应用系统更多，师生接触各类网络应用的机会也更多，受到网络攻击或信息安全事件的概率更高、影响更严重，因此探讨首都高校网络与信息安全管理的现存问题和应对策略具有重要意义。

一、国内网络与信息安全管理现状

逢玉台认为网络安全从本质上来讲就是网络上的信息安全。

从广义来说，凡是涉及网络上信息的保密性、完整性、可用性、真实性和可控性的相关技术和理论，都是网络安全的研究领域。林润辉等认为信息安全有三个层次：信息（自身）的安全；信息系统的安全，信息系统安全导致的信息安全；信息安全和信息系统安全引致的传统（生命、财产、物质、社会、心理）安全。国内相关的安全标准包括《GB17859－1999 计算机信息系统安全保护等级划分准则》《GB/T22239－2008 信息安全技术信息系统安全等级保护基本要求》《GB/T 24856－2009 信息安全技术信息系统等级保护安全设计技术要求》《GB/T22240－2008 信息安全技术信息系统安全等级保护定级指南》等。

由此可见，当前国内大多数文章和制度更加注重从技术角度探讨网络与信息安全保护措施，但随着信息技术的发展，特别是大数据时代的到来，网络与信息安全的内涵与外延不断扩展。以国内银行为例，由于银行系统受网络攻击后损失巨大，因此银行对网络与信息安全的重视程度和防护能力相对较强，特别是他们重视发挥管理措施在网络与信息安全防护工作中的重要作用。如工商银行围绕“外部有效防御”和“内部完备防护”两大目标，从组织保障、制度建设、技术手段和管理措施等方面入手，逐步探索建立了适合工行需要的综合信息安全治理体系。高校对网络与信息安全的重视程度与其可能带来的危害相比远远不足，高校虽然按照上级单位要求完成信息系统安全等级保护定级备案，但内部的防控措施仍然投入不足，统计表明高校已成为日常网络攻击的重灾区，且在频发的安全事件中凸显出重技术轻管理的客观现象。

三、首都高校网络与信息安全管理面临的主要问题

1. 首都高校对新形势下的网络与信息安全管理定位认知不

足。长期以来，国内高校主要依赖信息技术处理网络与信息安全方面的问题，网络与信息安全管理的主要任务通常被纳入技术部门的职责范围。但是，近几年全国网络与信息安全局势的不断紧张，信息安全事件的严重程度足以威胁国家的安全稳定。特别是境外黑客组织惯于利用互联网传播不良意识形态、生活方式和价值观念，利用各类系统漏洞窃取国内用户的个人隐私等，网络与信息安全问题已上升至思想意识形态领域，对信息技术的过分依赖只能增加高校内核心业务部门与 IT 部门之间的沟通障碍，高校网络与信息安全管理的定位和组织机构需要重新思考。

2. 首都高校在新形势下的网络与信息安全管理思路与方法有待探讨。中国工商银行首席信息官林晓轩认为大数据时代下信息安全管理的目标是保护客户敏感信息在保存、使用、共享和流转过程中的安全、合法合规。首都高校面对大数据时代的到来，特别是已应用的云计算技术、移动终端等，都将使网络与信息安全管理变得更加复杂。面对信息安全问题频发的实际现状，原有的网络与信息安全管理制度、条例和流程在新形势下是否继续发挥了作用？首都高校亟须开拓思路、创新方法来应对新形势下的网络与信息安全问题。

首都高校对信息化建设管理和网络与信息安全管理之间的关系缺乏研判。首都高校的数字校园建设成果显著，很多高校的网站和信息应用系统数以百计，黑客攻击频率的日趋增高为高校网络与信息安全管理工作带来了前所未有的挑战。特别是高校业务部门对信息技术的依赖程度越来越高，由业务部门、教学单位或实验室牵头建设的信息化建设类项目越来越多，但是重建设轻运维的情况比较常见，特别是对运行中的安全监控和应急措施甚少考虑。而在已经发生的信息安全事件中，受攻击网站和系统的管控缺失、违规操作是主要原因。以首都高校网站受某黑客网络组织攻击的实际情况为例：2012 年至 2015 年间，全国范围内受到某黑客组织攻击的网站中，北京高校占被攻击高校网站的 25.53%，而被攻击的高校网站全部都是学校二级单位自管自建的二级网站。这种情况的出现与当前高校信息化建设中常出现的重复投入、重复建设的问题具有很大关系。

三、首都高校网络与信息安全管理策略分析——以网站安全管理为例

1. 建立校内网络与信息安全领导小组。2014 年 2 月，中央网络安全和信息化领导小组在京宣告成立，习近平担任组长，李克强、刘云山担任副组长。党中央高度重视网络与信息安全工作，高校在校内成立网络安全和信息化领导小组具有重要意义和充分的必要性。这有利于整合网络与信息安全建设相关的各行政管理部门、业务部门和技术部门的力量，共同协商和统一规划网络与信息安全的建设工作；有利于网络与信息安全管理制度与规范的合理制定与认可，最大限度地避免因对该项工作理解不全面、认识不到位而引起的各部门间工作不协调、意见不一致、责权不明确等方面的问题。

以网站安全管理为例，新形势下网站安全管理的范围涉及网站建设的管理规定与工作流程、网站的技术规范、技术防护、网站的信息内容和安全监控等各个方面。相关领导和责任人只有在对网站安全管理的范围和责任达成一致的前提下，才能有效地执行网站安全管理相关的管理制度，从而使技防措施发挥最大的效益。

2. 健全高校网络与信息安全管理制度。2015 年 6 月，第十二届全国人大常委会第十五次会议初次审议了《中华人民共和

国网络安全法（草案）》（以下简称“草案”）。草案对网络产品和服务提供者的责任与义务、网络运营者的责任与义务进行了明确。运用法治思维，依靠法律法规对互联网用户的合法权益、数据安全和隐私安全等进行保护具有更好的执行力。校内网络安全和信息安全管理制度也必须与时俱进，厘清新形势下高校网络与信息安全管理的关键环节。特别是对薄弱环节要进行集中管控，提高管理效率。

高校必须从学校政策的高度，从上至下地治理网络安全管理问题。以网站安全管理为例，网站负责人与管理员职责的明确、网站建设流程的规范、网站建设技术和平台的统一、网站安全监控与应急预案的齐备等都应在高校网络与信息安全管理制度中有明确体现，并做到各项规章制度的严格落实。另外，在一些数据整合程度较高的学校，网站的信息可以实现共享、分享等操作，这就需要建立相关制度保护网站所属单位的合法权益，避免因网站信息的随意共享与分享造成泄密、侵犯知识产权等事故的发生。

3. 高校网络与信息安全管理和信息化建设管理要协调一致。习近平在中央网络安全和信息化领导小组成立时的讲话中指出，网络安全和信息化是一体之两翼、驱动之双轮，必须统一谋划、统一部署、统一推进、统一实施。信息化建设管理和网络与信息安全管理之间存在着密切的关系，高校应该更加重视研究信息化建设管理和网络与信息安全管理之间的关系，特别是重视信息化建设的统筹规划与顶层设计对网络与信息安全发挥的重要作用。

网络与信息安全管理和信息化建设管理都要求对软硬件设备有一定规模的资金投入，并且要求工作人员有较高的技术能力。以网站安全管理为例，网站建设技术必须统一、网站建设方式必须相对统一，从而实现技术整合，降低过度分散的设备、资金和人员投入。特别是当前支持网站统一建设的技术（网站群技术）已相当成熟，高校统一购置并不困难，但若在全校范围内推广使用则需要依托学校信息化建设的统筹管理和网站安全管理的双重规定。故两者只有在协调一致的前提下，才能从根本上杜绝重复投入、重复建设等资源浪费的现象，也有利于集中培养高素质的技术人才。

4. 完善高校网络与信息安全问题预警与应急处置机制。新形势下，高校网络与信息安全工作范围广、难度大，问题预警与应急处置非常重要。当前网络与信息系统的安全防护设备与软件的误判率仍然很高，人工监测的补充必不可少。以网站安全监控为例，制定关键时期值班排班制度，合理安排人工监控时间段，对于问题预警和应急处置具有重要作用，有利于快速处理问题，有效控制信息安全事件造成的不良影响。比如，一旦网站出现安全问题，值班人员应能够做到及时关停网站，留存被攻击时间段的系统日志、访问日志和数据库记录等，以备事后查明攻击来源和原因，以此为依据加强对其他网站的防护措施。

综上所述，高校网络与信息安全管理要做好明确责任分工、更新管理制度、执行技术整合、建立预警与应急处置机制四方面的工作。新形势下，高校面临新时代浪潮，大数据随着互联网信息快速传递，影响高校网络与信息安全的因素呈现出多样化、复杂化的趋势。在积极做好防控工作的同时，高校不可因噎废食，还要逐步加强大学校园的文化建设，丰富学生的网络文化生活；引导师生进行正确和安全的网络行为，特别是培养学生识别正确信息的能力，养成良好的上网习惯，杜绝破坏国家公共网络、窥探他人隐私、泄露国家机密的犯罪行为。

统一门户平台在高校服务中的研究与实践

信息网络中心 白丽媛 陈瑛 李亚文

摘要：针对高校信息化需求，设计了统一门户平台总体框架，平台具有服务更直观、信息更丰富、应用更便捷的主要特点。统一门户平台通过集成与整合，提供了统一的信息服务、统一的数据服务、统一的认证服务，详细阐述了平台的应用实践，并提出了下一步改进的方向。

关键词：统一门户平台 信息服务 数据服务 统一认证

经过十余年的发展，高校信息化建设了各类业务信息系统，包括办公系统、邮件系统、一卡通系统、网络教学系统、人事系统、财务系统、资产系统、科研系统、教务系统、学生管理系统、图书管理系统等，这些系统实现了各项业务的信息化管理，提高了管理效率。

这些业务系统分别提供各类应用与服务，出现了一些不可避免的问题，如各类服务独立应用，各类数据分别沉淀在各个业务系统中，用户进入各个系统需要重复登录等。面对这些应用现状，高校一直在开展整合与集成工作，并通过统一门户平台的建设提供统一的服务。本文以作者所在单位为例，对建设新版统一门户平台提供的信息化服务进行研究与实践。

一、统一门户平台设计

统一门户平台的建设旨在以师生为中心，在门户上展现师生真正关心的、有实用价值的、便捷的信息服务，同时，通过信息化手段提高支撑服务的管理效率和管理水平，优化和提高服务质量。

1. 总体框架。遵循学校信息化建设顶层设计、统筹建设的原则，设计学校数字校园总体框架（如图 1）所示：

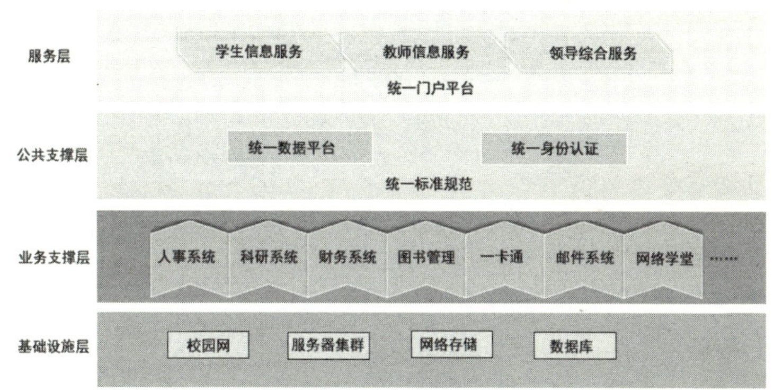

图 1　总体框架

基础设施层包括学校高速稳定的校园网、资源动态分配的服务器集群、安全稳定的网络存储、Oracle RAC 数据库集群，为门户平台提供底层网络及硬件支撑。业务支撑层由各个业务系统组成，包括人事系统、科研系统、财务系统、图书系统、一卡通系统、邮件系统、网络学堂等，这些业务系统是提供各类信息服务的源头。公共支撑层包括统一标准规范、统一数据平台，统一身份认证，各类业务系统遵循统一标准规范，业务数据集中到统一数据平台进行数据交换，统一身份认证系统实现用户身份统一认证单点登录。服务层主要通过统一门户平台位于框架的最顶层，实现统一的信息服务、统一的数据服务、统一的认证服务，用户角色主要分为学生、教师、领导。

2. 平台主要特点。统一门户平台把分立的各个业务系统的不同功能有效地组织起来，是综合信息展现中心、应用集成中心，提供一体化服务。主要特点：服务更直观、信息更丰富、应用更便捷。平台服务首页面如图2所示。

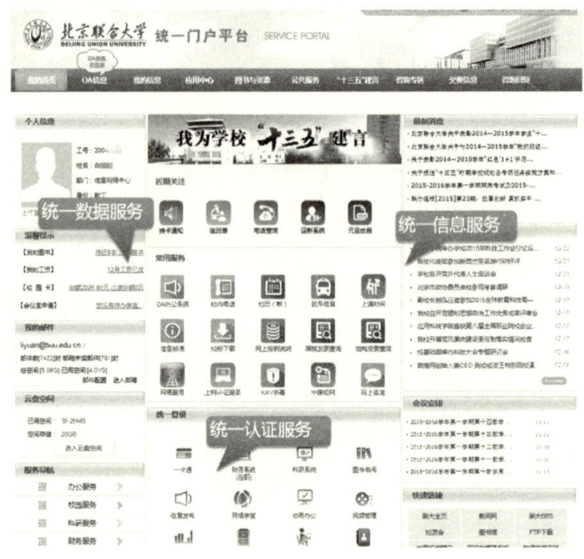

图2　统一门户平台首页面

二、统一的信息服务

统一门户平台采用SOA（Service - Oriented Architecture）面向服务架构，以“不同用户”为服务对象，梳理并组织面向不同用户的服务应用，覆盖学校师生衣、食、住、行、产、学、研等整个过程中所需的服务内容。同时，平台可以有效地推送用户可能关注的服务应用，使得整个服务过程更高效、服务体验更优质。如图 2 所示，统一门户平台提供了服务导航、常用服务、服务推荐、服务定制、服务排行、咨询专区等，提供统一的信息服务。

1. 服务导航。服务导航对高校的各类信息服务进行了有序组合与封装，包括办公服务、校园服务、科研服务、财务服务、教学服务、标准规范、网络服务，有利于用户快速定位到所需的服务应用，方便师生使用。

2. 常用服务。门户整合了各类应用信息，“常用服务”模块包括日常办公常用到的各类信息服务：提供 OA 办公、校内电话、校历、班车、网上报销、发票查询等各类信息查询服务；提供信息标准、卡巴斯基杀毒、校标下载、中国知网等网络资源服务。这些信息是教职工日常工作中最常用到的，在统一门户平台集中提供服务，提高了效率。

3. 服务推荐。服务内容随需而变，根据学校各项业务开展的需求，重点推荐相关内容，例如“近期关注”模块，推出学校近期活动热点、需要重点关注的校园通知、活动等，以此起到重点提醒、重点关注的作用。

4. 服务定制。平台不仅提供常用服务、推荐服务，还提供服务内容定制收藏。用户可以根据个人学习、办公、教学、科研活动的需求，在“我的收藏”中将常用服务进行定制和收藏，方便在使用时及时找到。

5. 服务排行。统一门户平台根据各项服务的访问量，对服务进行月排行，实时更新，动态显示服务使用情况，为改进平台功能、优化服务内容、提高服务质量提供依据，同时也为大家使用各项服务提供参考和提醒。

6. 咨询专区。鉴于我校多校区办学的现状，为了方便师生与相关业务部门及时取得联系，统一门户平台通过“咨询专区”，建立网上沟通渠道，为大家及时答疑、回复咨询，提供技术支持，提供多样化的服务方式。我们通过咨询专区，为师生及时回复了关于网络使用、继续教育登记、vpn、奖学金评定等相关问题，近三个月已为师生网上回复咨询百余次。

三、统一的数据服务

如总体框架图（图 1）所示，我校在校园网内建设了一个面向应用、安全可靠、规范统一的数据平台。通过数据集成工具，按照一定规则抽取各个业务系统的数据，并进行数据过滤、清洗、转换，在统一数据平台进行集中的数据交换，实现各业务系统与公共数据相互之间的数据交换和共享。我校主要完成了学校人事、财务、科研、图书馆、一卡通、邮件、网络学堂等系统的数据集成，使得各类系统业务数据实时共享，再由统一门户平台按照用户角色提供统一的动态数据服务。

1. 我的信息。统一门户平台实现对师生个人信息的集中展示，师生登录平台后，通过“我的信息”频道，可以对与个人息息相关的信息进行集中查询，包括工资、邮件、图书、论文、项目、获奖、著作、知识产权等，提供了便利的个人数据服务。

2. 温馨提示。统一门户平台在集成个人数据的基础上，如图 2 所示，“温馨提示”模块以更直观醒目的方式提醒师生图书待还数量与过期数量、教师工资发放动态、校园卡余额、学生欠费情况等，通过点击链接进入可以查看数据详情。这些看似小而轻的数据服务，很直观，很实用，对师生起到了及时提醒的作用，受到广泛的欢迎。

3. 邮件提醒。统一门户平台与学校电子邮箱系统对接，如图 2 所示，以直观的形式显示邮件数、未读邮件数以及空间使用情况，通过点击链接可以直接进入邮箱查看邮件，提供了便捷的邮件提醒服务。

4. 云盘空间。我校给每位教职工开通了云盘存储空间，并集成在统一门户平台，动态提醒使用情况以及存储空间，提供便捷的网络云盘存储服务，方便教职工教学、科研、办公。

5. 学生欠费。统一门户平台针对学生欠费数据提供集中查询服务，根据不同用户设置不同权限，学院领导可以查询所在学院欠费总人数、欠费总额，还可以查询详细的欠费学生名单、欠费类别、欠费金额；学校领导可以查询全校各个学院欠费情况汇总，也可以查询详细的欠费情况。此项功能为校院各级领导提供总体分析及具体的欠费信息，为领导决策工作提供数据依据，同时将欠费数据共享给教务处、学生处等业务部门，为教学安排、学生管理等相关业务的开展提供数据依据。

6. 领导驾驶舱。采用数据挖掘、决策分析模型等技术对全校教职工、学生、财务、科研、教学、资产等数据进行深入分析，通过各种图表直观呈现高校运行的关键指标，并对异常的关键指标进行及时预警与分析，为学校领导决策提供数据支持。

四、统一的认证服务

随着高校信息化的发展和业务应用需要，高校信息系统应用越来越广泛。这些系统往往有着独立的用户认证模块和机制，用户需要记住每一个系统的登录账号和密码，在使用不同的系统时，需要重复登录。为了解决这个问题，采用单点登录（SingleSignOn）技术，即用户在认证过程中只需提供一次用户认证信息，通过认证后可以访问多个应用系统，无须重复登录。

CAS（Central Authentication Service）是美国耶鲁大学设计的单点登录认证方案，我校采用 CAS 认证机制，结合 LDAP 目录服务器，实现用户认证及各个业务系统的单点登录。如图 3

所示，CAS 认证中心向所有应用系统提供统一认证服务，同时提供调用接口，LDAP 目录服务用于存储用户相关信息。

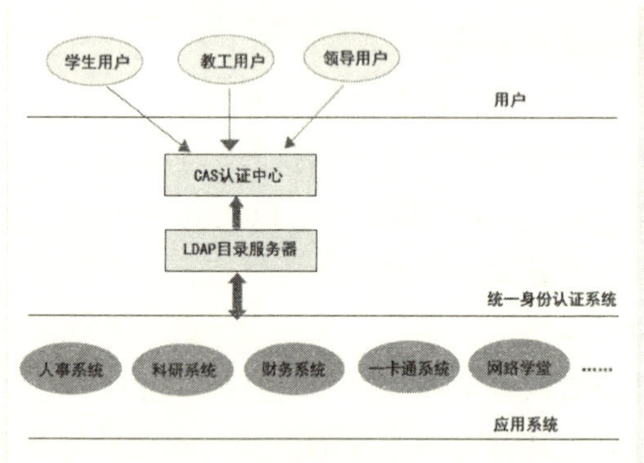

图 3　统一身份认证系统结构图

统一身份认证系统实现了师生身份数据的统一存储、统一认证、统一授权，以及组织机构信息、用户身份信息的统一管理，并集成到统一门户平台中。如图 2 所示的“统一登录”模块，实现对一卡通、财务系统、科研系统、图书系统、信息发布、网络学堂、协同办公、人事系统、学生事务等系统的统一认证与身份管理，提供业务系统的统一登录。师生通过统一门户平台直接登录进入各个业务系统，解决了多次登录密码混淆的问题，提供了安全便捷的登录认证服务。

结束语

统一门户平台的建设需要学校信息化部门与各个业务部门的通力合作、协同完成，我校新版统一门户平台于 2015 年 7 月 10 日正式上线运行，从 2015 年 9 月 1 日到 11 月 30 日三个月期间，系统访问量为 104 292 次，平均每天访问量为 1158 次。运行数据表明，统一门户平台以其直观的服务、丰富的内容、便捷的应用，得到了广大教职工的认可和欢迎，为大家的教学、办公、科研、校园生活提供了统一的信息服务、统一的数据服务、统一的认证服务。

通过使用和调研，统一门户平台也存在一些不足和需要改进的地方：①咨询专区不仅提供网络和信息系统应用方面的咨询，需要广泛调研业务部门需求，开展更加丰富的咨询类别和内容；②需要根据一些学院的业务需求，进行统一门户平台的个性化设计，在提供学校级服务的基础上，深化应用，提供更多的学院级的服务；③面向学校领导的服务还不够丰富，需要进一步进行数据挖掘，充分发挥数据的作用。高校信息化建设永远在路上，我们计划在"十三五"期间进行深入调研，并予以统筹规划和部署，提供更加完善的服务，提高学校教育信息化水平。

参考文献：

[1] 石凌、刘启新："小金教工程统一门户与应用集成规划与建设"，载《中国教育信息化》2012 年第 15 期。

[2] 付小龙等："数字校园信息门户信息构建方法的研究与实现"，载《中国教育信息化》2010 年第 21 期。

[3] 张齐、钟观宝："基于用户映射的 CAS 单点登录系统设计与实现"，载《信息通信技术》2009 年第 4 期。

以信息技术为手段，提高高校执行力

信息网络中心　蒋雪峰　姜忠民　张鹏

摘要： 当今社会已进入信息时代，信息技术作为这时代的产物得以广泛应用。本文针对高校执行力，对高校当前发展和建设中不可回避的问题进行探讨，阐述了以信息技术为手段，提高高校执行力的有效途径和方法。

主题词： 信息技术　执行力

信息化发展是 21 世纪最重要的发展，信息技术竞争是 21 世纪最激烈的竞争。谁抢占了信息化发展的制高点，谁就掌握了发展的先机，赢得了发展的主动权。信息化是时代发展的主题，也是高等教育改革的方向。高等教育的信息化改革必须按照信息化的思维和角度进行。其中，高校信息化管理程度既是学校进步的重要标志，又是一个学校获取新的竞争优势和可持续发展的关键因素。因此，不断提升高校执行力，改善高校形象成为突出的问题。尤其是以信息技术为手段，提高高校执行力，成为促进学校管理活动的一个关键因素。

所谓高校执行力，就是高校在党委领导下的校长负责制——以校长为首、其他工作人员作为辅助的组织结构，通过党的教育方针、政策的引导，在学校党委的领导下，深入贯彻并执行学校长远的发展规划，制定发展战略，解析阶段目标，部署阶段任务，并最终高质量地完成各项工作任务以确保学校的高效运行，以期实现高校长足发展愿景的操作能力。一所高校的执行力对于学校的未来发展，就如同一个国家的行政执行力对于国家的国际竞争力一样重要，是将学校战略部署、发展规划转化为现实的关键，因此强化高校行政执行力建设对于学校的发展与改革是非常关键且重要的。

一、目前高校执行力存在的问题（探索提升高校行政管理执行力的创新实践路径）

李克强总理在《2014 年政府工作报告》《2015 年政府工作报告》中两次提出："要增强政府执行力和公信力。"可见执行力在政府建设与发展中至关重要，无论是国家机关、企业还是高校都越来越重视自身执行力的建设。近年来，高校在寻求发展的同时，努力提高行政效率，显现出一定效果，但从我国高校发展的实践中看出，执行力不强已经成为高校管理中的通病，具体表现如下：

1. 执行"度"不到位。目前，高等院校执行力不强主要表现在执行过程中的执行力度、速度和尺度上。其中，速度是在执行过程中伴有拖沓、延迟现象。执行速度慢将影响决策执行的进程，从而使得学校出台的办学方针政策在执行的过程中，随着时间推移和情境转换，执行速度越来越慢，工作效率逐渐降低，有时甚至不了了之。力度是在执行过程中不按程序办事、缺乏民主性，而是依靠主观经验，不科学不合理；执行主体缺乏自律心，不遵守与落实管理制度与纪律，缺乏理性，实施力度越来越弱。决策方案在执行过程中，工作机制不够健全，预期标准被降低，甚至完全走样，执行力理念不科学、不按文件严格执行。执行力的缺乏，将导致失去执行的客观性与制度的严肃性。

2. 执行力被扭曲。执行理念是人们对执行制度存在和运行的价值判断和目的意识，体现了执行制度和执行实践所蕴含的内涵精神和根本原则，具有观念性、包容性和宏观导向性。

高校执行过程中，往往会出现四种情况，反映了执行理念的偏失：一是不执行。遇到任务，便敷衍、推脱，且存在“不了了之”的麻痹心态，得过且过，不追究不执行，不督查不执行。二是假执行。以会议贯彻会议，以文件学习贯彻文件，在执行过程存在虚化具体执行内容，“找假体、走形式”的现象。三是半执行。依据自己的理解执行，或者避重就轻，或者拖延时间，执行效果打折扣、少内容、少结果。四是乱执行。对工作内容偷换概念、断章取义，抱有不在乎，干好干坏一个样的思想心态。执行力的扭曲还表现在执行走样、断章取义、软磨硬抗和随意伸延等形式。

在高校执行力扭曲的研究中，还存在有的执行主体一旦发现落实某些政策举措有难度，就消极应付、顾虑重重，没有很认真地使用人民赋予的管理权限，为民办事，而是想方设法降低管理和处罚的力度，更为恶劣的是存在蜻蜓点水、断章取义、为我所用的问题。很多时候党和国家的大政方针落实到实处时变成了上有政策下有对策，肢解同一规定的相关内容，遇事实用主义当头，对立各项举措，与有关方面讨价还价。

3. 执行者自身问题。高校领导、中层干部及广大教职员工都是高校执行主体的不同层面，在执行主体中都发挥着各自的重要作用。高校相对外界来说较为封闭，工作稳定性高、压力小、竞争弱，舒适安逸的工作环境滋生了一些不良的工作作风，比如官僚病十足、责任心不强、办事拖沓、缺少进取心等。还有少数人本身就工作能力弱、方法不妥当，又不努力提高、不虚心向他人请教，而且依旧我行我素、自以为高明。这样的组织文化导致很多工作布置下去后，文件通知发了一份又一份、会上提醒说了一次又一次、电话催促一遍又一遍，结果怎样呢？总有某些部门或某些人员，不管你用什么办法就是不能按时保质保量地完成目标任务。

4. 监督考核机制缺失。监督机构不健全，监督人员缺失，监督不到位，监督力弱化是高校的普遍现象。由于监督考核机制缺失，导致随意性和不确定性现象增多，人们变得懒散松懈、缺乏责任心，工作敷衍了事。制度与计划不过一纸空文，规定流于形式，决策与工作思路不过说在嘴上，没有落到实际工作中。激励奖罚机制的建设通常为人们所忽视，许多高校也有相应的奖罚制度体系，但由于不执行，或执行的力度打折，其后果是做与不做一个样，干好干坏一个样。

二、以信息技术为手段，提高高校执行力

信息技术迅猛发展，高校通过多元化的信息方式为师生员工提供服务，建立并整合多个应用系统以多种形式建立办事窗口，加强师生员工与高校管理部门的沟通互动新渠道，提高高校的办事效率，树立良好的高校服务形象，提高高校执行力。

1. 优化高校的执行环境，拓展师生员工参与方式。在高校管理中，普遍树立以教学为中心、以学生为主体的服务思想，改变传统的“官本位”思想，树立“为师生员工服务”的观念。高校通过各类应用系统使师生员工参与到高校建设与发展进程中，提高高校各种决策的执行质量和传播服务渠道。一方面，广泛征集师生员工意见，多方献言，使高校的决策更符合需求，获取多数支持，创造良好的执行环境。避免社会集体失语，干部、教师和学生发挥应有问责意识，形成常规信息沟通

机制。另一方面，师生员工参与学校建设，有利于监督高校权力，有效防止滥用自由裁量权，引入网络争取意见会、BBS 主题论坛、微博议事等方式，听取各方利益诉求，避免个别领导仅凭主观臆断制定政策。真正提高高校公共政策的质量，构建高校执行力的基础，同时保障高校政策有效执行。

2. 做好部门职能梳理，加强网上办公工作，提高执行力。过去高校信息传播渠道单一，各部门职能分散，有些工作重复管理，有些工作没有部门负责，极大影响部门间发挥合力效果，大大降低了高校执行力。高校通过疏理各部门职能，清理部门间的重复职能，补充相应部门的职能，利用信息技术与高校的实际工作情况的紧密结合，做好 OA 办公系统的开发与使用工作。不断优化以流程为核心的操作过程，建立既符合高校及部门实际，又能科学反映工作规律的网络办公系统。通过切实可行的网络办公系统，有效提高执行过程中的执行力度、速度和尺度，避免执行力被扭曲和由于执行者本身的问题影响执行的效果。

3. 拓宽执行渠道，降低执行成本，提高执行力。高校以信息技术为手段，通过建立门户网站、OA 办公系统、多媒体听课系统、视频会议等多个系统拓宽了执行渠道，降低了执行成本，大大提高了高校的执行力，使信息传播渠道多元化，确保为管理者、师生员工提供准确、实时信息。下面列举几个系统简要的加以说明：

（1）门户网站将各种应用系统、数据资源和互联网资源集成到一个信息管理平台之上，并以统一的用户界面提供给用户，建立高校党政机关对学校师生、教师对学生、学生与学生、教师与教师之间的信息通道，使高校能够释放存储在自身内部和外部的各种信息。师生员工也能从门户网站同时了解各方面的信息，拓宽了信息获取与执行的力度。

（2）OA 办公自动化系统使各种文档实现电子化，通过电子文件柜的形式实现文档的保管，按权限进行使用和共享。高校实现 OA 办公自动化系统以后，比如说，某个单位来了一个新员工，只要管理员根据职工号给他注册一个身份文件，一个口令，他登录系统就能看到符合自己身份权限的高校内部积累下来的各种知识，这样就减少了很多培训环节。OA 系统是支持多分支机构、跨地域的办公模式以及移动办公的。如今，高校地域分布越来越广，移动办公和协同办公成为很迫切的一种需求，而 OA 办公自动化系统能随时随地查看文件，使相关的人员能够有效地获得整体的信息，提高整体的反应速度和执行力。

（3）多媒体听课系统使教学督导人员和听课人员不必亲身走进教室，只需在听课室内就可以听任意校区的任意多媒体教室的课程，监控整个教室，并可随时切换听课教室，省去了跑路时间，增加了听课的灵活性，使教学管理与监控的执行力得以提高。

（4）教务系统管理平台充分利用互联网络 B/S 管理系统模式，以网络为平台，为各个学校教务系统的管理提供一个平台，帮助学校管理教务系统，它打破了过去传统管理模式中，在时间与空间上的限制，让使用者能在任何时间及任何地点感受到信息技术带来的便利。与此同时，它还使人们在沟通与交流的方式上发生了较大的变化，例如教师与学生之间完全可以借助于教务管理平台，相互进行知识的探讨，然后教师还可以利用这一平台，将教学内容进行适当拓展，这样在丰富了学生的第二课堂的同时，还能有效培养学生的自主学习能力，以及激发学生的学习兴趣。经实践证明，上述策略都具有非常显著的效果。

4. 利用信息技术，建立网络监督机制。信息技术的发展和普及，一方面对学校监督工作提出了更高的要求，另一方面也提供了高校监督工作的新思路和新工具，开拓了高校监督工作的新途径。通过信息技术构建信息网络和信息平台，开发利用信息资源，建设网络监督机制成为必要。

做好利用网络促进高校的执行力监督工作，全面梳理面向群众的服务事项，以建立全校工作实时监督系统为突破口形成跨越时间、地点、部门的全天候的监控体系，对行政审批、设备采购、职称晋升、重大工程招投标、学杂费收取等重点工作要进行实时监督，进一步加强对重点岗位和关键环节的执行力监控。充分利用网络覆盖面广、方便快捷的特点，建立专门的执行力监控专栏，积极开展网上举报、网上咨询、网上交流，拓宽执行力监督的渠道。

综上所述，以信息技术手段，建立各类应用系统与网络平台，能够有效控制和避免高校在执行过程中遇到的执行“度”不到位、执行力被扭曲、监督考核缺失等问题，以及执行者自身问题，提高高校的执行力，从而增强高校的竞争力。

发挥"免疫系统"功能，做好预算执行审前调查

审计处　李丹

摘要：本文对照"免疫系统"理论，分析了高校目前预算执行审计存在的问题，阐述了如何应用"免疫系统"理论为指导，加强预算执行审前调查，做好预算执行审前调查工作。

关键词：免疫系统　预算执行　审前调查

高校预算执行审计一般是对高校内部审计机构和审计人员依照有关财政财务政策制度对高校预算管理过程及其结果进行监督和评价的行为，可以视为对学校全部经济活动的审计评价，是提高教育经费使用规范性、安全性、有效性的重要措施。如何深化预算执行审计工作是每一个高校内部审计人员深入思考的问题。

国家审计署刘家义审计长借鉴医学上的专有名词提出的审计"免疫系统"理论，是对30年来我国审计发展的实践总结和理论的升华，更是对审计发展的前瞻性定位。在预算执行审计中内审部门和人员应充分应用"免疫系统"理论，思考如何发挥运用内部审计这个"免疫系统"的功能，帮助学校发现、抵御、防范经济风险和管理风险。

一、预算执行审计未充分发挥“免疫系统”功能

审计作为保障国家经济社会健康运行的“免疫系统”，必须充分发挥预防、揭露、抵御的功能。近年来，高校的预算执行审计工作已成为内部审计的常规工作，但是目前高校的预算执行审计尚未充分发挥这三种功能，具体表现在：

1.“免疫系统”的预防功能重在及时发现苗头性、倾向性问题，及早感受风险，提前发出警报，起到预警作用。目前的高校预算执行审计基本还属于事后审计，是对已经形成的事实进行审计，审计环节很少延伸至预算申报、预算执行环节，事前、事中审计开展程度不高，预防及预警功能未得到充分发挥。

2.“免疫系统”的揭露功能就是要做到查错纠弊。一方面，高校预算执行审计基本上年年审，不可避免存在着“审计疲劳”的问题，每年按照固定的模式、固定的关注点去审计，未能及时根据当年财政发展、学校实际需要的角度确定新的审计重点，从而未能发现新的问题；另一方面，现在财政政策、高校会计制度也在不断发展完善中，审计人员对于政策、制度的变化及时掌握情况还较具体业务部门、财务部门落后一些，自然发现新问题、新风险的敏锐度还尚需大幅提升，面对新形势、新常态下的查错纠弊功能还需进一步提升。

3. 免疫系统的抵御功能要求审计不仅要揭露问题，更要对这些问题进行深层次分析、揭示和反映，调动积极因素，促进完善制度、规范机制、强化管理、防范风险。随着高校经济活动的日益增多，经济活动的复杂性也正在不断增加，社会和高校自身对风险意识的不断增加，使得对审计的期望也在不断增高。随着高校审计任务的不断增多，审计力量又相对薄弱，审计人员在完成日常工作之余对工作深入思考的不多，吸收新知

识、新技能有限，知识结构和业务能力还有较大差距；目前国家审计对审计结果的利用处于不断探索中，高校对于审计结果的运用也处于初级阶段，审计发现问题的整改更是需要高校各部门的积极支持，主动作为，但目前如何协调各部门就预算执行审计揭露问题后如何整改完善以促进管理上审计工作还有很长的路要走。

为克服以上预算执行审计存在的问题，有必要加强预算执行审前调查工作，整合审计资源，加大审计力度，以促进高校发展作为审计工作的出发点和落脚点，重视发挥审计的建设性作用，满足学校各个层面对审计的多方面需求。

二、预算执行审前调查的必要性和作用

审前调查是审前准备阶段的一项重要内容，是指在下发审计通知书之前，就审计的内容范围、方式和重点，到被审计单位及相关单位进行调查了解其基本情况，以掌握第一手资料的一项活动。审前调查对做好预算执行审计工作具有重要意义，但在目前的审计实践中，因为内部审计部门的内向性，习惯认为对本单位内部情况十分了解熟悉，对预算执行审前调查工作不太重视，对预算执行审前调查的必要性和重要作用意识不足。预算执行审前调查的作用如下：

1. 通过预算执行审前调查拓宽审计视角。高等学校预算执行情况审计主要是对学校预算执行的真实性、合法性和效益性进行的审计。但是我们的审计视角不能仅仅局限于此，或局限于审计中发现的单个问题。通过审前调查可以详细了解学校各项业务流程、业务环境、经济环境及内部控制的方方面面；而且通过每年的审计调查，可以了解到业务发展的不同过程、不同阶段，有利于准确确定审计内容及重点；通过除了财务账表

之外的资料和事项，用更宏观的视角进行审视。

2. 通过审前调查能分析产生问题的深层次原因。审前调查方式比较灵活，审前调查阶段调查的内容较为广泛，形式上也比正式审计要“轻松”，因此审前调查能够获得账面审查所不能取得的比较真实的证据，可以将那些涉及面广、政策法规不明的情况摸出来；同时审前调查具有很强的针对性，可以了解到领导关心、群众关注的问题，从而在审计过程中进行深入调查，重点分析，点面结合，查出真实、准确的情况，从而为合理提出审计建议打好坚实的基础。

三、预算执行审前调查要把握好的环节

要切实应用“免疫系统”理论做好审前调查，要在实施中注意以下环节：

1. 合理确定审前调查的范围和重点内容。“免疫系统 ”理论不仅要求对问题的查处，同时还强调向两头延伸，向上拓展，从体制、机制和制度的层面剖析问题；向下拓展，重在建设，在揭示问题的同时，从整体发展的宏观层面去认识和分析审计查出的问题，实事求是地进行判断、做出处理、提出建议。

按照这一思路，要做好预算执行审前调查，需要认真翻阅历年所做的预算执行审计项目的资料，对发现的问题进行分析、归纳和总结；专门相关业务部门及人员的座谈会，可以了解预算管理情况、资金管理情况及内部控制建设情况，向他们征集调查关注的问题；同时也使相关部门了解和认识到审前调查的重要性，调动他们参与的积极性。通过归集整理资料、座谈会等方式，审计确定审前调查的范围与重点。

2. 采用多种方式实施。由于预算执行涉及的审计范围很广，因此审前调查的范围也同样很广，可以采用调查问卷、座谈、

实地查看等多种方式进行。调查问卷的编写中涉及的问题数量、回答方式、问卷发放对象、数量等要周密考虑，问卷确定后要认真组织相关部门及人员填写问卷，真实反映情况，并对上交的调查问卷及制度文件进行了汇总、分析；召开座谈会会谈的主要方向、内容、方式要预先规划好，要注意把握座谈的节奏，注意引导座谈主题；实地调查前要熟悉相关制度规章，要重点检查内部制度的贯彻实施情况，了解相关的管理过程，找出关键环节和控制点，针对存在的问题进行综合评价，提出完善制度、加强管理的意见和建议。

3. 注重总结汇总，提出具有针对性的意见和建议，为进一步开展预算执行审计提供方向。预算执行审前调查的范围很广，调查内容可能较为庞杂，调查的对象很多，在积累了丰富的调查素材之后，如何在诸多的信息中提炼出重点、提炼出对开展预算执行审计工作有意义的资料是具有重要意义的，可以为预算执行审计工作提供方向，从而确定审计范围、内容、重点。对调查资料要进行准确的归纳整理，科学的分析研究，对调查的问题形成全面系统的了解和认识，要透过现象分析其本质问题。形成的总结结论可以直接应用到预算执行审计方案的编制中，同时对于发现的具有重要意义的调查现象、问题可以单独形成调查报告提供给学校管理层。

高校内审人员要重视并认真开展预算执行审前调查，认真规划调查事项，注重与相关部门沟通、做好这一关键环节将使预算执行审计收到事半功倍的效果，发挥审计“免疫系统”的功能。

参考文献：

[1] 危由花：“搞好审前调查的几个要点”，载《审计与理财》

2014 年第 1 期。

[2] 李涛："做好审前调查，提高内审质量"，载《中国证券期货》2012 年第 5 期。

浅析提升档案工作执行力的必要性和措施

档案（校史）馆　杨影

摘要：当前，高校档案工作执行力急待提升。通过转变服务观念，建立规章制度，可以有效解决档案工作执行中慢作为、不作为等问题；通过建立培训机制，改进服务方式，主动收集和分析利用者需求，加大编研力量，进一步挖掘、开发馆藏档案信息资源；运用先进的技术手段，缩短响应时间，都可以有效地提升档案工作执行力，为高校领导层、各职能部门决策提供便捷、有效的档案信息资源利用服务。

关键词：档案　执行力　必要性　措施

执行力指的是执行者贯彻战略意图，完成预定目标的操作能力，是把战略和规划转化成为效益、成果的行为，它包含完成任务的意愿，完成任务的技能，完成任务的效果和程度。档案工作执行力，则是指高校档案馆为贯彻落实学校的战略决策和工作部署，为高校领导层和各职能部门及教职工主动提供高效、便捷的档案信息资源利用服务的操作能力和实践能力。

一、提升档案工作执行力的必要性

1. 档案工作执行力现状分析。高校档案馆馆藏丰富，保存着学校历年来的归档材料，汇集了学校各部门的档案信息资源，是学校行政管理、治学理政、科学研究等领域的宝贵史料库。档案信息资源具有权威性、真实性、可靠性的特点，是其他任何信息所不能比拟的。

目前高校档案馆多以保管档案为主，档案信息资源没有进行进一步的加工、分析、整合，没能充分挖掘档案信息资源为学校发展而服务的优势；在利用服务的方式上，多以“你用我查”的被动方式提供档案信息资源利用服务，部分学校还停留在手工查询检索的状态。这样的现状和利用模式不能适应学校的发展和时代的需求。高校档案馆如何增强服务质量，将档案信息资源整理、分析、加工、提炼，将有价值的档案信息资源快速、有效的为高校领导层、各职能部门及教职工提供利用服务，切实提升档案工作执行力，是高校档案馆值得深思和探索的问题。

2. 提升档案工作执行力的必要性。档案的价值在于利用。高校档案馆在工作中，应按“以人为本”的宗旨增强服务质量，主动收集和分析利用者需求，挖掘档案信息资源的利用价值，运用先进的技术手段，提升档案工作执行力，提供有利用价值的档案信息资源，优质、高效地为高校领导层决策服务，为高校各职能部门服务，为高校广大师生服务。高校档案馆可发挥馆藏优势，将学校档案馆办成档案信息资源的利用平台，办成学校历史文化宣传、传承的阵地，这对提升学校综合软实力起着夯实基础的作用。

二、提升档案工作执行力的有效途径和措施

1. 转变服务观念。在飞速发展的信息时代，谁率先掌握了第一手信息，谁就占据了先机。高校档案工作人员需要转变观念，站在时代的前沿看待自身的效用。这就需要高校档案工作

人员在实际工作中，由传统的“保管档案”的服务观念转变为“加强对档案信息资源的开发和利用”的服务观念，从“为利用者提供被动档案信息资源查询”的利用服务模式，转变为“主动为利用者提供档案信息资源”的利用服务模式。档案的生命在于利用。服务水平的高低是执行力大小的重要指标。高校档案馆要站在档案利用者的角度探析其对档案信息资源的显性需求和隐性需求，思考如何高效、快捷地为利用者提供利用服务。通过服务观念的转变，实现在工作实践中提升档案工作执行力。

2. 科学内部管理结构。高校档案馆可根据工作需要，改进工作方式，按工作主题组建工作小组，充分利用馆内人员资源，高效能完成各项工作。在平时的工作中档案工作人员各司其职，各负其责；但在一些重要工作上，可提倡全馆人员共同参与，成立项目小组，合理搭配馆内人员，由原来的个人独立负责工作模式，改为项目承包责任制，即分组负责工作模式；同时安排人员对各个项目过程进行监督和检查，定期召开工作进度协调会，针对项目进展产生的新情况、新问题及时反馈、修正，明确职责，将责任具体落实到组，落实到人。通过建立工作小组，可以有效提升高校档案馆整体的工作水平和工作效率。

3. 增强队伍建设。在团队建设中，高校档案馆应以注重文化素质培养为核心，营造和谐的工作氛围，提倡融入、协作的团队精神，提升档案工作人员的文化素质，增强工作人员的责任意识和创新意识，全面提高学校的综合软实力，借此推动学校档案工作的有效展开。

高校档案馆可以“提高工作技能”为主题，建立档案业务培训机制。在实践过程中，高校档案馆可根据学校档案工作人员的业务基础及岗位分工，分层级制定档案工作培训方案，使全体档案工作人员从不同程度上提高工作技能，更好地投身工作实践。

在实际应用中，高校档案馆可通过“请进来、走出去”的方式加强档案业务培训，提升档案工作执行力。如组织校外专家来校进行档案信息化、档案前沿理论等的专题培训，或组织兄弟高校档案馆之间的业务交流。高校档案馆还可树立团队目标，激励档案工作人员从理论层面及实践层面提升服务意识和服务能力，令员工们个人努力的行为与部门目标一致，和谐推动学校档案工作进展。通过增强档案队伍建设，调动档案工作人员的积极性、主动性和创造性，从而为提升档案工作执行力服务。

4. 建立规章制度。建章立制，规范流程，是提升高校档案工作执行力的保障。高校档案馆可用完善的档案管理制度、规范的档案业务流程来提升档案工作执行力。档案管理制度在制定、修订时，要结合学校实际情况，确保档案管理制度落到实处，同时建立档案工作考核机制。通过梳理业务流程，确定工作内容和具体职责，明确档案工作每一环节的行为产生的效果，提升档案工作效率。对学校档案管理制度进行有效的制定、修订过程中，要广泛征询学校各学院、各部门的意见、建议，在充分调研的基础上，形成《学校档案工作制度汇编》。其内容可涵盖学校有关档案工作文件、档案馆工作规章制度和国家有关法规和上级文件，建立健全档案保管、编目等方面的规章制度，加强档案的防火、防潮等方面的工作，使档案保管更加完好无损，让学校档案工作人员在档案工作中有制可依，有章可循。

为了推行档案工作制度的有效落实，学校还可以出台文件，将档案工作纳入学校各部门及个人年终绩效考核范畴，考核结果作为高校各部门及个人年度评先选优的要素之一，接受学校各部门的监督。有了档案工作制度保障，学校的归档工作和档案信息资源利用服务工作从质量上、速度上会有所提升。

采取建章立制，高校档案馆可以有效解决档案工作执行中慢作为、不作为等情况的发生；通过采取上述措施，高校档案馆可调动档案工作人员的积极性、主动性，提升档案工作执行力，增强档案信息资源利用服务效能。

高校档案馆在具体工作实践中，还可在归档前主动了解各部门的业务计划，与各部门档案员进行沟通并组织归档业务培训；归档过程中本着“团结协作、合力共赢”的精神主动为各部门档案员做业务指导，及时记录归档过程中的新情况及解决措施；归档后将本期归档记录进行汇总、提炼、分析，为次年档案业务培训补充素材，从而更好地梳理业务流程，提升档案工作执行力。

5. 缩短响应时间。响应时间，是指在一次档案信息资源利用服务检索过程中，用户从开始向信息系统提问，即提出档案信息资源利用需求，到系统输出检索结果，即利用者捕获到所需档案信息资源的全部时间。信息时代飞速发展的今天，在保证档案信息资源准确性、可靠性的前提下，缩短响应时间，提升利用档案信息资源的速度和效率是提升利用者满意度的关键环节，也是体现档案工作执行力的有力要素。高校档案馆要摒除故步自封的模式，在确保档案安全的前提下，可采用先进的技术手段来管理、利用档案信息资源。

在工作中，高校档案馆可针对学校实际情况，将馆藏档案进行信息化处理，对档案信息资源进行数字化扫描，建立档案信息资源数据库，为联机检索提供信息支持。在改善硬件方面，高校档案馆可启动电动智能型密集架保管档案，并进行联机管理；在软件方面，高校档案馆可根据学校各部门分工及档案管理工作实际情况，开发文档一体化档案管理系统，在挖掘、分析学校各部门、学校教职工利用需求的基础上，开发适合学校工作的多元化档案信息资源搜索引擎，以层级授权的方式对各部门、各教职工开放查询、利用档案信息资源，加快档案信息资源检索速度，提升档案信息资源检索效率，缩短档案信息资源利用服务的响应时间，提升档案工作执行力。

6. 加大编研力量。开发档案信息资源，加大档案编研力量，为利用者主动提供档案信息资源的事前利用服务，是高校档案馆提升档案工作执行力的保证。

文化是综合国力中软实力的核心内容。高校的校史文化是学校软实力的组成部分，是学校历史文化的传承，是学校发展的重要精神支柱。大学文化建设是高校核心竞争力培育的基础，大学文化建设的重要方面之一是对学校历史文化的开发利用。高校档案工作人员要形成主动式、创新式的思维模式，通过主动分析利用者的显性需求和隐性需求，对馆藏档案信息资源进行开发和利用，为学校软实力的增强提供档案信息资源支持。

熟悉馆藏才能更好地为利用者主动提供档案信息资源和服务，高校档案馆可进一步挖掘、开发档案信息资源，建立校史展厅，安排全馆人员学习讲解知识，并参与到校史展厅的讲解中来。作为展示学校历史文化的窗口，展厅开馆后会接待各类来访人员，全馆人员若随时可以为预约的各类来访人员提供校史讲解服务，则可提升来访人员满意度；同时学校还可推出体验式利用服务，即培养学生讲解员队伍，让学生们“从学生中来，到学生中去”，通过“自我教育、自我服务、自我体验”的方式了解校史，知校爱校。

高校档案馆可以发挥馆藏优势，充分挖掘史料，搞好文化建设，为学校大局服务。如可充分利用馆藏优势，编辑出版学校校志、学校年鉴及学校知名教授文集、文选。通过对馆藏档案信息资源的深入挖掘和开发，可让全馆工作人员在工作实践中形成团队文化，增强部门的凝聚力、向心力，减少相互推诿的扯皮现象，自发形成相互补台的和谐氛围。

高校的发展，需要高校各部门间的团结协作。互联网时代，提倡的是协作、融入、和谐、共赢。高校档案馆可根据学校中心工作设置不同专题，通过挖掘历年档案数据撰写专题分析报告，打破信息孤岛，将深度加工后的专题分析报告按照管理权限提供给学校领导层和各职能部门参阅，辅助学校领导层和各职能部门决策。高校档案馆可让档案信息资源从收集-归档-开发-为学校领导层和各职能部门决策提供主动利用服务循环至档案信息资源收集-归档-开发-为学校领导层和各职能部门决策提供主动利用服务，形成闭环的档案信息资源利用循环模式。

参考文献：

[1] 王瑞娟："执行力建设的几点思考"，载《企业文明》2015年第8期。

[2] 彭志斌："论高校档案行政执行力"，载《教育理论研究》2010年第21期。

浅谈我校数字档案馆建设方案的构想

档案（校史）馆　闫龚　柳鹄　宋丽新

摘要：1985 年 1 月，经过教育部批准，北京联合大学成立，进入了国家高等学校系列。作为在大学分校基础上，统一规划、整合组建的一所市属多学科综合性大学，北京联合大学成为北京市高等教育人才培养的重要基地，开始走上新的多学科综合办学之路。在学校党委的重视、各部门的关注及支持下，近几年学校档案工作得以迅速发展，档案相关建设的规模、质量在很大程度上得以改善。不过，从目前每年接近 5000 卷档案的归档量及可预见的增速来看，库房压力不但将持续存在，而且因校区分散而大大影响利用。考虑到这个局面，我们计划依托学校 OA 系统，以档案管理软件建设为基础，以档案信息资源获取为核心，以开发利用档案信息资源、促进服务为目的，加强档案基础信息、基础设施、应用系统、信息资源利用、安全保障体系。

关键词：统一　数字档案　信息化

随着全国教育信息化进程的不断加快，各高校在网络通信基础设施和应用系统建设等方面都有了较大发展，近几年许多高校提出了建设“校园综合数字档案馆平台”的目标，在遵循统一规划、统一实施、统一平台、统一管理的原则下，实现档案资源应用整合、数据集中、资源共享。“校园综合数字档案馆平台”的提出，是学校信息化建设的又一里程碑，数字档案馆作为其核心应用支撑系统之一，在被广泛地关注与支持的同时，已成为学校档案信息化建设的重点工作之一。本文就我校建设、管理数字档案馆过程中，对数字化档案馆网络平台技术的认识，谈谈我们的设想。

一、学校档案信息化现状

在全国信息化快速发展的形式下，我校办公自动化和数字化校园的建设都取得了较大的发展，特别是文件管理上实现了网上公文流转审批，为数字档案馆建设奠定了基础，但在这个过程中还遗留有一些问题亟待解决。一是由于当初对档案信息化建设认识程度不够，校园信息化总体建设规划没有考虑档案信息化建设，档案管理不能够对电子文件归档实施前端控制，更缺乏与之相配套的档案管理系统。二是由于在早期的信息化建设中，各部门往往各自为战，缺乏统一平台，缺乏统一整合。因各类工作业务不同，使用的管理软件各不相同，产生的电子文件格式也不同。其中的教务管理、研究生管理、OA 系统、财务管理、资产管理、科研管理等系统，以及各部门、学院的门户网站等都是产生重要电子文件的源头，但档案部门在对电子文件归档问题，无从下手，造成很多数据、电子文件游离在档案管理系统之外，成为一个个“信息孤岛”“应用孤岛”。

以上问题的出现，使得管理者开始转变观念，不断完善校园信息化建设，并且认识到在校园信息化建设过程中，建立完整的档案工作网络体系是必需的，既能顺应时代发展，也能促进档案管理工作事业的巨大发展。

二、数字档案馆建设内容

按照我校档案馆实际需要，按照国家和学校先后出台的法律、法规、制度、约定，实现校园综合数字档案综合管理和利用，提高学校数字档案管理水平，拟建设“校园综合数字档案馆平台”。平台包括在学校校本部建设档案接收子系统、档案管理子系统、档案利用子系统，并基于云平台技术构建档案室子系统，直属学院档案室通过校园网访问档案室子系统；在各独立学院建设独立的档案室子系统，提供离线导出功能，便于档案移交。

抓紧系统建设的同时，还要结合档案系统建设成果，建立健全电子档案管理制度，长期保存管理规范等符合我校档案管理要求的规章制度。同时，建立满足校园综合数字档案管理要求的档案队伍和人员体系建设，形成培训、考核、交流的工作机制。

三、建设目标

学校结合校园信息化建设和档案管理的现状，立足全新的管理思路和方法，基于保护学校数字档案文化，体现电子文件信息资源整合和利用，利用计算机网络技术、多媒体技术、通信技术等手段，对学校在教学、科研、管理等各个环节和工作中产生的具有档案保存价值的电子文件进行存储、管理和维护，并实现资源的共享。

通过数字档案馆平台建设，实现与学校现有 OA、教务管理、研究生管理、财务管理、资产管理、科研管理等系统进行整合，实现电子公文的在线或者离线接收，同时可以接收各种有价值的数字档案资源。实现电子文件的在线或者离线移交，完成电子文件的接收、封装、整理、管理等功能，保证归档电子文件的真实性、完整性、有效性，构建一体化校园综合数字档案馆平台。具体如下：

1. 档案移交网络化。学校的 14 个校区分布着 13 个学院，分别在北京的 6 个城区，形成了以北四环校区为中心，集中与分散相结合的办学布局。针对学校各学院分布广泛、地点分散的特殊情况，在校园综合数字档案平台建设中，需要特别强调实现档案收集的网络化。能够将各学院数字档案安全、高效、完整地进行网络化档案数据移交，节省档案移交工作的时间、费用，提高档案收集工作的准确性、高效性。

2. 档案利用网络化。资源开发利用是高校数字档案馆建设的最终目的。档案管理的目的是利用，数字档案馆的建设目的也是更方便地提供电子文件的利用和电子信息的服务。在各个高校普遍采用的数字档案资源利用载体主要有：

（1）建立高校档案馆网站门户。通过网站建立馆藏简介、通知公告、政策法规、查档指南、业务指导、展览介绍、史料研究等超链接，为充分开发和利用档案信息资源创造了便捷的条件。

（2）通过数字档案馆系统实现检索利用和在线查看。校内教职工可在线检索查看权限范围内的数字资源，对数字档案资源的开放利用可分为两类：第一类是完全公开的档案信息；第二类是有控制查阅范围，需授权才能利用的档案信息。

（3）建立特色数字档案信息资源利用平台。通过利用计算机、网络、信息等现代技术建立的高校档案信息资源网络化管理平台，不仅包括功能强大的档案管理系统，还包括结合高校档案利用的特点，建立的一些特色档案信息资源网络服务平台。在高校中学籍档案是特色档案，利用率也比较高，可以针对利用要求开发不同专题的利用平台，如开发学生成绩翻译管理系统、研究生论文检索系统等等。

3. 档案数据集成。“校园综合数字档案馆平台”的建设是实现数字档案馆的基本保障，按照电子文件的前端控制原则和全过程控制原则，除了具有传统的档案管理八大环节之外，还要与其他业务系统数据无缝对接，实现跨部门的信息资源梳理、整合、共享，保证电子文件信息资源的齐全、完整、准确、可靠，可以说它是一个集成平台。

在集成平台建成后，电子资源的利用往往需要相应的数据自动读取模块，把校内教务系统、研究生系统等业务系统中产生的结构性数据根据预设的规则自动抓取过来，转换后存入档案数据库，便于档案馆出示毕业生学生成绩单等服务利用工作。

四、总体建设方案

1. 总体应用架构。根据我校数字档案馆平台建设需求的分析，现将总体应用架构设计如下所示：

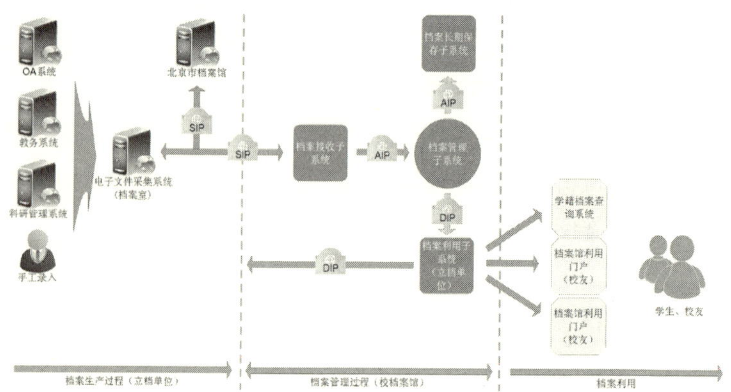

基于电子档案的全生命周期理论，档案分为生产过程、管理过程和利用过程。在生产过程，电子文件采集系统（档案室）可以利用智能捕获工具采集 OA 系统、教务系统、科研管理系统的电子文件，形成预归档库，电子文件采集系统与北京市档案

馆或校档案接受子系统进行对接，实现网上移交与接收。

在管理过程中，实现电子档案的接收、管理、长期保存，对档案进行利用划控，将满足条件的档案传递给档案利用平台对外公开利用。

2. 技术架构。

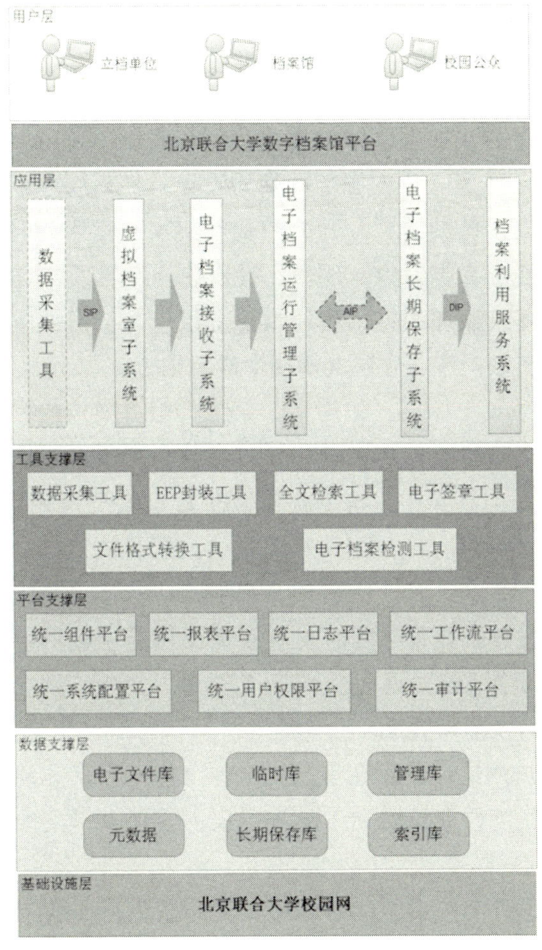

（1）基础设施层：基础设施层包括系统层及网络层，是支撑信息系统运行的基础。网络层根据办公业务需求，依托办公网络，连接各点办公区各有关机构，并为信息系统的用户提供数据、文件、图像等多种数据类型的通信服务，系统层主要包括各类硬件、操作系统和数据管理系统。

（2）数据支撑层：为上层提供数据支撑，数据支撑层主要以信息整合共享标准和业务信息为基础，通过收集和整理各类信息数据，完成信息资源和数据库体系建设。

（3）平台支撑层：针对规范化各类应用，建设应用支撑平台，旨在通过 SOA 面向服务的架构设计，提高应用系统建设的效率，提高系统的健壮、开放的基础架构，设计上层应用的展现逻辑、业务数据、数据逻辑，提供应用工具及丰富的各类应用通用及基础服务组件，快速构建上层应用，帮助应用摆脱技术实现细节的纠缠，底层支撑技术透明化。

（4）工具支撑层：作为整个系统的服务架构的核心，为整体系统提供面向服务架构的开发工具包。其原理是将基础功能合并到开发工具包中，统一提供 API 接口供“应用层”调用，这些开发工具包有：数据采集工具、数据封装工具、全文检索工具、电子签章工具、文件格式转换工具、数据加解密工具、电子文档检测工具等。同时工具支撑层将前端展示组件进行了工具化的部署，通过桌面及 WEB 客户端技术保证整个系统前端的支撑平台及显示效果。

（5）应用层：建设在信息安全保障体系和标准规范体系基础上，依托平台支撑层和工具支撑层，实现电子文件的相关业务处理。

在建设数字档案馆的过程中，我们认为高校数字档案馆的建设要打好基础、把握进度、梳理职责、循序渐进，处理好建设、管理与继承的关系。信息化建设团队在充分调研的基础上，只有举全校优势，以各业务职能部门为主导，得到学校信息网络中心的支持配合，才能做好数字档案馆的建设工作。

浅议高校人事档案信息化建设

档案（校史）馆　张远利

摘要：随着信息技术的飞速发展，信息化管理已融入社会中的各行各业，高校人事档案作为人才信息的重要载体是高校选人、用人的重要依据，是高校建设发展的重要基础，人事档案采用信息化管理是各高校人事档案管理的必然趋势。本文分析高校人事档案管理中存在的问题，介绍了人事档案信息化管理的重点及信息化建设的具体措施，为高校人事档案信息化的建设提供参考。

关键词：高校人事档案　信息化管理措施

随着信息技术飞速发展，信息化管理已融入到社会的各行各业。信息化管理的方式提高了管理水平和工作效率，有效促进了社会发展。近年来，我国高等教育事业快速发展的同时，也在不断推动高校人事制度的改革与创新，随之人事档案的管理方式也面临挑战。高校扩招的同时使教职工人数不断增加，高校人事信息呈现出多样性、复杂化的特征，人事信息量的激增要求高校人事档案管理工作不断变革，符合信息社会发展的新形势要求。习近平同志指出没有网络安全就没有国家安全，没有信息化就没有现代化。人事档案管理是一项专业性、技术性、政策性极强的工作，实施信息化管理是学校发展、社会发展的一种必然趋势。

一、高校人事档案管理的现状及存在的问题

高校人事档案是学校教职工信息的重要载体，记载一个人的经历、思想品德、业务能力、工作业绩等信息，是人事部门对个人管理的重要凭证和开展各项工作的重要基础。目前高校人事档案主要业务有组织部门对干部任前三龄两历核查，人事部门对教职工的身份认证、转正定级、职称申报、工龄计算等，以及为个人出具有关证明（包括考学证明，公安部门使用信息证明，公证处公证证明）。个人想利用自己的档案要经过层层审批、签字、盖章，在服务利用中要手动查找案卷目录确定存放位置再根据需求进行摘抄、复印或扫描。从上述的查阅流程可以看出目前高校人事档案管理工作处于重管、轻用的形式。存在的主要问题有以下几点：

1. 人事档案管理的硬件设备齐全，软件条件落后。随着信息技术及互联网技术的飞速发展，高校都组建校园网络，建设成数字化校园逐步实现无纸化办公（无纸化办公指利用现代化的网络技术进行办公），同时国家档案局在2000年提出了推进档案信息化建设的任务，全面推进档案信息化建设战略部署。通过对部分市属高校调查，各高校档案馆在档案信息化建设方面均已投入了一定的经费，配有计算机、打印机、扫描仪、复印机等硬件设备，已为信息化管理提供了基本的硬件支持，为档案信息化发展奠定了基础。但在档案管理软件方面，各高校情况参差不齐，有的自主开发档案管理软件，有的只是简单的EXCEL表格统计查询，缺乏统一标准的信息化管理系统，档案信息管理还比较落后，造成信息化建设典型的有路无车现象。

2. 人事档案管理科技水平较低，服务利用效率不高。高校

人事档案按人员类型一般分为在职干部档案、在职工人档案、退休人员档案、逝世人员档案及其他人员档案，人事档案实体是以中共中央组织部《关于做好文件改版涉及干部人事档案有关工作的通知》为标准的 A4 版，在管理上以在职人员档案为主，档案资料的收集、整理、鉴定、保管、统计、检索、利用、编研等环节都是靠手工劳动完成，繁琐而低效的手工方式与国家要求的现代化、信息化、科学化管理水平不相适应。在人事档案利用中存在怕出错、怕泄密、产生利用难、利用烦现象。如个人查档需要严格的审批手续，个人不能了解本人档案内容，档案中即使有错误也不能及时被发现，为日后的利用带来不便且影响档案质量。组织部门、人事部门在选人、用人时也要有查阅审批手续，再一页一页翻阅纸质档案来掌握人员的基本情况。保管利用是档案工作的出发点和最终目的，是档案价值的根本体现，是实现档案工作意义的终极所在，但传统的人事档案管理方式及低效的服务利用方式已不能及时、准确、快捷的提供教师员工的档案信息，不适应高校信息化发展的需求。

3. 档案管理人员信息化意识淡薄，传统观念强，创新少。目前高校人事档案管理工作中，在思想上存在着管好档案就等于用好档案的陈旧观念，档案管理人员充当忠实的“守门员”角色，“门”内的事我负责，“门”外的事没能力管。档案资料的收集过程缓慢，开展利用工作时也只是被动地提供服务。主要原因如下：一是人事档案开发与利用的责任意识淡薄，与新形势下人事制度改革的要求不相适应。过分注重人事档案的保管、存档工作，缺乏档案资源开发与利用的管理机制。二是许多档案材料被“束之高阁”，而且利用的材料主要是党、团材料、解决待遇和工资调整方面，真正用于人才选拔、培养开发及预测方面的较少。三是档案利用工作存在着较大的被动性。

一般都是等待领导安排，或是上级来了具体的任务，相关的工作人员才去突击性的整理调阅文件资料，缺乏主动精神。李克强总理在 2015 年《政府工作报告》提出“大众创业，万众创新”口号，在高校档案人事档案管理工作中实现大众创业、万众创新，以创新驱动发展其实并不是高悬空中，而是要根据档案工作，对人事档案的管理方式踏踏实实的改进，以高校人事档案管理创新驱动档案工作的开展。

4. 档案工作队伍结构不科学，缺乏信息技术与档案业务工作相结合的人员。1954 年 11 月，第一届全国人大常委会第二次会议根据周恩来总理的提议，批准国务院设立直属机构——国家档案局。1959 年，中共中央发布了《关于统一管理党政档案工作的通知》，自此制度统一，规范有序的全国档案事业逐渐形成。1952 年，中央办公厅、中组部和中宣部委托中国人民大学举办档案专修班，新中国档案高等教育由此发端，开始培养专业的档案人才，档案教育和档案理论研究也获得了新生。而从 1998 年 3 月，第九届全国人民代表大会第一次会议批准成信息产业部，开始推动信息化普及教育。由上述可以看出档案专业与信息技术发展时间不同时，在档案管理上出现“老”档案人员业务知识、专业经验丰富但信息技术知识不足，“新”档案人员有熟练的信息技术能力但档案业务经验欠缺现象。造成了高校档案管理人员不能熟练运用信息技术开展档案的管理和利用，人员和设备的潜能没有得到充分的发挥和利用，不能实现优势互补。

二、高校人事档案信息化建设的重点

1. 改变服务利用方式，突出对纸质档案及易损坏档案的保护。纸制人事档案是最原始的证据材料，它具有非常权威的客观性，对纸质档案的有效保护是档案管理的重点之一。在纸质档案保存中受影响：一是保存环境。国家规定保存纸质档案的标准温度是14～24℃，相对湿度为45%～60%，但受自然天气及库房设施因素的影响，保存环境很难达到恒温恒湿的标准。二是对纸质档案损害更严重的是档案利用中的翻阅。随着人事档案在学校发展中重要性逐渐加强，人事档案的利用率也不断增加，每份档案每年都要翻阅2～3次，有考学、办公证、调工资、评职称等，每一次翻阅对纸质都有一定磨损，不利于纸质档案的保存。中国有句古话叫作“纸寿千年”，但没有好的保护方式，纸质档案也做不到长久保存。采用信息化管理方式，可以减少纸质档案的翻阅次数，弥补纸质档案在翻阅中磨损的问题，有利于人事档案纸制载体的保护。

2. 加紧建立科学有效的教职工基本信息库，提高行政、机关部门工作效率。人事档案采用信息化管理，建立人员基本信息库后，机关工会举办运动会需要教职的年龄、教职工生日逢五逢十祝贺都可以直接通过查找、筛选方式得到名单，为领导决策提供服务。组织、人事部门和上级领导在“选人用人”方面，考核教职工“德、能、勤、绩、廉”等方面的信息将变得更为直观快捷，为机关各部门提供工作上的便利，提高工作的效率。

3. 改进管理方式，提高档案管理人员的工作效率和服务质量。一份人事档案材料的收集要经过材料生成部门、人事部门或组织部门，最后由档案管理人员接收整理放入个人档案，整个收集过程费时费力，效率低，很容易造成档案材料的转递不及时，暂时性的档案材料不完整。在后期服务利用中需要部门派专人到档案库房查阅档案，经过繁琐的查阅过程最后不一定得到想要的材料，造成人力浪费，工作效率低下。而实现人事档案信息化管理后档案管理网络化，使档案从收集整理到服务利用实现实时化、网络化和自动化。档案材料经确认有效录入系统后在局域网内部进行数据共享，各部门人员可“足不出户”检索查询权限范围之内的人事档案信息。避免档案管理人员的重复劳动，提高工作效率。

4. 扩大利用范围，实现人事档案开发利用最大化。在传统的人事档案管理方式中，受人事档案特殊性及保密性的影响利用过程繁琐，造成了人事档案重管轻用的现象。采用信息化管理不仅为各部门提供方便快捷的人事档案信息利用，也可拓宽人事档案的利用范围，有助于提高其利用效率，发挥人事档案的重要作用，实现人事档案开发利用的最大化。如人事档案记载着教职工的个人及家庭详细情况、个人专业技能、特长等信息，通过人事档案信息管理方式有助于学校了解教职工情况，管理上采取人性化管理方式，全面了解个人特长，发挥个人专长能力，可以更好地为学校发展做出贡献。

三、高校人事档案信息化建设的具体措施

1. 总体规划，分步实施人事档案信息化建设。目前高校在办公、教学、科研等方面已基本实现信息化管理，人事档案信息化管理还比较落后。虽然落后但不能急于求成，各高校要分析自身业务需求，因地制宜的根据自身人事档案管理特点规划人事档案信息化总体目标，高校领导要重视人事档案信息化建设，将人事档案信息化建设加入学校的发展规划，使人事档案的信息化发展有保障，做到循序渐进，持续发展。依据以往人事档案服务利用需求分步实施人事档案信息化建设。首先，建立人事档案检索管理系统即人事档案目录管理软件，梳理库房人事档案实体，为每卷人事档案进行统一编码，每个档案实体

赋予档案编号，编码规则要结合档案管理的需要。完成后的档案号不仅要具有唯一性，而且最好有代表性。将档案号、姓名、材料目录信息输入档案检索管理系统，完成后的检索管理系统可根据档案号或姓名立刻查看人事档案中包含的各项材料的名称。目录信息化管理节约了人工反复查找各类名册的时间，提高了工作效率，使档案管理井然有序。其次校内各部门相互配合统计出干部档案常用的重要的信息项，建立教职工基本信息库。如姓名、年龄、学历、学位、职称等信息，方便组织、人事部按需求进行筛选和查询。最后完成人事档案实体每一页的数字化扫描工作，与目录检索管理系统和教职工基本信息库结合，完成人事档案信息系统建设。

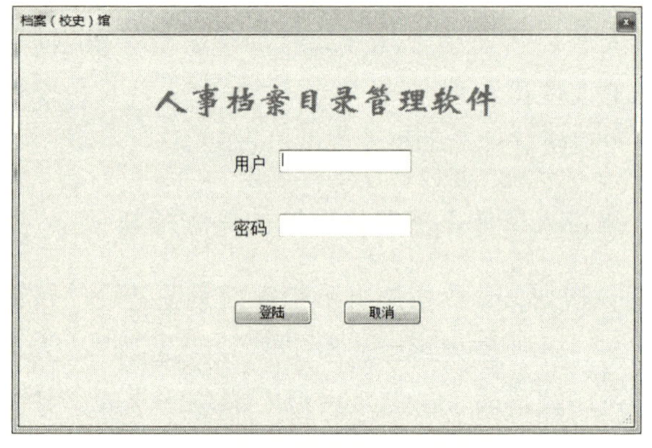

人事档案目录管理软件登陆界面

2. 制定完善、规范的人事档案信息化管理制度。高校人事档案的管理制度主要是中组部、国家档案局于 1990 修订下发的《干部档案工作条例》（以下简称《条件》）。《条例》的发布使高校人事档案得到了规范化，制度化，各高校依据《条例》制定本校的人事档案收集、管理、查阅服务等制度。2009 年修订下发的《干部人事档案材料收集归档规定》对干部人事档案材料的收集范围、收集方法、归档要求、监督检查等都做了具体明确的规定，是各高校干部人事档案管理包括干部档案材料收集工作总的指导性法规。人事档案信息化规范管理一定要制度先行，用制度作为信息化建设的保障。完善的制度是档案信息化建设顺利开展的前提，是信息化发展的重要保障，在人事档案信息化建设的过程中，每一个环节都要做到制度先行，在档案的收集、鉴定、保管、利用等环节需要有严格的制度约束，把信息化建设的各个方面有机结合起来，保证人事档案信息化管理正常运行。一是建立档案信息化管理标准。标准规范化是档案信息化建设的重要基础之一，以《国家电子文件》为依据，建立统一的人事档案材料电子文件格式、文件大小、文件版式。有统一的标准才能实现信息化管理，如果相关材料生成部门各自为战，自成体系，不按统一的标准去做，那么建成的档案信息系统只是个空架子，不可能实现人事档案的信息化管理。二是制定严格的安全保密措施，纸质档案有着严格的保密措施，同样对信息化管理后的电子文件和电子档案要防范病毒、黑客、人为破坏，确保电子档案的安全性、完整性、真实性。

3. 构建人事档案专用网络，为人事档案信息化提供安全保障。人事档案的保密性是人事档案信息化建设缓慢的一个重要原因，档案中不仅记录个人的相关信息，同时也包含个人隐私。保证人事档案信息的安全不泄密是档案管理人员的重要职责。在人事档案信息化建设中要加强档案安全建设，不能简单依靠校园网络运行，需要构建专用网络，防止网络黑客、病毒入侵、人为故意破坏等泄漏档案信息。结合学校信息化发展，构建人事档案信息专用网络一般可采取两种方式：第一种方式，利用交换机先进 VLAN 技术（虚拟局域网），依托校园网络跨部门地为人事档案虚拟出专用网络，此方式投入小，网络管理方便灵活；第二种方式，重新为人事档案利用部门架设网线，实现物理上的人事档案信息局域网。此方式建设复杂，但安全性较高，可完全避免网络攻击。

4. 建立专业素质强和技术水平高，具有综合能力的档案专业队伍。高校人事档案信息化管理不仅需要先进的信息技术，同时需要综合能力强的管理人才和科学的管理方法。档案管理人员应立足本职工作，同时加强主动学习意识，结合档案专业知识学习先进的信息化技术，全面提高自身的业务素质和工作水平。档案主管部门有计划地对档案管理人员进行信息化技能培训。使档案管理人员及时了解档案专业发展趋势和现代信息技术在档案工作中的应用，实现档案管理员不仅是一个信息管理的操作者，更是适应档案现代化发展的创造者。

总之，高校人事档案信息化建设是人事档案事业发展的需要，是高校人事管理的必然趋势。但人事档案信息化不是简单的“计算机管理+网络化管理”，而是一项需要运用多种学科知识、多专业配合、多部门协作、多环节配套的复杂系统工程，从而保证人事档案信息化建设与高校信息化同步发展，为高校的教学、科研服务，为高校的发展打下夯实的基础。

参考文献：

[1] 支丽平：“网络环境下高校人事档案信息化建设研究”，载《兰台世界》2014 年第 3 期。

[2] 田今晖：“高校人事档案管理中存在的问题与对策研究”，载《内蒙古财经学院学报（综合版）》2012 年第 3 期。

践行“三严三实”，大力推进书院制建设

北苑校区管委会　夏莉

习近平总书记提出的严以修身、严以用权、严以律己，谋事要实、创业要实、做人要实的“三严三实”要求，进一步明确了作风建设的新内涵，是党员干部修身正己、廉洁自律、干事创业的行为准则，对广大基层干部具有很强的针对性。作为基层党支部书记要牢记“三严三实”，从严律己，扎实工作，努力把“三严三实”落实到实际工作中去。我们学习“三严三实”不能仅仅是在理论上，更应该从行动上着手，重在付诸实践，贵在取得实效。2015 年，北苑校区积极践行“三严三实”，大力推进书院制建设，努力服务于学生的成长成才。近年来，实行书院制已开始陆续成为我国高等院校探索如何办好现代大学的一种尝试。书院制借鉴了西方大学住宿学院的做法，承袭了中国书院的育人文化。在现代大学中实施这种住宿书院制，它主要是以学生宿舍为管理的空间和平台，以学生公寓为活动社区，旨在对学生实施通识教育，并承担起学生的思想品德教育与行为养成等方面的教育任务，与第一课堂相呼应，形成有益的衔接和补充，构建全方位、全天候、全覆盖的育人体系。2015 年 1 月，北京联合大学首先在应用文理学院试点书院制建设，其后陆续在各学院推行，这种做法绝不是学校盲目跟风，而是配合即将全面推行学分制改革而进行的人才培养模式的探

索，也是一种对现有教育模式的有效补充。北苑校区根据学校的总体目标，结合校区实际情况适时进行了书院制的探索和实践。

一、北苑校区书院制建设的目标

在全校还没完全实行学分制，学生主要以院系为管理单位的情况下，根据目前北苑校区的功能定位，作为没有教学的单一生活宿舍园区，在书院制建设上，校区将根据现状，因地制宜，积极配合学校的总体目标，充分发挥宿舍的育人功能。书院重在通过各种生动活泼的教育形式和科学的行为养成与管理，构建基于学生兴趣和自主发展的文化组织，实现学生之间的相互影响和共同发展，促进不同学科专业、不同年级学生的交流和融合，通过有引导的自我管理、自我服务和自主发展，营造提高大学生综合素质的文化教育氛围，为大学生健康成长、适应社会和提高文化素质创造优质文化环境和自我教育平台。学生在大学里应该得到的，不仅仅是专业方面的知识，更重要的是在课堂之外的成长、培养、锻炼。所以除了课堂教育、专业教育之外，还有另外一块是非常重要的——第二课堂的学习、熏陶，也就是校园文化、书院文化对他们的影响和教育，通过融汇人文关怀，培养学生专业的素质、健康的心理和充满活力的个性。

北苑书院从建设伊始注重培育书院文化，确立自己独特的办院理念和特色目标，凸显书院文化元素，通过座谈、征集等活动确定书院院名、院徽，营造文化氛围。

二、北苑校区书院的组织架构

在组织机构上，成立北苑校区书院管理委员会。管委会下设办公室，办公室负责落实管委会的工作安排，以及书院的日常管理运行。

书院设常任辅导员、兼职辅导员和学业导师若干。由北苑校区和相关学院的学工干部组成常任辅导员队伍，深入了解学生生活状况和思想动态，在书院中开展学生全面育人和思想政治教育工作，切实将学生的行为养成、学风建设、党团建设、帮困助学、心理辅导、危机干预等工作做进学生宿舍。从管理服务人员中聘任的兼职辅导员配合专职辅导员开展学生日常思想政治教育和管理工作。辅导员队伍定期就学生成长、学风建设、学生党建等方面召开联席工作会议。学业导师由各院系专业教师、离退休教授和干部、知名校友担任，每两周至少与学生互动一次，在大学适应、课程学习、生涯规划、课外阅读、科研项目、就业创业等方面为学生做有效而切实指导，帮助学生增进知识、提高素养、培养人文情怀。书院内组建学生自我管理委员会，强化书院学生的朋辈教育，通过有引导的自我管理、自我服务和自主发展，实现学生之间的相互影响和共同发展。书院将制定通识教育实施办法，对学生参加书院内活动进行多角度、全过程的评价；对学生评先推优、入党选干、综合测评提供书面意见。书院制以学生宿舍为物理空间，承担打造宿舍文化环境、提供学生个性发展平台的教育任务。书院下设发展辅导中心、文化活动中心、信息交流中心等三个平台。

三、北苑校区书院建设的初步成效

校区学生对书院文化的认同感加强。书院建立以来，通过宣传发动、讨论座谈、平台推介、标识征集等活动使广大学生经历了了解书院、认识书院、建设书院的心路历程。目前，北苑书院的院名—仰山书院已经启用，院徽也将投入使用，北苑校区越来越多的住宿学生感受到了书院的影响，对书院的认同感和归属感、对大学精神和校园文化的理解逐步加深。

优化了学生学习生活社区。为了促进书院社区内的交流，校区建设了室内外交流互动区，有适合女同学健身的瑜伽室，还有便于开展团体活动的文体活动中心，室内可以进行台球、乒乓球、棋类、观看电影、小型讲座研讨等活动。书院的所有功能区域由学生自管会负责，加强学生自我教育、自我管理、自我服务。同时，不同年级、不同专业学生交叉住宿，分享学习生活收获，共享学习生活资源，促进了学生间的交流和沟通。

积极发展壮大了学生社团。书院打破院系专业界限，引导有共同志趣的同学组建社团，开展不同的文化活动，促进书院的内涵发展。目前，在书院自管会的带动下，愉悦同学身心的台球俱乐部、瑜伽社已经成立，提升文化底蕴的悦读会正在建设中，北京文化系列活动获得了同学们的好评。在社团中，同学们抓住机会提升自己的组织协调能力、团队合作能力、自我管理能力，释放主动性和潜能。社团内形成了好的风气，传递着青春正能量。

四、北苑校区书院制建设的思考

目前国内大学基本通行的是按院、系、班级安排学生的住宿、学习和活动。这种学生教育管理培养体系是建立在以学科和专业为单元、以课程为中心的理念上。书院制则是以宿舍为中心，构建一种基于宿舍的、由学生和教师共同构成的小型学习社区，通过与专业院系的分工与协作，以人性化的空间打造、丰富的社区体验和优雅的养成教育，着力构建师生“学术—生活—成长的共同体”，是以学生全面发展的成才需求为出发点的创新人才培养模式变革。正如钱穆所言：“中国宋代的书院制度是人物中心的，现代的大学教育是课程中心的，我们的书院精神是以各门课程来完成人物中心的，是以人物中心来传授各门课程的。”因此，这种转变既有教育理念的转变，也有管理模式的转变。一些已经实施书院制的高校也是根据校情而有不同的运作模式。北苑校区作为一个单纯的住宿园区进行书院制建设更是一个初步的尝试和探索，而如何进一步在宿舍实现育人功能，至少需在以下几个方面进行思考和实践：

1. 完善书院的管理制度和机制建设。管理制度和机制建设是书院健康发展的关键和保障。不同书院完全可以有不同的体制机制，可以有不同的特点、特色。在统一思想认识的基础上，进一步加强书院制模式的比较研究和创新研究，联动管理部门和住宿学生所在院系协调合作，进一步完善书院的运行机制；进一步丰富社区文化资源和交流互动载体，促进学生的文化养成、专业互补、个性拓展，鼓励不同背景的学生互相学习交流，满足学生的个性化发展需要，最终促进学生的全面发展。根据自己的发展理念，逐步形成自己独具特色的书院文化。

2. 加强书院环境和基础设施的建设。环境建设是完整的大学生活的基础和前提。书院环境建设应该充分体现书院文化，能够启迪心智，润物无声，能为师生之间的交流和沟通提供空间与平台，进行无形的心智上与文化上的熏陶和感染。书院下一步要不断优化社区环境和公共设施，增加有利于学生素质拓展的空间，提高书院的育人能力，书院努力为学生们营造一个与院系专业学习环境不同而又互补的第二课堂学习生活环境。

3. 加强书院活动的引导和考核。目前，书院存在各种活动参与度不高、学生的积极性不高等现象，这也是多数高校普遍存在的问题。在多媒体环境下，学生们的思想价值观向多元化方向发展，使当代大学生个性更为张扬、自我意识更为突出。

我们应该尊重这种变化，能够真正关注到学生的文化需求，开展学生活动注重对活动形式和质量的提升，要以学生的需求为导向，分类引导，不再追求活动规模，而是应该小范围、针对式的辅导，多从学习、兴趣、生活等方面对学生进行养成教育和文化熏陶，通过《通识教育实施办法》进行评价和考核。

虽然，北苑校区书院在建设过程中还有这样那样的问题，但是，我们始终坚持以生为本，按照“三严三实”的要求查找不足，真抓实干，敢于直面问题，不断明确工作思路，推动工作开展。随着书院制建设的不断探索和完善，“学院 + 书院”未来有可能成为一种新型的、更加符合人才成长规律的育人模式。

单校区多单位协作型安全管理模式探析

保卫处　柴永红

昌平校区安全管理整体化是多家教育培训单位协作型组织制度创新的一种表现形式。在安全管理整体化管理过程中出现了不同的组织形式，也因而出现了安全管理的难点与热点。为适应新增独立教学单位、学生人数剧增和学生教学、生活区域交叉的新形势对协作型校区安全管理的要求，笔者研究与探讨协作型校区安全管理模式，明确工作思路，并提出加强安全管理的有效建议，有助于提升协作型校区安全管理能力。因此，我们需要协作型校区。

一、协作型安全管理的特点

协作型安全管理独存的特性和难题如下：

1. 协作型安全管理多元化带来了安全隐患的多样性。不少协作型联合管理模式涉及面较多，协作方各自都有自己的管理方式，如现在的昌平校区有国办北京联合大学广告学院、应用科技学院，有园区方民办北京涉外经济专修学院，有承租园区方教学培训单位北京演艺专修学院、护理学院、航空学院和安博教育等，多家共处在一个校园，不同教育性质、不同管理方式，其安全隐患各不相同，同时随着北京演艺专修学院的新近迁入，从学生人数大幅度增加到学生学习生活区域从原来的相对分开到现在的相互交叉，使得安全隐患变得复杂，难于管理。

2. 安全管理人员的知识水平不相同，特别是实践经验和理论技术知识参差不齐，安全队伍青黄不接。由于成员组成规模、性质以及负责人对安全重视程度等因素不同，安全管理人员队伍素质和能力有高有低。不少成员单位任用的安全管理人员主要还是岁数较大、有一定经验的老同志，他们安全专业知识和政策理论有限，工作中往往更多的是凭主观意志和经验主义进行安全管理，而新入职的高文凭人员，虽然理论知识丰富，但实践经验欠缺，因此，安全管理队伍素质和能力高低不齐。

3. 协作型联合体现行的安全管理制度不能满足各成员单位的快速发展，出现了安全管理制度滞后的现象。同时，与各成员单位有关及符合相应特性的安全管理制度，没能在联合体层面得到统一，联合体层面还欠缺一些微观的，能解决成员单位根本问题的相关制度和规定。

4. 安全管理基本信息的管理复杂，阻碍多，困难大。安全信息采集、获取是协作型联合体各项监督管理业务的根本保障，而协作型联合体各成员单位安全管理模式的多样化，带来了安全管理情况日益复杂。另外，缺乏基础信息共享机制，信息资源共享程度低，没有形成规范的、能够统领全局的、普遍使用安全监管的信息体系，有效地安全信息资源也不能得到充分的利用。安全信息的传达、上报和沟通还存在不少阻碍和困难。特别是对于危险源信息的收集上，有些成员单位层层上报不及时或缺失，影响对危险源的动态监管，不利于安全管理。

二、安全管理模式探析

我国《安全生产法》明确规定，生产经营单位是安全生产的主体，应当对本单位的安全生产承担主体责任，并对未履行安全生产主体责任导致的后果负责。而协作型联合体安全管理部门作为政府与行业安全管理的延伸机构，对各成员单位的安全管理工作承担着重要的监督责任。联合体应该首先掌握各成员单位生产特点和安全管理的短板，积极探讨与研究行之有效的安全管理模式，从而推进联合体安全管理工作上新台阶。安全管理模式是实现“安全第一、预防为主、打防结合、综合治理”而建立的安全管理组织形式和安全生产行为方式。对于协作型联合体的安全管理来说，不仅仅与一般单位一样只包括对人、设备、材料以及生产环境等方面的管理，还包括对成员单位的协调、引导和监管。对协作型联合体安全管理模式，笔者浅谈几点建议。

1. 统一目标、要求和文化。联合体的安全管理必须具备统一的目标，只有具备了明确的目标，并且在联合体的内部形成紧密的协作关系才能共同降低事故发生率，提高安全管理水平。各成员单位安全生产活动都要以目标为轴心，以实现目标为工作准则，并充分启发、激励、调动各单位相关部门，共同实现。为实现目标，要制定统一的基本要求，一视同仁，成员单位的安全生产活动必须达到这一基本要求。还要统一安全文化，突出规范性，制定联合体层面长远的、整体的规划。不能随意性，否则不利于联合体整体安全文化氛围的塑造，也不利于师生员工强有力的安全价值观形成，最终使得安全文化建设流于形式，无法落实，成为空谈。

2. 建立系统完整的联合体安全管理制度体系。法律法规和规章制度的背后有许多血的教训，它来源于实践，服务于实践。遵守它，会得到安全的回报；违背它，会遭到事故的惩罚。因此系统完整的联合体安全管理制度体系，是联合体实现安全生产的最重要的保证。安全生产管理制度涉及范围应从宏观到中观再到微观、从各成员单位到成员单位各相关部门再到个人，不同层面不同要求，应以国家法律法规为基础，建立完善的联合体制度，各成员单位部门按照联合体制度要求，建立安全操作规程和现场活动方案。

3. 保障安全生产管理信息的畅通。①要保障联合体政策法规和国家相关文件精神的下达贯彻，保证信息能自上而下，层层传达到最基层。②通过联合体把不同成员单位的信息汇总起来，实现信息资源共享。分享各成员单位事故报告，为安全管理人员及时提供准确、可靠的信息，并能从中吸取教训，防止同类事故在其他单位再次发生；分享各成员单位好的经验、好的理念，从而提高联合体整体安全管理水平。③逐步实现危险源的动态联网监控。通过现代信息技术，对所有危险部位和危险场所进行全方位、全过程、全时空的实时监控，以使在第一时间发现安全隐患，及时处置，最大限度地避免发生安全生产事故。

4. 强化、落实生产责任制，建立健全安全考评与激励机制。强化各单位主体责任，推行“一岗双责”，各司其职、各负其责，切实增强做好安全生产工作的责任感和紧迫感，完善安全生产责任体系，形成“齐抓共管，群策群治”的安全生产格局。落实安全生产责任制还需要建立一整套具有科学性、实用性、可操作性的考评与激励机制，用于奖优罚劣，鼓励先进，鞭策落后，全面调动各成员单位、各部门的积极性，要能将正向激励与反向激励相结合、物质激励和精神激励相结合；建立的安全考核机制要能有效提升各单位安全工作人员的地位和待遇，提高其工作积极性等。可以将安全管理人员作为考核主体在联合体内部采用分级考核的方式，对各成员单位的总体安全目标、完成安全生产指标情况、安全管理人员工作效果等进行评估考核。

5. 确保隐患的排查与整改工作有序进行。“隐患险于明火，防范胜于救灾”。协作型联合体要牢固树立“安全第一、预防为主、打防结合、综合治理”的安全意识，坚定“事故可防、风险可控、灾害可治”的信心和决心，把提高预防能力放在安全生产工作的首位。①要“摸家底”，强化安全生产的源头控制，从源头上消除安全隐患的基础就是首先要对隐患了如指掌，排查摸底；②要“抓过程”，要将安全生产融入各成员单位管理的全过程，排查出的隐患不能遗漏，记录在案并形成整改方案或措施，协作型报联合体备案，确保隐患“可控、在控和能控”；③要“重整改”，切实保证隐患整改工作的有序进行，由联合体监督各成员单位落实整改。

三、心得体会

安全生产既是联合体本身实现管理现代化的要求，也是对社会、对教职员工的庄严承诺。协作型联合体由于其平等协作的特点，受成员单位各种不平衡的安全状况影响，导致协作型联合体安全管理工作出现不少难题，因此，研究协作型联合体安全管理工作模式具有重要意义。建立科学的安全管理模式，营造有效的安全管理机制对协作型联合体管理非常重要，它能使各成员单位形成一个自我约束、自我激励的机制，确保安全生产，确保校园的安全稳定。

协作型联合体安全管理部门既不是政府主管部门，也不是基层管理单位，是协作型联合体安全管理中任何一个层次所不能替代的。安全管理部门需要积极主动、高瞻远瞩，以大局为重，统一思想、目标和要求，树立正确的安全理念；强化落实安全责任，夯实管理基础，抓教育、提境界，重培训、强技能，严排查、除隐患，揪细节、抓质量，把重点、严措施。以完备、严格的安全管理制度，合理、有效的激励机制，可靠、畅通的安全信息，全面、优秀的安全管理队伍，创新、实用的安全科学技术，和谐、规范的协调机制，为协作型联合体的稳定运行提供有力保障。

总之，协作型安全管理联合体的安全管理部门要与时俱进，带着可持续改进的态度来面对安全管理工作，充分发挥好“管理、指导、监督、协调、服务”的功能，并使之系统化、科学化，就能较好地为联合体稳定运行保驾护航。

四、昌平校区新情况下安全管理模式的设想

鉴于昌平园区新增教学单位，学生人数大幅度增长以及教学生活区域交叉等情况，园区安全稳定整体格局发生较大的变化。结合昌平园区安全稳定工作新变化的实际，为保障教学办公生活秩序正常运行，以达到园区安全稳定的目的，成立安稳工作协调机构，建立相应安稳工作机制。

1. 成立昌平园区安全稳定工作领导小组和领导小组设安稳协调办公室，领导小组组长和协调办公室主任都由北京智慧园区相应领导担任，便于协调各方。

2. 明确任务和职责。①安全稳定工作领导小组主要任务职责：负责园区安稳工作领导，掌握分析园区安稳工作情况，协调解决安稳工作中存在的突出问题，定期研究分析安稳工作形势，完善各种防范措施，预放、减少和杜绝安全事故的发生。②安稳协调办公室的主要职责：落实安稳工作领导小组的要求和意见，调解处理园区内发生的安全事故纠纷，负责园区协调安稳信息总结、汇总及信息报送工作。③各成员单位的主要职责：各成员单位作为各自安全管理的主体，建立完善的工作机

制，做到安全隐患定期排查、挂账管理、综合整治、倒查问责。建立健全安全隐患工作台账，按照“谁使用，谁负责”，“谁分管，谁负责”的原则，认真抓好整改落实。

3. 建立例会制度。

（1）园区安全保障工作领导小组例会制度。①无特殊情况，定于每个学期开学第二周星期三召开会议。总结上一学期园区安稳协调工作情况，研究部署本学期的园区安稳工作中有待改进和加强的工作。②会议由领导小组组长主持，会议内容由组长拟定，通常情况下，各成员单位总结上一学期园区安稳工作中存在的不足和取得的成绩，分析存在各种现象的原因。③重大工作视工作性质分别报联系园区职能部门领导和分管、联系校区的校领导研究决定。④由组长部署本学期园区安全稳定工作，并提出要求。⑤各成员单位无特殊情况原则上需按时参加。

（2）协调办公室例会制度。①无特殊情况，定于每个月第一周星期三上午9：00在昌平园区召开会议。总结上一个月常规工作协调、督导、落实情况，研究讨论本月的工作内容。②会议由协调办公室主任主持，会议内容由主任拟定，通常情况下，园区各成员单位总结上一个月校区协调工作中存在的不足和取得的成绩，分析存在各种现象的原因。③重要工作报园区安全稳定工作领导小组开会研究决定。④由安稳协调办公室主任布置本月协调工作，并提出要求。⑤园区各成员单位无特殊情况原则上需按时参加。

人本管理与以人为本
——兼谈北京联合大学外语教学服务管理

公共外语教学部 张殿恩

众所周知，现代管理的基本原理主要有：系统管理原理、人本管理原理、动态管理原理、效益管理原理。限于篇幅和时间关系，本文拟从人本管理与以人为本的角度，探讨高校大学英语服务问题。考察中外管理历史，“以人为本”是由中国古代先贤最先提出的，但是却并未在中国开花结果，而它在西方企业文化的适合土壤里生根、发芽、开花、结果。究其原因，在我国漫长的封建社会发展过程中，以人为本中的“人”始终停留在“民”的层面上。而且，“民”只不过是一个虚拟的“民”。中国古代的“以人为本”理念并不是指全体社会成员中的每一个人。通过对“人本管理”思想的梳理不难发现：以人为本的理念首先是在西方企业管理实践中发展并运用起来的，但是笔者认为服务理念在各个文化中都是存在的，它既是管理的精髓之一，也是人性的本质要求。

一、在人性假设理论中“人”的本性定位

关于“人”的理念认识，即人性假设是管理学的理论前提，任何管理理论与实践都是以人性假设为前提的。不同的“人性”

假设，对应着不同的管理理论和管理方法，亦反映了不同的相关理念。

20 世纪 30 年代以前的管理属于“物本管理”时代。这一时期的古典经济学家分别提出了“理性人”假设和“经济人”假设。“理性人”假设认为，任何人都充分理解自身利益所在，并试图谋取自身利益最大化。“经济人”假设认为人是理性动物，人的行为是理性思考的结果。人总是不断追求经济上的利益，金钱成为刺激人的积极性的唯一动力人会付出以获取最大利益。“理性人”假设和“经济人”假设都关注人和人的利益，主张人都是求利、求自利、求大利的，忽略人的社会、感情和心理方面的影响，把人当成物一样来对待和管理。

众所周知，人本管理思想产生于西方20 世纪30 年代。埃尔顿・梅奥经过八年（1924～1932 年）著名的“霍桑试验”，在 1933 年出版的《工业文明中的人性问题》中提出了“社会人”假设：工作条件、休息时间、工资报酬等方面的改变，都不是影响劳动生产率的第一位因素，而最主要的是管理者与工人之间、工人相互之间的社会关系，说明人不是“经济人”，而是“社会人”。人除了追求经济利益，还有社会、心理和精神的需要，即追求人与人之间的友谊、安全感、归属感和受人尊敬等，必须从社会心理方面寻找提高工人劳动生产率的办法。“社会人”假设开始把人当成“人”来看待和管理。

美国心理学家阿吉里斯、马斯洛、麦克雷戈等提出了“自我实现人”的假设，其中马斯洛的假设影响最大。“自我实现人”是指每个人都需要发挥自己的潜力，必须表现自己的才能；只有人的潜力充分发挥出来，人才会感到最大的满足。马斯洛提出需要层次论，对人的需要和发展规律进行了论述。“自我实现人”的假设开始对人的心理需要进行管理。美国学者德加・

沙因等人在20世纪六七十年代提出了“复杂人”假设，它认为人的需要和动机并非是单一的，而是复杂的。人的需要是多种多样的，是随着人的发展和生活条件的变化而发生变化的，需要的层次也不断改变。人会不断产生新的需要和动机，人的需要和动机相互作用，形成错综复杂的动机模式。由于人的需要不同、能力各异，要求管理人员根据不同的人、不同的情况，灵活地采取不同的管理措施，即管理方式是环境的函数。这就是“复杂人”假设所提出的对人进行动态的“权变式”管理。

中国学者近年来提出了“目标人”假设：人生的意义在于不断地实现心中的目标，并在实现目标的过程中不断形成和确立新的目标。人存在与生存、社会、自我发展有关的三个层次的目标。在一定条件下，管理的真谛在于发现人的目标，营造相应的环境，促使人为实现目标激发动机，进而影响态度和行为。“目标人”假设真正把人当成目的进行管理。“目标人”的人性假设为人力资源的开发提供了新视角：成就激励。

二、在人本管理的理论发展中，“人”的主体地位逐渐提升

管理学家把管理理论分为四阶段：古典管理理论阶段、行为科学理论阶段、人本管理理论发展完善阶段和人本管理理论的确立与新发展阶段。

1. 古典管理理论阶段。这一阶段是19世纪末到20世纪初形成的，虽然属于“物本管理”阶段，但是人本管理思想已见端倪。古典管理理论的代表人物是美国的泰勒和法国的法约尔。泰勒主张的科学管理原则在管理人员与工人之间均等地分配工作和承担责任等。泰勒高度概括了他的科学管理理论，他说明这不是一套效率机构，不是一套计件付酬的泰勒薪金制度，更不是一套奖金和红利制度，而是产业员工对工作和雇主的责任

方面的一种“完全的心理革命”同时，也是管理阶层对同仁、对员工的责任的“完全的心理革命”。由此可知，泰勒的科学管理已经开始重视人，并且隐含了许多人本管理思想，法约尔的人本管理思想比泰勒更进一步，他提出了组织管理的14条原则，即分工、权威、纪律、统一指挥、统一领导、个人利益服从整体利益、酬劳、集权、等级制度、秩序、公正、人员稳定、首创精神和集体主义，认为计划必须符合人的本性。

2. 行为科学理论阶段。在这一阶段，马斯洛需要层次论中的人本主义思想较为突出。他把人的需要分为五个层次，即生理需要、安全需要、社交需要、尊重需要和自我实现需要。这一理论反映了动机和需要在人类行为中的动力作用。需要层次论为人本管理的实施提供了理论指导，使我们能够针对人类的精神需要层次有的放矢地实施激励。

美国的行为科学家赫兹伯格专注于人性和激励的研究，提出了双因素理论，按其激励的功能不同，把影响人的积极性因素分为保健因素和激励因素。保健因素是指与工作环境或条件相关的因素。激励因素是指和工作内容相联系的因素。保健因素不能直接起到激励作用，但能防止人们产生不满情绪。保健因素改善后，可以消除不满情绪，但不能导致积极后果，而激励因素才能产生使工作满意的积极效果。管理者注重对人的精神激励，给予表扬和认可，给人以成长、发展、晋升的机会，这正是人本管理的核心所在。

美国的心理学家和行为科学家弗洛姆的期望理论把组织给予个人的报偿分为两类：一是最终结果，如食物、住房、物质财富、社会身份等；二是中间性、手段性、工具性的结果，如奖金、提升、表扬、就业保障、权力等。期望理论不仅考虑人的需要，而且考虑满足需要的途径及组织环境的影响，通过个人的需要与外界环境、机会联系起来，使个人因素与环境因素成为一体，有助于理解组织中个人的行为和动机。群体行为研究中的人本理论，具有代表性的是亚当·斯密的公平理论、阿吉里斯的个人与组织的融合理论和团体动力论等。这些理论的发展和研究使人本管理理论的应用性增强。

3. 人本管理理论发展完善阶段。主要是指第二次世界大战以后，管理学对人的研究更加深人和丰富。研究者们从社会系统角度，对组织和管理理论的一系列基本问题都提出了与传统组织理论完全不同的观点。他们主张员工既是一个完整的人，又是特定组织中扮演有限角色的组织成员，这就要求管理者要尊重员工的个性，他们还提出了权力接受论。管理者的权威取决于指挥下属的命令是否为下属接受，如果命令不被服从，权威就不存在了。个体的人具有自由意志，但他又受遗传、社会和环境中各个部门力量的影响。管理者要通过改变环境条件、提供恰当的刺激手段来影响和引导组织成员的行为。这把以人为本的思想纳入管理理论的框架之中，揭示了人在管理中的主体作用。

德鲁克认为“管理不是管理人”，管理是领导人，管理目标是充分发挥和利用每个人的优势和知识。企业越来越要采取“合作者”的方法管理“员工”，合作中所有合作者的地位都是平等的，不能向合作者发号施令，他们需要被说服。因此，管理者的工作日益成为一项“销售工作”。洛斯奇（美国）和莫尔斯（美国）分别于1970年和1974年提出了权变理论，认为人们的愿望和需要是各不相同的，管理不应采取千篇一律的方式，组织形式和领导方式要与员工的需要相结合，进行多变量的分析。

4. 人本管理理论的确立与新发展阶段。20世纪80年代以来，世界发生了巨大变化，产品的生命周期缩短，人们的需求结构变化，蓝领工人的比重持续下降，员工的自主意识不断提高，员工的积极性主动性的发挥程度成为企业竞争成败的决定因素。美国管理学界从 1980～1982 年推出了四部影响很大的著作：《工业理论——美国企业怎样迎接日本的挑战》《战略家的头脑——日本企业的经营艺术》《企业文化》《寻求优势——美国最成功公司的经验》。这些标志着人本管理理论的最终确立。

理查德·帕斯卡尔、安东尼·阿尔索两位教授合著的《战略家的头脑——日本企业的经营艺术》一书中提出了著名的 7S 模型：战略结构、制度、人员、作风、技能、最高目标，总结了“面向顾客、不断创新、以人为中心”等八大原则，为企业人本管理提供了依据。日本第 4 届世界管理咨询大会认为，21 世纪是保护环境和满足各种需求的世纪，企业的经营要做到：顾客满意、企业职工满意、经营者满意、社会满意、世界满意和地球满意，这体现了全方位的人本管理，在企业与顾客之间、企业与企业之间、企业与社会之间寻求和谐统一。

三、高校大学英语教学服务管理

从以上人本管理理论发展的历程可知，人本管理的实质是以人为本的管理，其特征是：把人作为组织的第一资源，把全体学生作为服务管理的主体，把组织内外利益相关者作为服务对象，把利用和开发组织的人力资源作为实现组织目标的主要方式，把组织目标和个人目标是否都能得到实现作为成功的标志，把思想理论体系和管理实践综合起来。把以人为本作为企业管理的理论应用到高校大学英语教学的管理，我们主张更应该是服务管理。

因为服务管理既是以人为本的具体体现，又符合服务经济的时代。北京联合大学校外语教学服务于 3 万学生，而全校本科学生设置两年的大学外语，专接本的学生也开设一年的课程。在学校党委和行政的领导下，我们本着以学校为本，结合学校地处首都北京的实际，凝练了大学英语教学“分级教学、分类拓展、协调发展、突出应用”的16字方针，从我校各个学院不同专业学生的需求、学院定位和首都及全国经济的发展角度，提供外语教学需求。

因此，我们做了如下的工作来提升服务水平：进一步规范课程统考，修订全联大期末课程统考工作方案。逐步统筹全联大课程重修、毕业生清考以及四级考试的考前辅导等工作。大学英语期末统考已经实施多年，2015年在原有基础上再次研讨课程统考方案，并根据国家四、六级考试在题型和各项权重等方面做出适度调整。此外，作为大学英语教学改革的重要组成部分，考试改革取得了初步进展。今年课程统考的命题采用了自主命题和题库抽题相结合的形式，自主命题部分加大命题量，为题库建设做出前期准备。由于分级教学的全面实施，本学期的命题工作量大大超过往年，全联大期末统考试题14套，统一阶段测验试题9套，非统考试题14套（含残障学生），试题编写、审核、校对以及试做的工作量之大可想而知。为了保证考试公平公正，同时保证考试的信度和效度，我们有针对性地召开了两次核心组会议，专门研讨统考命题事宜，还专门组织各学院核心组负责人封闭一天半进行全部统考试卷的审核和修订，最大限度地保证了试卷质量。

细化服务管理，采取了以下步骤，旨在提高服务学生的水平：

1. 经过三轮课程统考后，进一步细化课程统考方案和考试细则，修订全联大期末课程统考工作方案和阶段统测实施方案。

2. 2015 年课程统考的命题仍然采用了自主命题的形式，同时加大审核力度，为题库建设做出前期准备。为了保证考试公平公正，同时保证考试的信度和效度，我们又组织各学院核心组负责人封闭进行全部统考试卷的审核和修订，最大限度地保证了试卷质量。

3. 按照我校教育教学工作会议精神，外语部为落实“3 + X”考试，加强过程考核力度，组织讨论、制定大学英语课程过程考核方案。今年的过程考核采用统一考试和分时考试相结合。

4. 为保证过程评估以及以统一阶段测验和统一学生自主学习监控为核心的过程教学管理的顺利实施，充分发挥“大外语部”的业务统筹职能和联大大学英语教研核心组的具体教学组织职能，形成了更为具体的过程考核执行方案，取得了良好的效果。

另外，努力为学生提供“课下线上”的优质教学资源服务：以校外语部为核心，我们精心挑选了全校的外语骨干教师组成了“8 +17”人的团队，准备录制“大学英语Ⅲ教程”和“大学英语在线测试”，与 2014 年共同录制的课程，合计 24 个单元，在通过验收并取得良好成绩的基础上，全面推向学生，为学生的英语学习提供了良好的学习资源。

根据学校要求，我部面向全校 2015 届毕业生单独开设重修课。为解决课时紧、学生分散的困难，利用我部录制的课程录像，通过 BB 学堂为学生提供网络自学资源和环境。在有限的面授时间，老师针对学生自学中的难点和重点进行讲解、答疑。

根据我部年初制定的年度计划，同时受到已有成绩的鼓舞，我部已经开始继续《大学英语》Ⅲ级的录制工作，与之前完成的Ⅰ、Ⅱ级形成完整的体系，更好地彰显“课下线上”教学理念，为我校大学英语教学服务。

开设了“慕课英语 900 句”的全校选修课，为我校进一步推动“课下线上”的教学新模式探索了宝贵的经验。

以往重修辅导和毕业生清考一般是各学院自行操作。2015 年我们在这两方面加强联系，规范沟通，严格执行教务处相关文件，为下一步全面统一奠定基础。针对国家四、六级考试调整，我部组织第一教研室老师精心准备，深入研讨，针对今年 12 月份开始的英语四级考试改革，应广大学生要求，在校教务处大力支持下，面向全校学生举办了一天半的新题型辅导讲座，并实现了向全联大直播讲座。这也是联大自己教师首次面向全校学生开设四级辅导，取得了良好的效果。

以人为本正在给我们的工作、学习和生活带来活力。本着“以人为本、服务学生”的理念，我们继续深入贯彻以人为本的服务管理理念，这必将推动我校大学英语教学的改革和持续全面的发展。

参考文献：

[1] 陈晔：“论泰勒管理学理论中‘人’的因素”，载《管理》2009 年第 4 期。

[2] [美] 德鲁克：《21 世纪的管理挑战》，朱雁斌译，机械工业出版社 2006 年版。

[3] 韩丽杰：“西方管理理论的人性假设”，载《经济技术协作信息》2006 年第 34 期。

[4] 洪玲：“基于经济理论的理性人假设和利益场”，载《同济大学学报（自然科学版）》2008 年第 11 期。

[5] [美] 爱德加·薛恩：《组织心理学》，余凯成等译，经济管理出版社 1987 年版。

[6] 孙蕾："'目标人'的人性假设与成就激励"，载《商业研究》2001 年第 4 期。

[7] [英] 亚当·斯密：《国民财富的性质和原因的研究》，郭大力、王亚南译，商务印书馆 2008 年版。

国培基地培训实践工作浅谈

培训中心　郭向光

北京联合大学国培基地（以下简称“基地”）是教育部在北京市建设的职教师资培训培养基地，也是教育部在全国建设的近百个职教师资培训培养基地之一，依托北京联合大学丰富的教学资源，在承接教育部各项专业点建设、培养方案建设及年度培训任务中，获得了北京联合大学校领导及相关部门的大力支持，随着十二五工作的结束，十三五工作序幕的拉开，面对学校发展的新形势、新任务，基地在北京联合大学整体建设中如何定位、发展是国培基地在新形势下亟须解决的课题。

一、国培基地的发展情况

1. 出色完成各项培训任务。1999 年 11 月，北京联合大学基地有幸成为教育部首批重点建设的 20 个职教师资培训基地之一。2011 年，国培基地通过了教育部对基地进行的全面评估。也说明了国培基地建设成果获得了教育部的认可。2012 年至今的十二五期间，国培基地的建设又获得了长足的发展。基地先后培训来自全国各地的中职专业骨干教师三个专业 306 人，根据各专业培训课程内容，积极利用校外资源，把相关专业知名的专家、学者、行业先锋请进校园，聘请他们作为我们的社会名师为学员授课，让学员了解到目前最前沿的行业动态和舆情。

针对培训学员来自中等职业院校的特点，基地聘请北京地区相关中等职业院校的校长和教学骨干来校授课。基地还积极落实让“学员走出去”的培训方针，即安排学员到这些学校听课、观摩，与中职学校的教师进行交流研讨。既包括讲座、指导、讨论等形式多样的教学形式，还包括到企业实地参观、考察，与行业交流互动等环节。满足了学员希望多接触企业实践，在企业实践中锻炼成长的目标。

通过请“专家走进来”讲课，让“学员走出去”学习实践，出色地完成了专业点建设、教学资源开发、培训方案建设和年度培训任务，培训效果良好，获得参培学员的广泛好评，学员评教的综合分数连年上升。

2. 积极申报了各类专业建设项目。基地不仅每年成功申报教育部的各个专业的培训项目，还结合国培项目，积极申报北京市教委的教育教学科研项目，多方调研，深入思考，加强了专业建设研究的力度，拓宽了项目培训的思路，提高了职教师资培训水平，有力地加强了基地建设工作。在此基础上，基地积极申报教育部的相关建设项目，先后成功申请并获得 3 个专业点建设项目、1 个培养资源开发项目，共计 750 万元的立项支持。各专业点建设项目在建设完成后，配合了各有关学院的专业建设，培训受益群体不断扩大，获得学员高度认同。比如，旅游服务与管理专业点建设项目建设完工后，不仅满足了教学的需求，同时面向在校师生举办了多种多样的培训，达到了专业点建设的目标。2014 年、2015 年共开班 19 期，近 500 人次参加培训。基地的使用率达到 90% 以上：在教学方面不仅完成了餐饮系的调酒、茶艺、餐饮礼仪课的教学，还与学生处共同完成了学生创新实践项目；在培训方面受汉办委托开展了外国记者中餐体验培训，举办了茶道养生培训、烘焙亲子班、中华传统小吃制作培训，还为提高学生的人文素质开办了烘焙兴趣班、调酒兴趣班、咖啡兴趣班、巧克力制作兴趣班以及茶艺兴趣班等；在职业技能培训方面还承接了茶艺、调酒的职业技能考试、营养配餐员培训、中式烹调师考评员培训等。

3. 加强与行业、企业交流合作。基地依托北京联合大学相关学院的特色专业，与多家企业建立了良好的合作关系，并根据基地的需求与企业开展了丰富的合作内容。在校企合作方面，依托众多企业的支持，培训基地建设了一批适合中职师资专业培训需要、有实质性合作、专业对口、相对稳定的校外实习实训基地。

在合作过程中，企业为基地建设提供意见参考，共同制定更为科学合理、适应社会需求的培养方案；共同参与人才培养，实现了深度合作。而基地通过邀请高水平的行业专家，为企业提供了更多更有效的资讯与建议，企业也受益良多。企业为学员提供参观和实习的机会；企业根据基地的需求，选派专业人员为学员进行讲解和培训；企业也将学员需要的资料实现资源共享。在基地进行各类涉及面较广的项目调研过程中，企业也能与基地共享调研成果。

4. 创新教师培养培训多种模式。团队建设成为基地培训方案的第一大特色：各地至基地参培的学员均已成年成家，离家来京较长时间，很多学员家中或单位都有各种各样无法想象的困难，学员培训期间的心态往往不容易进入最佳状态。为此，基地将心理辅导和团队建设课程引入培训内容中，帮助学员尽快彼此熟悉，树立积极正面的学习态度，了解每一个学员的诉求，对迫切需要了解和解决的问题及时给予答复和解决。同时，以此活动为范式，为学员回本地教学提供了新的课堂模式，学员积极性增加，精神面貌明显改变，彼此关系更融洽。为良好的后续培训效果打下了坚实的基础。目前，以团队建设促进学员主观能动性，已成为基地培训特色之一。

交流分享是基地培训质量的重要保障手段：基地始终坚持平台建设方针，坚持为参培学员提供一个可以相互交流沟通的平台，而不仅仅是一次性地为学员进行培训。通过建立 QQ 群、微信平台等方式，基地把参训学员牢牢地吸引在平台之上，为学员参训期间的分享，训前或训后的资讯沟通等都提供了极大便利，同时，基地自身能够为学员提供的服务也通过平台效应分散到全国各地。特别是参训期间，基地会以座谈的形式，在学习的不同阶段组织不同内容的交流分享活动，为学员搭建相互沟通和学习的平台。在刚开始的活动中，学员逐一介绍各自所在学校及专业发展的现状、讲述工作中的困惑、提出本次学习的目的和对基地给予的期望。在随后的阶段，大家交流听课心得、分享学习经验。在活动中，基地为学员提供了展现个性、直抒胸臆的机会，让大家在平等的交流中获得多个不同的视角，碰撞思想、沟通情感。通过交流分享的模式，一方面拉近了学员之间的心理距离，提高了学习热情；另一方面，基地的老师也可以更及时地了解学员的需求和思想动向，有利于基地后续工作的组织与安排。这种模式的建立，有助于彼此之间的相互理解，为构建和谐向上的学习环境打下良好的基础。

通过不断的交流、分享，特别是为学员参训前或参训后继续与同伴进行交流、分享提供便利，北京联合大学国培基地的平台化效应正在不断地凸显。

调研环节是基地打造学员实践能力的创新举措：为了提高学员自主学习的能力，基地专门设计了调研环节，让学员充分利用来到北京的机会，深入挖掘适合本专业发展的社会资源，努力钻研，从而达到更好的学习效果。例如，针对学前教育专业设计的周边学前机构调研活动，要求学员以家长的身份走访自己感兴趣的学前教育机构，通过询问办学理念、授课方式、教学方法、课程教材、收费情况、与家长的交流反馈等，了解北京学前教育机构发展的现状、从业者要求、教师需求等。学员再结合各自当地学前教育的具体情况，通过分析和比较，形成观点，提出意见和建议，并在基地组织的研讨交流时与大家分享。学员通过调研，走出学校，积极深入到社会一线，了解北京学前教育发展的新情况、新问题、新理念、新方向，完成自主学习的过程。调查研究的目的是为拓宽学员的视野、培养学员自主学习的习惯，使大家在新方法的尝试中提高了学习能力。

说课评课是基地保障培训效果的关键环节：说课评课是基地一直在坚持的重要培训内容。在每期学员培训即将结束的最后一周，基地会组织学员提前准备教案资料，聘请校内外专家进行点评，对每个学员都进行教学过程的辅导。对说课、评课环节的每个表现都会进行记录，通过打分表进行体现。最终人人过关，人人受益，学员之间通过听与说，达到互相交流、互相促进的目的。

5. 服务职业院校师资队伍建设。基地在国培办公室的指导下，坚定不移地立足于服务职业院校师资队伍建设。在每期国家级培训工作基础上，积极协调优秀师资，为职业院校师资提供更多培训培养服务。特别是在职业院校教师获取专业资格证书方面，基地与有关方面合作，先后组织了高级育婴师培训、奥尔夫音乐教师资格培训及认证、蒙台梭利专家资格培训及认证、电子商务高级指导教师培训及认证等一系列专业认证培训，极大地促进了职业院校师资队伍在实践应用能力方面的提高。通过在企业实践环节嵌入相关资格认证培训及认证，把企业实践与教师技能的提高有机融合，深受学员喜欢，这也成为基地的重要培养特色之一。

6. 研究成果扎实显著。在各类培训以及项目研究的过程中，基地取得了丰硕的研究成果。特别是职教师资电子商务专业资源开发项目。2012 年由教育部、财政部联合发布《关于实施职业院校教师素质提高计划的意见》（教职成［2011］14 号），意见提出实施职教师资培养培训建设项目，具体开发 100 个职教师资本科专业培养标准、培养方案、核心课程、特色教材。2012 年基地申报并成功获批职教师资本科电子商务专业培养资源开发项目（项目编号：VTNE078）。项目历时三年，完成了职教师资本科电子商务专业的 3 个标准（包括《专业教师标准》《培养标准》和《培养质量评价标准》），7 本教材，12 门教学大纲以及配套的 PPT、试题、习题、微课、视频等大量课程资源。2015 年 12 月该项目顺利通过教育部验收，获得了教育部评审专家的充分肯定，项目成果将在项目办指导下进一步完善、出版、推广，为全国职教师资培训提供更多支持。

还必须提到的是，由于基地培训工作扎实有效，深获教育部认可，2015 年，教育部将申报职业技术教育专业硕士的有限机会投放到我校。基地从学校大局出发，积极向主管校领导汇报，经过学校统筹协调，最终成功获批，为我校硕士教育拓宽了专业方向。

根据学员参培 3 ~5 年后的不完全问卷调研，①目前从事专业情况中，有 90% 的学员参训后仍然从事自己的专业，说明参加过国培的学员工作基本稳定，敬岗爱业。未从事国培培训专业的部分学生，有一部分教师转入管理岗位，担负了更重要的管理职责，这也是基地国培工作成效的体现。②对比参培前后职称情况，初级参培学员的 32.4% 升为中级职称，中级学员

10.6%升为高级职称。③学员参培后，有53.5%发表过相关研究论文，63%获得过有关竞赛的奖项。经过对比发现，科研能力较强的老师在参与各类竞赛中获奖比例也相对较高。④回访中，大部分学员都认为基地提供的培训对他们帮助很大，而在参培期间与其他地区的学员沟通、交流，听名师讲解，到企业实践都是他们特别受益的地方，这也充分体现了北京联合大学国培基地作为一个平台，为参培学员提供了较大的帮助。

综上，在培训中加强研究，以研究来引领培训，基地在培训与研究的良性互动下得以顺利开展各项工作，并为学校的专业建设与发展提供了助力。基地正是在这样的运行机制下得以平稳发展。

二、国培基地在学校的定位思考

1. 基地工作是学校整体工作的重要组成部分。基地坚持在主管校长领导下的基地自身建设工作。目前组织结构图如下所示：

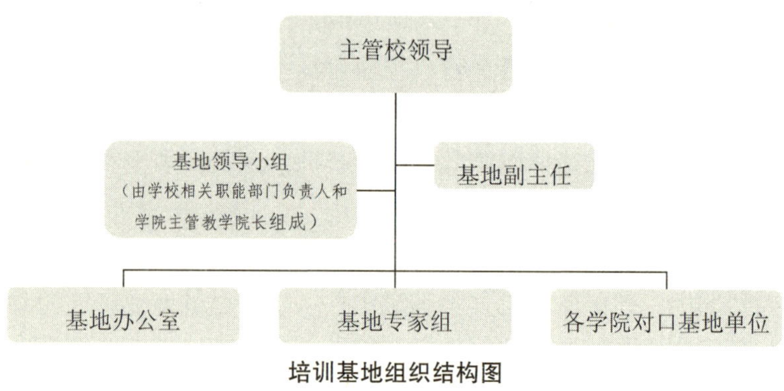

培训基地组织结构图

在日常管理过程中，基地充分总结，及时调整，把原先层级较多的管理体制尽量向扁平化管理靠拢，通过基地办公室统一协调校内各部门及有关教学资源，实现了整个管理体制的高效运行，在基地运转的效率与成本上，都有较为明显的改善。

同时，为了加强基地的力量，基地依托校培训中心，积极在校内利用学院学科专业调整等因素，寻找人才、发现人才，充实了基地人员配置，实现了基地成员老中青的有机结合，为基地在“十三五”期间的健康发展奠定了良好基础。

在主管校领导支持下，由基地副主任带队，积极到兄弟院校及有关国培基地进行调研学习，多次学习兄弟院校在师资培训基地的培训管理模式、日常运行管理、实习实训管理、管理人员设置、师资队伍等方面的优点，汲取了兄弟院校在师资培训基地的专业设置、培养方案设计、培训课程及教材开发、实训课程、教材开发以及社会培训项目开发和运行方面的先进经验，获得了不少宝贵经验。同时与在京的有关国培基地紧密联系，在学员培训培养方面共同研讨，取得了很多共识，对国培质量的提升起到了极大作用。

如2013年11月6日，北京联合大学培训中心组织北京联合大学全国重点建设职业教育师资培训基地的管理人员、相关专业教师和部分继续教育管理干部赴天津大学教育学院学习交流并获得了兄弟院校的宝贵经验。

2. 基地工作是学校实现人才培养、社会服务功能的重要窗口。基地面向全国各地的职教师资力量，利用学校优势教学资源，响应教育部对职业教育发展需求的关切，在优势学科专业上不断整合校内外资源，实现了服务社会，培养人才的重要平台效应。它不仅把全国各地的学员集中到北京来接受各种学科视野的拓展、专业水平的提高，更是为学员提供了相互交流沟通的平台，为各地职业教育资讯的畅通分享提供了便利条件，实现了优势互补的效应。人才培养的重要组成部分就是培训，基地通过培训兑现了人才培养的责任和义务。

基地同时也是学校实现社会服务功能的重要窗口。通过组织各级各类培训，基地利用自身的专业资源，为社会上需要相关培训的人员提供了性价比较高的培训服务，通过监控培训效果，实现培训工作水平的提升，同时为学校美誉度的提升贡献力量。譬如，为学校的战略合作伙伴提供高品质的专业人才培训，利用暑期协助中国智协举办“六助一”项目专业培训班等。

3. 基地是学校本科教育与专科教育及专业硕士教育的重要接口。学校通过学科整合，院系调整，目前除了本科学院外还拥有一个高职学院，同时，学校研究生教育正在大力发展专业硕士培养。高职学院及专业硕士都要求加强学生的实践性。基地长期以来在教育部职成司、教师司领导下所做的实践类培训、建设工作为学校加强学生实践性培养提供了良好的基础。同时，学校作为应用型大学，本科教育也要求加大实践培养力度，基地的实践性与学校的发展要求高度契合。特别是电子商务专业的建设，学校从高职到本科再到专业硕士，已经形成了高本硕衔接的培养机制，基地刚完成的中职电子商务专业本科资源开发项目，面向对象以中职院校为主，由此，形成了中高本硕衔接的一体化培养机制，在全国的院校培养体系中，目前尚未看见如此成体系、规模的先例。应对当前职业教育高速发展，教育部大力倡导的教育形势，更具有非常重要的意义。

三、国培基地的发展思考

通过对国培基地在学校发展中的定位思考，可以看出，国培基地的发展必须纳入学校整体发展的框架中进行统筹考虑。

1. 国培基地是实践资源整合的重要抓手之一。根据学校应用型大学的发展思考，以及国培基地培训工作的实践要求，加大培训培养实践基地的建设力度，统筹学校高职、本、硕实践应用基地的协调建设，利用国培基地作为抓手，把各培养层次的校内外实践培养基地建设需求充分协调统筹。最起码，可以选择特色专业如电子商务、旅游服务与管理、学前教育及特殊教育等进行特色建设、品牌建设。同时，通过统筹，可以更好地整合资源，向教育部申请更多的专业建设项目及资源开发项目，也能够更好地支持学校的专业、学科发展。

2. 国培基地是沟通交流的重要平台之一。利用国培基地辐射全国各地职教师资的功能，把学校专业硕士的招生需求与全国职教师资中的学历提高需求更好地匹配，从而更好地配合学校“十三五”规划中专业硕士的培养发展要求。在国培基地的实践过程中，各地职教师资对学历提高的需求非常强烈，2015年，教育部专门支持职业技术教育专业硕士的申报，也是对此需求的积极回应，而申报的信息渠道通过部分职教师资培训基地下达，也充分表明了国家对职教师资培养的态度，因此，利用好国培基地这个平台，将是“十三五”期间提升学校应用性实践培养的重要渠道。国培基地作为交流平台，可以把相关专业的名师、专家请进校园，把行业、企业有关资源引进课堂，实现学校专业、学科与社会资源的更有效结合，拓宽学校应用性人才培养渠道。

3. 国培基地是加强实践类教师培训的有效补充。目前校内教师培训由教师发展中心负责，但该类培训主要是以教师师德培训、理论培训为主，对组织进行应用性、实践性较强的专业培训有一定的先天不足。各学院自己对教师的专业实践内容有培训，但以教师自己完成为主，而让教师自己去找企业进行实践实际上存在一定的困难。国培基地面向校内外进行实践类培训培养，在重点针对校内班的基础上，面对校外扩大成班基础，能够保质保量为专业教师提供更好的服务，是教师发展培训的有效补充，如果能在全校培训统筹中提供专项经费，该类培训一定会更有成效。同时，也会使校外实践应用性基地建设得到极大加强。再如电子商务专业，依托国培基地所在培训中心以及电子商务行指委秘书处，如果能够结合学校的创新创业实践，建立一个长期稳定的电子商务专业实践平台，对相关专业的教师培训、学生培训一定能够提供更大的帮助。

综上，国培基地经过多年发展，得到了上级管理部门的高度认可，为北京联合大学的发展贡献了应有的力量，在学校新的发展时期，国培基地一定能够为学校争取更多更高的荣誉，同时，基地自身也会获得更多更好的发展机会。

如何更好地发挥学报在应用型大学建设中的作用

学报编辑部　李亚青

应用型大学是适应时代科技化，高等教育大众化、普及化趋势，与经济、生产第一线和地方大众生活紧密联系并为之直接服务，在内部设置及其结构上不同于传统大学的新兴大学。作为由这类型高校主办的学报，必须紧跟学校的发展，从办刊宗旨、办刊定位、编辑方针、出版策略等方面为学校发展应用型教育、培养应用型人才服务，构建起应用型大学学报的特色。

一、学报与应用型大学建设

高校学报的基本性质是“学术理论刊物”，基本功能是“反映本校科研和教学成果”。著名学者蔡元培先生也曾说过，学报是“借以报告吾校现状于全国教育界”，“吾校现状”在这里指吾校的学术现状、吾校的教学科研现状。各高校办学宗旨、办学定位、办学层次有所不同，必然地，学术、教学科研现状也就不同，从而学报也有所差别。大学的办学宗旨是大学办学理念的结晶，是大学的灵魂，是一所大学办学特色形成的基石，支配着大学的发展方向。在我国，从一般的意义上讲，大学的办学宗旨是为社会培养所需要的人才，传播和创造科学与文化。随着我国高等教育由“精英型”教育逐步走向大众化阶段，不同类型、不同层次的高等学校应运而生。学校类型不同、层次不同，必然地，需要有各自独特的办学宗旨，从而形成具有竞争力的办学特色。

如果说办学宗旨是大学办学理念的结晶，是大学的灵魂，那么办学定位就是学校改革和发展的基本依据，是提高学校办学水平的出发点。每一所大学都需要在国家教育方针、政策和政府主管部门的宏观指导下，确定自己在高等教育系统中的位置、层次、学科领域、服务面向等涉及学校建设和发展的重大问题。大学准确定位，既能为学校的发展找到最适合的空间，又能激活高校之间的竞争力，进而推动我国高等教育事业的健康快速发展。

以北京联合大学为例，提出“发展应用型教育，培养应用型人才，建设应用型大学”的办学宗旨和“面向大众、服务首都，应用为本、‘三教’统筹，高职特色、争创一流”的办学定位。这样，北京联合大学学报就应该也必须对此做出反响和回应，从办刊宗旨、办刊定位、编辑方针、出版策略等方面进行相应的调整，充分体现其“反映本校科研和教学成果”的功能。

二、学报要与应用型大学学科建设紧密结合

学科建设是高校长期的、带有根本性的战略任务，是高校工作的中心环节。学报要办出特色，必须以本校的学科、专业为依托，依靠各学科的学术带头人和骨干教师，发挥学校的学科优势，反映学校有特色的重点学科、新兴学科的研究成果。重点学科是学校教学和科研的优势所在，往往在国内外或是本行业有相当的影响。为支持、推动重点学科向纵深发展，学报应根据学校学科建设和发展的需要，对重点学科给予设立专栏、进行系列报道，对其产生的重大科研成果予以优先发表的倾斜，使这些学科形成群体力量和特色，从而使学报也具有了优势和

特色。如《北京联合大学学报》以学校强势学科为依托，以学校特色专业为基础，以迅速发展的智能科学与信息科学为核心，特别是密切关注我校智能车无人驾驶新技术研究方面的进展与优秀成果，以及目前我国政府正在积极倡导推动的京津冀协同创新一体化发展，建构起智能控制与智能计算、京津冀协同创新等新栏目；积极发挥学报的功能以支持学校的学科建设，同时，学科建设也反过来促进了学报办刊质量的进一步提高。

三、学报要与学校重点科研项目紧密联系

重点科研项目往往是经国家或省部级单位立项，并给予专项经费资助的项目。这些项目在立项之初，就经过了严格的论证，大多都有着极强的学术价值，而且重点科研项目往往会集聚一大批学术精英，在项目研究过程中，需要攻克许多难关，形成数量较多、水平较高的力作。因此，学报应密切跟踪这些重点科研项目的研究进展，参加这些科研项目的成果报告会、鉴定会等，积极反映这些项目的阶段性成果或最终成果。通过这些活动，使编辑人员了解到学科发展和科研的最新动态，加强了同学术界的交流，取得了第一手资料，为下一步稿件的编审工作提供了客观依据。

事实上，每项科研从开始到结束都离不开期刊，科研开始时需要从期刊查阅大量资料，了解信息，确定突破点。科研结束，大多数成果都需以论文的形式发表，通过信息传播，使成果被众人了解、承认，产生经济效益和社会效益。学报是展示学校教学、科研成果的窗口，是各学科、专业交流信息和研究成果的基地。由于学报往往是综合性学术期刊，其学科范围广，从学报中可得到多学科、多专业的信息，可从广泛的知识领域中得到启发，寻找新的课题，冲出学科和专业界线。现时的科

研项目单靠一个学科专业领域来完成已缺乏竞争力。科研需要跨专业联合，学报具有联结智力，促进多学科协作攻关的作用。

四、学报要关注新兴学科

随着科学技术的发展，社会经济的变化，学科发展也需要作相应的调整；根据市场需求、多项攻关项目的需要也可能形成新的学科群，学报对此应大力扶持。新兴学科在建立时间较短、力量比较薄弱的客观条件下，人们对它的初步研究成果还不能充分认识，这些成果要在校外较高级别的刊物上发表可能比较困难。学报在这方面应独具慧眼，对于这样一些具有潜在价值、特别是应用性价值的新兴研究成果，及时地提供便利条件，通过设立专栏、系列刊载等形式给予发表或报道，扩大其影响。

五、学报要与区域经济建设紧密结合

21 世纪是一个充满机遇与挑战的世纪，是一个完全开放的信息化时代，学习、交流、合作和竞争成为最基本的时代潮流。在这样的大背景下，应用型大学学报不能关起门来，只关注学校的教育、科研发展，而必须与当地经济建设紧密结合，以开放性的理念办刊。一方面，立足本地区，针对地方经济建设中的重大问题及热点、难点问题制订选题计划和积极组织稿源，为地方经济和科技的发展发挥应有的作用。这种有目的的组稿，能吸收校内外共同的力量，有利于形成一批水平较高的成果。另一方面，充分利用学报社会联系广泛、信息渠道畅通的优势，积极为地方企业和有各种专业特长的学校教师牵线搭桥，想企业之所想，急企业之所急，帮助企业获得他们急需的人才、技术和信息，帮助学校的教师获得发挥自己才干的广阔天地。企业通过高校的专家、学者，解决了生产中的难题；教师在为企业服务的过程中，积累起丰富的经验和大量信息，从而可以进一步充实、完善教学内容，也使科研攻关能力得到了极大的锻炼和提高，实现了企业、学校和教师共同受益、共同发展的良性循环。

六、学报要与地方文化发展紧密结合

应用型大学学报应借助自己了解和熟悉地方文化的优势，组织开展对地方文化的研究探讨，从文化中寻找出有利于地方经济发展的因素。通过充分发掘和利用本地区的文化资源，将地方的文化资源优势转化成经济资源优势，更进一步地服务于地方的经济建设。如：《北京联合大学学报》借助自己坐落于首都北京的优势，设立了“北京学研究”栏目，通过发表有关北京历史文化、城市建设、经济发展、社会问题及北京学理论探索等方面的论文，将首都北京的文化资源、文化优势转化成经济优势，形成北京经济发展的新的生长点，从而把地方文化与地方经济建设紧密而有效地联结在一起，使地方文化的价值得以充分发挥和体现，也使学报更具有竞争力和生命力。

七、学报要与应用型大学建设紧密结合

目前，在全国范围内，应用型本科教育已得到大家的普遍支持与肯定，为了更好地办好应用型大学，还需要进一步交流和研讨。应用型大学在办学理念、学校发展模式、师资队伍建设、评价指标体系以及科研与教研等方面都与传统大学有区别，应用型大学学报作为阵地，应开展这方面的研究，将在建设应用型大学过程中的成功经验、实践探索以及特色在此宣传、推广，进一步推动应用型大学建设的深入进行。《北京联合大学学

报》结合我校的特点，在我国高等教育由规模发展转向内涵发展的现阶段，开设了应用型大学研究、特殊教育等栏目，积极主动地为学校的学科建设、科研发展服务。实践证明，在建设应用型大学的过程中，它发挥着不可替代的作用。

信息安全的发展与建设研究

信息网络中心　薛鹏

随着网络应用服务日趋丰富、应用服务范围全面渗透，信息安全的重要性日益突出。网络信息应用对安全需求的持续高增长与信息安全本身的发展状态始终是业内呈现的一对主要矛盾。因此，信息安全问题已成为全球关注的主题。与此同时，漏洞扫描、Web 防火墙等信息安全技术和产品不断涌现，容易给人们造成某种错觉，似乎足够的安全技术和产品就能完全保证信息安全。问题远没有想象的简单。

首先，许多安全技术或产品远未达到需要的标准。例如，主流的企业级操作系统不断被发现存在安全漏洞；互联网上大约 25% 的防火墙被攻破。其次，即使网络设备指标达到了安全需要标准，若管理不当，还是不能充分实现安全需求。例如，许多单位只是通过购买安全设备进行不太具有针对性的网络系统加固，安全管理过程存在缺失；因用户意识淡漠，密码口令的泄露将导致网络身份认证机制完全失效等。

上述两方面是信息安全面临的两个基础性问题，由此指明了当前信息安全建设的两大主线：在依靠技术获得整体的信息安全的同时，需要有效的安全管理，两者互为支持和补充。本文将从信息安全的发展视角较为全面地勾勒思想和实践的历次跨越，将有助于更立体地理解信息安全建设，站在高地谋划与布局信息安全保障实施。

一、国内外信息安全发展

信息安全的概念历经从浅入深、由片面到全面、由离散到整体的发展历程。业内普遍认为，信息安全的发展可以划分为三个阶段，即通信安全阶段、计算机安全和信息安全阶段、信息保障阶段。

1. 通信安全阶段。这一阶段起源于计算机问世之初，主要标志是1949年信息论创始人Shanon发表论文《保密系统的通信理论》。1975年1月，美国国家标准局（NBS）公布《国家数据加密标准》，并由美国国家标准局颁布为国家标准，这是密码术历史上的里程碑事件。随后的1977年，美国里维斯特（Ronald Rivest）等提出了第一个较为完善的RSA公钥密码体制。

贯穿整个通信安全阶段，研究的关注对象主要为军方和政府，所面临的主要安全威胁是搭线窃听和密码学分析，需要解决的问题是在远程通信中拒绝非授权用户的信息访问以及确保信息的真实性。本阶段信息安全的内涵就是通信保密，采用的保护措施是数据加密。

2. 计算机系统安全和信息安全阶段。20世纪70年代，信息安全过渡到了计算机安全阶段。此阶段的信息安全研究目标扩展到信息系统的安全。随着数据库技术广泛应用，信息安全概念从仅注重保密性扩充到完整性，访问控制技术变得更加重要，出现了一系列突破性研究：最早的成果是1969年由B. Lampson提出的访问控制矩阵模型；为增强授权的灵活性，20世纪90年代业界提出了把许可权与角色联系在一起的基于角色的访问控制RBAC模型，即不把系统操作的各种权限直接授予具体用户，而是在用户集合与权限集合之间建立角色集合，每一种角色对应一组权限。

因信息及信息技术具有相当的敏感性与特殊性，信息产品及由其构成的信息网络系统是否安全可靠成为信息安全的又一重要课题，而问题解决首先就需要对信息网络实施“体检”，即发现安全问题。因此，在这一阶段多个国家纷纷启动了围绕信息安全评估领域的研究：编制和颁布安全标准，以系统评估安全状况。

20 世纪 70 年代初，美国国防部就开始对计算机安全评估标准进行研究，其中的里程碑事件是 1985 年 12 月美国国防部发布《可信计算机系统评估准则》（TCSEC），又称橘皮书，该标准是计算机系统安全评估的第一个正式标准。TCSEC 的设计初衷是针对操作系统的安全性进行评估，其最初只是军用标准，后来延伸到民用领域。在此之后，美国国防部又陆续发布了可信数据库解释、可信网络解释等一系列相关的说明和指南。因这些文件发行时封面为不同颜色，故常被称为“彩虹系列”。

20 世纪 90 年代初，英、法、德、荷四国在吸收了 TCSEC 经验的基础上，提出“信息技术安全评估准则（ITSEC）”，俗称白皮书。其中首次提出了信息安全的保密性、完整性及可用性等概念，将可信计算机的概念提高到可信信息技术的高度。

为了建立一个各国都能接受的通用的信息安全产品和系统的安全性评估准则，1993 年 6 月，美国政府同加拿大及欧共体共同起草单一的通用准则——CC 标准，并将结果作为对国际标准的贡献提交至国际标准化组织（ISO）。1999 年 12 月 ISO 在修订后正式将 CC2.1 版颁布为国际标准 ISO/IEC 15408 标准。这一国际标准中充分突出“保护轮廓”，将评估过程分为“功能”和“保证”两个部分。此国际标准是当前最全面的信息技术安全评估准则。

英国在这一时期开展了总体侧重于管理的信息安全研究。值得一提的是英国标准协会（BIS）于1999年制定了目前在国际上具有广泛代表性的信息安全管理标准，此标准随后被ISO/IEC正式采纳为国际标准《信息技术－信息安全管理实施规则》(ISO/IEC 17799)。

中国自这一时期也启动了围绕信息安全管理评估的系统研究和实践。1999年9月，国家质量技术监督局颁布了国家强制性标准《计算机信息系统安全保护等级划分准则》(GB 17859－1999)，并于2001年元旦始实施。此标准将安全保护等级分为五级。2001年，中国直接等同采用ISO/IEC 15408国际标准为GB/T 18336。2002年，中国公安部围绕管理的现实要求制定了行业推荐标准《计算机信息系统安全等级保护管理要求》（GA/T 391）。

21世纪初，人们对安全要求的关注对象逐步从计算机转向信息本身，需要保护信息在存储、处理或传输过程中不被非法访问或更改，确保对合法用户的服务并限制非授权用户的服务。信息安全的概念中增加了信息和系统的可控性、信息行为的不可否认性要求，即保护和防御信息及信息系统，确保五个方面安全可靠：保密性、完整性、可用性、可控性及不可否认性。

3. 信息保障阶段。20世纪末21世纪初，信息系统遭受攻击频繁，网络黑客和病毒技术层出不穷，形式多样。人们认识到任何单一的信息安全技术和手段都存在弱点，需要寻找一种可持续的保护机制，对信息和信息系统进行全方位的、动态的保护。其实，早在1989年美国卡内基·梅隆大学计算机应急小组就开始研究了如何从静态信息安全防护向动态防护转变。美国国防部在吸收这一思想后于1995年提出了“信息保障”（IA）概念。1996年美国国防部在令S－3600.1对信息保障作出如下定义：保护盒防御信息及信息系统，确保其可用性、完整性、保密性、可认证性、不可否认性等特性，提出信息保障的 PDRR 模型（如下图所示）。

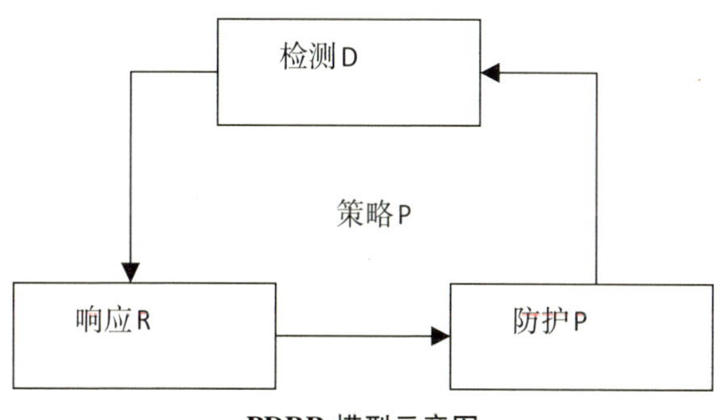

PDRR 模型示意图

安全已不仅限于信息的保护，人们需要对整个信息和信息系统进行保护盒防御，包括保护、检测、反应和恢复总共 4 个动态的信息安全环节。在信息保障研究中，美国军方始终走在前列。1998 年 5 月，美国国家安全局 NSA 制定了《信息保障技术框架》（IATF）的 1.0 版本，随后又推出了 2.0、3.0 等修订版本。2000 年 9 月，考虑到安全的整体性，美国制定并颁布了《信息时代的关键基础设施保护》。在信息保障阶段，国际标准化组织继续细化信息安全管理标准，推出了 ISO27000 标准簇。ISO/IEC27001 即是前文提到的 ISO17799 在该阶段的修订版本。

同时，中国在这一时期在引进 IATF 和 ISO27000 系列标准的基础上，由中国公安部于 2008 年编制并颁布了侧重于实施层面的《信息安全技术信息系统安全等级保护定级指南》（GB/T 22240）、《信息安全技术信息系统安全等级保护基本要求》（第三版）（GB/T 22239）。特别在 GB/T 22239 中，每一等级都对应由技术与管理构成的十大安全域，而根据不同等级每个域设有若干控制点。同年，国家启动了符合 ISO 27001 标准的信息安全管理认证工作。

信息保障与以往信息安全最大的区别是更加重视系统的入侵检测能力、系统的事件反应能力以及系统遭受破坏后的快速恢复能力，重点关注信息系统整个生命周期的防御和恢复。

参考以上标准规范，在信息安全建设工程实施中，首先具有横纵交织的防御体系思想：构建横向覆盖物理、网络、主机、数据、应用等关键域、纵向从制度、流程到表单的三级粒度的安全体系。同时，关注横纵层面和功能之间的连接、交互、依赖、协调、协同等相互关联，尤其是关键域的建设需建立在安全强度一致的基础上，避免不经论证主观色彩浓厚的分散建设。工程实践中，抵御攻击和快速恢复是信息安全建设的并行目标和切入点。

二、信息安全的最新发展趋势

在信息技术高速发展的背景下，网络应用和普及引发的技术和应用模式的变革推动着信息安全的不断创新，促使信息安全的内涵持续拓展。根据目前国际发展趋势，移动网络、以动态服务计算为技术特征的“云计算”应用日趋成熟，其在诸多领域的应用初见端倪。它们的出现是信息技术领域的重大变革，这种变革也为信息安全领域带来了巨大发展契机。

安全工具趋向集成化和强针对性。多种单一功能的信息安全技术与产品向多种功能或融于某一信息产品的信息安全技术与产品的方向发展。例如防火墙就已研制出增加防病毒、加入虚拟专用网络（VPN）、加入入侵检测系统（IDS）以及安全网关、主机安全防护系统及网络监控系统等多种功能于一身的产品。具备强针对性的专用安全工具则是针对某些影响范围广、危害严重的少数类别的威胁。如专门针对分布式拒绝服务（DDoS）攻击的防范系统、内网非法外联系统、便捷的安全U盘等。

同时，基于管理思想的安全工具是信息安全管理的具体实践手段，也是安全技术发展的大趋势。管理类工具有安全管理平台、统一威胁管理工具和日志分析系统等。随着解决信息安全问题的要求越来越高，还出现了信息安全服务机构，即把信息系统的安全加固需求委托给专业从事信息安全服务的专业公司或团队实施。信息安全服务是信息安全产业分工和细化的进一步发展，是信息安全设计动态性的延伸。

队伍成长篇

国以才立、以才兴，教育大计，教师为本。本部分内容包括了机关干部对学校队伍建设、职业竞争力提升、干部工作执行力等问题的研讨与探索，也收录了部分同志工作学习中的感受与体会，与大家共享。

北京联合大学学科建设工作优化的途径分析

研究生部（处） 王静 刘红

摘要：本文从我校学科建设发展入手，梳理了学科体系现状，并从学科评估、人才类型、实践研究和特色学科建设四个方面归纳了学科成绩与特点。本文结合区域发展的趋势，提出我校学科建设工作优化的途径：①集中力量发展特色学科和学科特色方向。建议优化学科管理体制，重点对特色学科或学科方向进行专项支持。②注重梯队建设，建议聘请有思想、业务强、缺队伍的知名专家带领团队并注重为现有师资提供各种进修和培训机会。建议国家基金项目团队肩负培养师资的任务。③基于社会需求创新发展。建议在京津冀协同发展的新机遇下，整合校内外优势资源，做区域性优势学科群的一分子，走对外联合的道路，研究解决社会重大需求，为今后学校的内涵发展起到促进作用。

关键词：学科建设 优化 途径

一、北京联合大学学科建设体系

学科建设是大学之本，是人才培养工作的基础，是学校持续性发展与特色打造的重要手段。北京联合大学的学科建设工作与在京高校相比起步较晚，2002 年经北京市教委批准，经济法学、计算机应用技术和食品科学成为北京市级重点建设学科，由此拉开推动学校学科建设工作的帷幕。2007 年的学校科技工作会上，提出了《北京联合大学“十一五”时期学科建设规划》进一步推动了学科建设工作。2008 年新增特殊教育学、人文地理学和旅游管理学为北京市级重点建设学科。2010 年我校校级学科体系建立完整，设立 10 个校级重点学科（包括六个市级重点建设学科）、19 个校级重点建设学科和 2 个校级重点培育学科。2011 年我校第四次科技工作会上，第一次明确提出了“以学科建设为龙头，推动学校全面发展”的战略思想，推动了学校在“十二五”期间的快速发展。2012 年 12 月首届学科建设与研究生教育工作会在我校召开，为学科建设工作普及化、重点化奠定了基础。

学科建设工作不仅包括科研水平提升、师资队伍优化，其主要核心是人才培养，在大学中进行学科建设更是如此。研究生教育是学科建设工作衡量的基本指标，它不仅反映在高水平的人才培养上，更是科研水平、平台和师资队伍建设的综合体。在校级学科体系的基础上，我校于 2006 年获得硕士学位授予权单位，获批计算机科学、食品科学和专门史三个授权硕士学位学科点，至 2015 年，我校有 10 个授权硕士学位学科点（6 个学术型学科点，4 个专业学位学科点），12 个自主设置二级学科（如表 1 所示）。

表 1 我校学科体系表

序 号	校级学科体系	级 别	硕士学科点（授权、自主设置）
1	经济法学	市级重点建设、校级重点	法律、商务法律

续表

序　号	校级学科体系	级　别	硕士学科点（授权、自主设置）
2	特殊教育学	市级重点建设、校级重点	教育、信息无障碍辅助技术
3	人文地理学	市级重点建设、校级重点	文化遗产区域保护规划
4	计算机应用技术	市级重点建设、校级重点	计算机科学与技术、软件工程
5	食品科学	市级重点建设、校级重点	食品科学与工程、食品科学
6	旅游管理学	市级重点建设、校级重点	工商管理
7	专门史	校级重点	专门史
8	生物化工	校级重点	食品生物分离技术
9	企业管理学	校级重点	工商管理
10	金融学	校级重点建设	金融、投融资管理
11	国际贸易学	校级重点建设	金融、投融资管理
12	职业技术教育学	校级重点建设	教育
13	应用心理学	校级重点建设	教育
14	艺术设计学	校级重点建设	数字艺术
15	机械制造及其自动化	校级重点建设	制造业信息化技术
16	控制理论与控制工程	校级重点建设	智能交通工程
17	档案学	校级重点建设	信息资源管理
18	模式识别与智能系统	校级重点建设	智能交通工程
19	针灸推拿学	校级重点培育	临床医学

二、北京联合大学学科建设特色

教育部对高校学科建设的评估主要包括六部分内容：学科方向、学术队伍、人才培养、科学研究、条件建设、学术氛围，即学科方向凝练度、特色与持续性；学科带头人或负责人的学术水平、梯队建设与高级职称比例；研究生数量、质量、就业率；省部级及以上科研成果与获奖、高质量论文数量、科研转化水平等；条件建设主要是省部级及以上实验室建设、产学研基地、实践基地建设情况、经费投入；学术氛围一般指学科主办或承办的具有社会影响的学术会议。我校学科建设工作以评估体系为基本框架，每年教务处、人事处、科研处、研究生处等各单位分别从实验室建设、实践基地建设、师资队伍建设、科研水平提升、学科整体规划与研究生人才培养等方面进行专项投入，全面推进学科建设水平，取得了明显成绩。

1. 以评促建，学科评估成绩良好。2011 年 12 月底，接到教育部学位与研究生教育发展研究中心《关于参加第三轮学科评估的邀请函》［学位中心 2011（76）号文件］，我校考古学、计算机科学与技术、软件工程、食品科学与工程 4 个一级学科硕士点参加此次评估。2013 年 1 月 29 日，教育部发布了 2012 年学科评估结果，我校成绩优良，其中考古学学科评估结果超过部分参评高校的博士点学科（见表 2）。

表 2　学科评估结果

学科名称	参评学校数量	参评博士点一级学科数量	学科排名	高校排名	学科排名百分位
考古学	35	21	16	与中国人民大学并列	45%

续表

学科名称	参评学校数量	参评博士点一级学科数量	学科排名	高校排名	学科排名百分位
软件工程	106	47	59	与中国石油大学并列	55%
计算机科学与技术	120	50	77	与华北电力大学并列	64%
食品科学与工程	51	18	39	与北京农学院并列	76%

注：学科排名百分位是反应学科实力的另一个重要指标，它反映出学科在本一级学科中的相对位。学科排名百分位 =（学科排名/本学科参评总数）×100%。

2. 门类齐全，人才多样化。我校现有学科建设涉及经济学、法学、教育学、文学、历史学、理学、工学、医学、管理学、艺术学十个门类，其中九个门类（不包括文学）同时涉及了研究生教育和本科教育，师资类型多样（见表3）。

表3　学科师资状况

学科门类	专职教师数量	博士学位教师数量	博士学位教师比例（%）	高级职称数量	高级职称比例（%）
经济学	48	31	64.6	28	58.3
法学	94	39	41.5	52	55.3
教育学	100	17	17.0	43	43.0
文学	270	39	14.4	96	35.6

续表

学科门类	专职教师数量	博士学位教师数量	博士学位教师比例（%）	高级职称数量	高级职称比例（%）
历史学	31	23	74.2	18	58.1
理学	111	35	31.5	61	55.0
工学	352	124	35.2	214	60.8
医学	6	2	33.3	3	50.0
管理学	292	134	45.9	162	55.5
艺术学	162	19	11.7	54	33.3

目前解决社会需求主要以跨学科融合研究为途径，多学科背景必然能够提供多元社会服务，因此我校学科建设的社会服务空间比较大。

3. 行业基础深厚，实践研究突出。2012 年 12 月，学校党代会提出了学校未来发展的“一个目标、两项方针、三大战略、四个发展”。一个目标：将我校建设成为“办学为民、学以致用、开放包容、追求卓越”的首都人民满意的应用型大学。坚持两项方针：科学发展、改革创新。实施三大战略：学术立校、人才强校、开放兴校。实现四个发展：优化发展、特色发展、集约发展、和谐发展。在“学以致用”校训的指导下，我校的学科建设以社会需求为导向开展融合研究，先后建立了六个市级研究机构作为学科建设的平台，协同创新中心、院士工作团队都以学科融合的基础呈现，发明专利授权情况在北京市属高校中排名仅次于北京工业大学和北京农学院，校外科研经费每年以 30% 以上的速度递增，行业委托的横向项目在部分学院（如旅游学院）的科研经费中占的比例超过 50%。

4. 特色学科建设效果显著。目前我校的特色学科是特殊教育、旅游管理和中医。它们的服务对象明确，领域（行业）特点突出。我校是全国培智学校义务教育课程标准研制牵头单位，设有全国特殊教育职业师资培训基地和北京市特殊教育中心，与中国残疾人联合会等专业组织保持密切合作，指导北京市特殊教育行业实践，在全国有重要的影响；旅游管理依托的旅游学院是我国最早的旅游管理本科院校，行业色彩浓厚，受国家旅游局、北京旅游发展委员会委托牵头制定了多部行业国家标准、地方标准和行业标准，学校刊物《旅游学刊》为全国的旅游学科人才培养、专家交流和行业管理提供了大量智力支持，并通过每年的学术年会提供了高质量的国内外学术交流平台；中医专业硕士学科点是我国首个面向视障生源的硕士学位学科点，占领了国内高等特殊教育领域的高地，结束了视障生去国外进修高级学位的历史。学科建设特色比较鲜明的单位是特殊教育学院和旅游学院。

这些学科之所以成为特色，源自于他们的学科建设时间长且具有持续性，研究方向较稳定，社会需求大。

三、学科建设优化的途径

学科建设具有持续性和继承性，因此如何将学科建设特色化，如何将特色学科建设成为优势学科，需要从管理体制、梯队建设和创新发展三个角度着手。

1. 集中力量发展特色学科和学科特色方向。我校目前学科体系复杂，除部分特色学科外，一些学科方向实力强、社会需求大、发展与合作前景比较乐观，因此在“十三五”期间学科建设工作的重点应放在特色建设上，充分发挥其优势。主要的工作途径为：①硕士点学科采用学科带头人（负责人）负责制，由学校研究生处归口管理，非硕士点学科由学院进行建设。北京联合大学的本科教育是一个庞大的体系，目前的硕士学科点无法覆盖大部分专业，为了我校学科建设工作的持续性发展，需要非硕士点学科作为将来申报硕士学科点的后备力量，把它们放在学院的土壤中，有助于学科成长。②特色学科与特色方向的建设工作作为每年学校学科建设的重点工作，提供专门经费保证发展，根据学科（方向）每年的工作重点实施绩效考核。③对特色学科（方向）在引进或培养师资队伍工作中给予倾斜政策，在团队基础较好的学科，带头人（负责人）的作用是非常关键的，他可以凝聚团队之力使工作效率最大化。

2. 注重梯队建设。我校目前的学科建设中，大部分学科负责人的梯队不明显，从年龄与职称层次上学科骨干分布不均。梯队建设的提升主要分为两个部分，即引进与培养。在引进人才方面，一种是按照北京市人事部门的要求，引进符合政策的卓越人才，另一种是聘请知名学者（特聘教授）带领学校的学科团队。目前李德毅院士的智能车研究团队起到了非常好的示范作用，这就属于后者，是一个非常成功的范例。这种成功需要特聘教授具有三个要素：有思想、业务强、缺队伍。具有这三个要素的专家可以整合学科队伍，带领团队取得突出成绩；在培养人才方面，主要是在现有师资水平的基础上，提供各种进修和培训机会，达到科研团队的要求。我校每年的国家基金项目已经超过百项，每个项目团队应该肩负培养师资的任务。

3. 基于社会需求创新发展。《京津冀协同发展规划纲要》明确了京津冀要大力改造提升传统优势产业，大力发展服务经济、知识经济和绿色经济。大力发展航空航天生物医药、节能环保等战略性新兴产业。优化发展高端装备、电子信息等先进制造业。我校如何契合新的发展形式，整合校内外优势资源，形成区域性优势学科群的一分子，“不为所有，但为所用”是在新的区域发展政策下，对我校学科建设提出的新命题，走对外联合的道路，研究解决社会重大需求对今后学校的内涵发展能够起到非常大的促进作用，即使目前面临很多困难。

总之，学科建设是大学的根基，是人才培养的保障，北京联合大学是一所年轻的高校，我们必然要经历很多困难，在新的区域发展机遇下实现持续性发展。

参考文献：

[1] 田学斌：“京津冀协同发展的基本诱因、重大任务与政策创新”，载《中共石家庄市委党校学报》2015 年第 8 期。

[2] 高雪、侯珺然：“京津冀协同发展战略关键因素浅析”，载《商》2015 年第 25 期。

浅析台湾地区高校劳作教育制度

组织（统战）部　杨飞

摘要：本文介绍分析了台湾地区高校劳作教育制度的由来，以及劳作教育制度实施现状。台湾地区高校劳作教育制度给我们的启示是：通过实施劳作教育，可以完善学生人格塑造，推动校园文化建设，充分发挥教育功能。

关键词：台湾地区高校劳作教育制度

党的十八大报告提出，把立德树人作为教育的根本任务，培养德智体美全面发展的社会主义建设者和接班人。2013 年中共中央办公厅印发了《关于培育和践行社会主义核心价值观的意见》，各地高校都在积极培育和践行社会主义核心价值观。高校作为培养高素质人才的重要阵地，就必须把学生德育培养放在首位，把社会主义核心价值观教育贯穿德育始终，但采用何种教育方法来提高德育质量，是很多高校一直探索的问题。笔者有幸到台湾地区高校进行了考察，发现劳作教育已成为现今台湾地区高校的教育特色之一，是德育教育的重要载体。台湾地区许多高校正通过劳作教育来促进学生养成良好的学习习惯，培养学生持之以恒认真做事的态度，培养学生爱学校、爱社会的公民意识，大大提高了学生的综合素质，培养出的毕业生受到用人单位的认可和欢迎，教育收效非常明显，很值得我们学习借鉴。

一、台湾地区高校劳作教育制度的由来

1. 劳作教育的提出。19 世纪末 20 世纪初，欧美国家加快了工业化进程，工业革命导致了社会结构、生活方式的变革。政治的变化要求为之服务的教育也必须进行相应的改革，要求个人教育必须以促进社会进步为目的，社会本位教育思想成为当时的主流思想，劳作教育思潮就是社会本位主流思想在职业教育领域的突出反映。20 世纪初，德国职业教育运动的倡导者、改革者，凯兴斯泰纳提出了明确的“劳动学校论”。他认为，劳作是具有教育价值的个人活动方式，是真正具有陶冶价值的学生的独立活动。经验的知识和生产的技能只能通过自己亲身的劳作才能获得，体力劳动和脑力劳动是相互渗透的，既要加强劳作，又要在手工劳作中加强智力训练。同期，美国教育家杜威（Dewey）提出了“从做中学”，认为“在做事里求学问”比“专靠转移来的学问好得多”。除了要学习与服务并重外，还要将服务与课程相结合。杜威实用主义教育理论在美国大学得到广泛推行，这一理论的产物实际就是劳作教育。

2. 台湾地区高校劳作教育的由来。台湾地区的劳作制度最早由东海大学率先实施，东海大学劳作教育的概念源起于芳卫廉（William P. Fenn）博士。他早年曾在美国肯塔基州的 Berea 学院任教，觉得该校的劳作制度可以在东海大学实行。在他看来，早年中国大陆的大学，包括基督教所办大学在内，所造就的只是“动脑不动手的士大夫”，他希望东海大学能培养出手脑并用的人才。于是在学习国外高校经验的基础上，决定对美国高校的劳作教育加以改进，将劳作当作一种教育。在 1955 年东海大学建校时，首创了劳作这一特殊教育模式。经过 50 年的建设，东海大学已成为具备完整劳作制度及独特教育理念与目标

的大学。1957 年台湾地区教育管理机构公布了“加强大学劳动教育实施纲要”，东海大学劳作教育实施成果传遍台湾地区。到现在，台湾地区有一半以上的大专院校都有开展学生劳作教育。

二、台湾地区高校劳作教育制度实施现状

1. 劳作教育基本形式。台湾地区高校劳作教育一般分为基本劳作教育和工读（助学）劳作教育两种类型，基本劳作教育是没有报酬的劳动，不分家庭背景、社会地位，每位学生必修，包括清洁宿舍、整理校园环境、洗碗扫地、洗厕所等二十多种工作，考试方式与其他学科相同，基本劳作不及格不予毕业，及格后才能申请助学劳作。助学劳作是为家境清寒的学生而设，根据劳动量计报酬，以资助学生解决学宿膳费问题，不计算学分。两种劳作教育形式既有区别又有联系。对一部分自认家庭经济优裕、功课较他人为优的学生，也要通过劳作制度的熏陶，摒除鄙视劳动的陈腐观念，了解劳作教育的价值。家境清寒的学生，基本劳作教育考核合格能够申请助学劳作，助学劳作可以换取部分甚至全部学费，可以减轻许多家境困难学生的经济负担。两种劳作教育并存，尽管增加了许多管理环节，但更丰富了劳作教育的内容和意义。本文探讨的劳作教育类型是基本劳作教育。

2. 劳作教育运行机制。

（1）劳作教育组织机构。台湾地区高校劳作教育的“鼻祖”东海大学成立劳作教育处，专门负责推行与承办劳作教育的各项工作。其他高校基本由学生事务处的服务学习组具体承办全校的劳作教育，每学年度均有详细的、合理的、可操作性的劳作计划和目标供师生参考。组织层级上，指导单位为服务

学习（劳作教育）指导委员会，一般由校长担任主任委员，学务长（劳作处处长）担任副主任委员，审议方案、制定劳作教育方针和改革事项；执行单位由学生事务处服务学习组（劳作处）统筹、规划与执行；辅导老师由导师协助辅导学生参与劳作教育相关活动；实际操作由劳作教育小组长负责小组辅导级实作课程。

（2）劳作教育分配原则。劳作教育课程为学生必修课程，一般每学期安排3～4期，每期约一个月。劳作时间为每周一至周五，有早、中、晚三个时段，每个时段半小时，每人每天只能选择一个时段，意义在于每天劳动时间虽不长，但贯穿于每个学期的始终，使学生每天都有劳作内容，实践证明它对加强记忆、养成好习惯是极为有效的。劳作课不及格的学生无法毕业，必须在第二学年重修该课程，直至合格。劳作分组采取跨系且男女混合编组，让学生有接触到不同院系、领域及异性的机会，对在人际关系中学习容忍、体谅有帮助。劳动区域划分基本保证每期劳作分配在不同的区域，这样可以让学生更熟悉校园环境，通过亲身参加清洁工作，增加学生对校园的情感，工作轮换还可以降低工作的厌倦感。

（3）劳作教育反省与激励。反省机制方面，建立反思会机制，每期劳作任务完成后，班级和小组召开反思会，反省自我在劳作中的收获和成长，问题与不足；同时，听取其他人的经验分享，透过分享去学习不同的观点与吸收他人的经验，以达到增进学生之间的感情，凝聚共识，提升工作效率，共同成长的目的。激励机制方面，一是设立劳作教育日，每学期由校长带领全校师生，开展校园环境卫生大扫除活动，增进学生的校园认同与师生情谊，鼓舞学生主动参与劳作；二是建立劳作教育奖励制度，设立劳作教育优质奖、全勤奖、贡献奖等奖项，激励先进，调动学生投入劳作的积极性。

3. 劳作教育实施成效。台湾地区高校劳作教育除了以打扫校院公共区域卫生、整理宿舍教室卫生、清理卫生间、垃圾分类清理、擦玻璃、草坪维护等形式出现以外，它还和服务学习紧密地结合在一起，相互推进。它与课程融入服务学习、社团融入服务学习、志愿服务等方式一起成为推动服务学习的基础。服务学习也从准备、服务、反思、表彰四个步骤推进了劳作教育课程。学校通过让学生参与劳作，一是培养了其高尚的人格和高效的学习作风；二是体验了在平凡的劳动中人与人的平等和尊重他人的劳动成果；三是培养了学生独立自主、诚实守信、团结协作、勇于奉献和忠于职守的职业品质，为其成为高素质的人才奠定了基础。劳作教育制度的实施在人才培养上成效显著，毕业生综合素质明显提高，受到人才市场的认可和欢迎。

三、台湾地区高校劳作教育制度的启示

当前，劳作教育在国内高校普遍缺失。现在大学校园90后大学生，一般都是独生子女，从小在父母及家人的呵护下成长，朝着攻读大学的目标奋发，全神贯注地投入脑力劳动，绝少参加体力劳动，有的甚至看不起体力劳动者，使少数同学对体力劳动的价值观念发生偏移，甚至影响到自己正确的道德观念的确立，成为摆在我们眼前的事实。因此，在就业竞争激烈的今天，如何发挥“劳作教育”课程的作用让学生养成良好的学习习惯和方法，提高竞争与生存能力，是需要我们教育工作者认真思考的问题。

1. 实施劳作教育，完善学生人格塑造。教师在学生人格塑造上有举足轻重的作用，如今不少教师因忙着搞项目、做公司咨询，很少跟学生海阔天空地谈人生，教导他们树立正确的生

活态度和信仰。台湾地区高校紧抓劳作教育这一载体，重视道德、人格教育，不能不让人产生感悟和联想。劳作是一种学习，是一种服务，也是一种美德。学生在劳作的过程中必然要与他人沟通，在为他人服务时会得到肯定和赞扬，也会赢得尊重，不但增强了自信心，还能更好地融入社会。通过劳作，学生体会到成果的来之不易，就知道珍惜劳动成果，进而激发对他人、对师长、对社会的感恩之心。劳作教育考验着人的敬业与负责的态度，让学生专注而认真地完成劳作任务，对培养学生认真、负责、勤劳、善良的健全人格是非常有帮助。

2. 实施劳作教育，推动校园文化建设。实施劳作教育的校园基本都会给人留下干净、整洁的印象。由于同学们参与打扫，就会珍惜自己和他人的劳动成果，养成不乱丢垃圾的习惯，并能自觉维护，校园环境自然也就清洁了。这不但有助于营造和谐平等、健康向上的校园氛围，而且良好的学习生活环境会推动学生的爱校意识，使之热衷参与到校园的各项文化建设之中，从而推动校园文化建设。

3. 实施劳作教育，充分发挥教育功能。实施劳作教育制度除了应有一整套完善的制度和专门的机构、经费保证外，更应注意借鉴兄弟学校的经验，依据学校自身实际综合状况开展。一个成功的劳作教育制度实施，除了制度本身的公平、完善，奖罚分明、可操作性强外，还需要学校全体师生的支持、理解。劳动服务是权利更是义务。劳作教育制度的重点不仅在劳动服务本身，而更在于“教育”。学生在每个成长阶段都应该要学习如何服务社会、服务他人，力所能及地参与各种劳动，从中学会爱家人、爱他人、爱社会。只有我们真正认识劳作教育这个重要载体的作用，劳作教育制度才能达到预期目的，发挥其应有的功能。

参考文献：

[1] 中共中央办公厅印发《关于培育和践行社会主义核心价值观的意见》。

[2] 马立志、李红梅："凯兴斯泰纳劳作教育思想的现实意义"，载《教育与职业》2015 年第 5 期。

[3] 曾晓虹："台湾东海大学劳作教育制度介评"，载《南京审计学院学报》2007 年第 2 期。

新媒体背景下大学生党员教育管理的实践与探索

校图书馆　李九丽
自动化学院　丛森

摘要：学生党员的教育和管理是高校学生党的建设的重要组成部分，是高校学生党建工作的基本途径之一。在新媒体的背景下，进一步加强和改进高校学生党员的教育和管理，对于提高学生党员的素质，保持共产党员的先进性和纯洁性，坚持从严治党有着十分重要的意义。

关键词：新媒体　大学生党员　教育　管理　实践

新媒体相对于传统媒体而言，是报刊、广播、电视等传统媒体以后发展起来的新的媒体形态，是利用数字技术、网络技术、移动技术，通过互联网、无线通信网、有线网络等渠道以及电脑、手机、数字电视机等终端，向用户提供信息和娱乐的传播形态和媒体形态，具有交互性与即时性、海量性与共享性、多媒体与超文本、个性化与社群化的特征。新媒体是把双刃剑，对高校有效地开展大学生党员的教育和管理既有挑战又有机遇。

一、充分认识新媒体背景下加强大学生党员再教育工作的重要性

大学生党员是社会主义的合格建设者和可靠接班人。对他

们进行不间断细致的教育和严格的管理，可以帮助他们树立牢固的马克思主义的世界观、人生观、价值观，不断提高他们的理论修养，使他们学会用马克思主义的立场、观点、方法分析问题和解决问题，在新媒体背景下，在复杂的社会现象中站稳立场，健康成长。

1. 加强大学生党员、预备党员的再教育和管理是应对互联网冲击，引导大学生党员健康成长的需要。在新媒体的背景下，大学生党员作为社会的一分子，它们的思想和行为不可避免地会受到它的影响。《中国互联网络发展状况统计报告》显示，截至2014年12月，我国规模达6.49亿，全年共计新增网民3117万人。手机网民规模达5.57亿，较2013年增加5672万人。其中20～29岁年龄段的网民占比最高，达31.5%，网民中学生群体的占比最高，为23.8%。大学生党员、预备党员大多是在20岁左右的青年，其经历一般是从学校到学校，对社会认识不深，入党时间短。大多学生党员、预备党员，都是入大学以后才写的入党申请，经过党组织一到两年甚至三年的培养、教育、考察，加入到党组织中来。他们接受党组织教育培养时间不长，部分学生缺乏对马克思理论的深入系统学习，缺乏对党的优良传统的深入了解，缺乏严格的党内组织生活组织观念淡薄；群众意识和团队精神都有待于进一步加强；世界观、人生观、价值观还没有牢固树立，面对互联网的冲击，它们容易受到纷繁复杂的社会现象的影响，政治上还不够成熟。加强对学生党员、预备党员的再教育和严格管理，就是要帮助他们不断提高党性修养，不断提高理论水平，使他们成长为社会主义合格建设者和可靠接班人。

2. 加强大学生党员的再教育和管理是严格党的纪律，坚持从严治党的需要。党要管党、从严治党是我们党的一贯方针。

不可否认，大多数学生党员经过我党多年的教育和培养，他们的思想觉悟是高的，他们坚决拥护党的路线方针政策，对中国特色社会主义的前途充满信心，他们学习刻苦努力，在各项活动中充分发挥了学生党员的先锋模范作用。但是，随着我们学生党员队伍的扩大，部分学生党员出现了入党后“歇一歇”的思想，入党前主动工作，入党后对工作不积极、不主动，事不关己，高高挂起，存在着功利主义的色彩。这些现象极大地损害了学生党员在学生中的形象，在一定程度上也损害了我们党的形象。通过对学生党员、预备党员进行再教育和严格管理，可以促进他们自觉学习党的各项理论、方针、政策，自觉发挥先锋模范作用，自觉接受群众监督。

二、充分利用新媒体手段，坚持理论教育和实践教育相结合，永葆学生党员的先进性

对学生党员、预备党员进行细致教育，要从大学生党员的特点出发，充分利用新媒体手段，持夯实基本理论基础，坚持理论联系实践，不断探索新的途径和方法。

1. 在进一步夯实基础理论的同时，紧密结合社会实际对大学生开展理想信念教育。

（1）新党章的再教育，帮助学生党员、预备党员进一步夯实党的基本知识，坚定理想信念。学生党员要准确掌握党的性质、理想、宗旨、指导思想。党的指导思想，是指导党的全部活动的科学依据，是进行党的思想建设、组织建设、作风建设、制度建设和反腐倡廉建设的理论基础。没有科学的理论，就没有先进的政党。坚持科学的指导思想，坚持指导思想的与时俱进，是我们党根本的思想政治优势和保持生机活力的重要源泉，学生党员要自觉在党的指导思想指引下活动，坚持用党的科学

理论武装头脑，树立正确的世界观、人生观、价值观。学生党员要自觉学习党的三大作风，即理论联系实际、密切联系群众、批评与自我批评的作风，自觉把加强党性修养同作风养成结合起来，以坚强的党性保证党的优良作风的贯彻落实。要准确掌握党的纪律。《党章》规定："党的纪律是党的各级组织和全体党员必须遵守的行为规则，是维护党的团结统一、完成党的任务的保证。"党的纪律，从它的内容和涉及的范围来说，主要有政治纪律、组织纪律和群众纪律，还包括宣传纪律、经济纪律、保密纪律、人事纪律、外事纪律等。

（2）结合社会热点问题，对学生党员进行党的各项路线、方针、政策的再教育，使他们自觉与党中央保持一致。对学生党员开展形势与政策教育，积极组织学生党员学习党的各项路线、方针、政策，关注社会热点问题，帮助学生党员自觉用马克思主义的立场、观点和方法分析问题和解决问题，树立正确的世界观、人生观和价值观。

（3）对学生党员进行社会实践教育。社会实践活动是大学生党员增强党性锻炼和党性修养的主要途径。大学生党员社会实践与一般大学生的社会实践有本质区别，根本区别在于实践的目的不同，大学生党员实践是以提高大学生党员的党性意识为根本目的，着眼于培养具有坚定共产主义信仰的先锋战士，培养社会主义可靠的接班人和合格的建设者。而一般大学生社会实践以大学生接触社会、服务社会、增强社会实践能力为目的。学生党员要在服务同学、服务社会中进一步坚定理想信念，坚持学生党建进网络、进宿舍、进社会、进课堂，在服务中提高思想认识，在服务中实现人生价值。

2. 在坚持传统党课课上教育的同时，不断运用微博、微信等新方式开展思想教育。

（1）坚持系统正规的理论学习。认真办好预备党员培训班。每年举办预备党员培训班。在对预备党员考察过程中，坚持做好继续教育、继续考察工作，做到“成熟一个发展一个，合格一个转正一个”。在学生党员、预备党员中成立学生理论社团。学员们按照学习、活动计划定期活动，聘请“客座教授”，指导大家学习理论。制定严格的教学计划，学员们在学习马克思主义原理、学习党的各项方针政策的同时，探讨学习、工作上的遇到的问题。

（2）运用红色网站、微博、微信等多种形式、方法开展丰富多彩、形式多样的宣传教育。创办党建刊物，立足于宣传党的基本理论知识，报道学生党建工作动态，反映党员及预备党员的心声，贴近学生生活和学习，加强党员与党组织之间的沟通。充分利用现代传媒工具，创建“党员之家”红色网站，不断扩大和宣传党的理论路线方针政策。学生党员要充分利用思想政治微博群，可以在上面留言，发表自己的意见，或直接和访谈人的入党积极分子进行实时交流，为普通同学答疑解惑。充分利用思政微博群这一有效阵地，加强大学生党员的责任意识和服务意识教育。微博群为学生党员、入党积极分子的活动提供了舞台，促使他们主动加强学习，进行自我教育，不断提升自身政治和党性修养。

通过对学生党员进行不间断的形式多样的细致教育，使其充分发挥先锋模范作用，永葆党的先进性。先进性是党的生命源泉，是党的建设的永恒主题。大学生党员要将自己磨炼成一个政治上的坚定者，理论上的学习者，同时将理论上的所学变为实践上的指导。

三、坚持党组织管理和学生党员自我管理相结合，充分发挥学生党员的先锋模范作用

加强对学生党员的严格管理，使全体党员严守党的纪律、自觉接受党的纪律约束，是高校学生基层党组织的主要任务之一。党的纪律是党的各级组织和全体党员必须遵守的行为规则。严守党的纪律，是维护党的团结统一、贯彻落实党的路线方针政策、确保政令畅通的重要组织保证。从我们党 90 多年的历史来看，严守党的纪律是党的建设过程中形成的一条重要经验，对于不断增强党的创造力、凝聚力、战斗力，确保党在革命、建设、改革时期领导各项事业的胜利和顺利发展发挥了重要作用。

1. 加强基层党组织建设，严格党的纪律。

（1）党支部要加强对学生党员身份的管理。严格党员参加组织活动和按时缴纳党费。党员要按照党章规定参加党的组织生活和理论学习活动。在党的民主生活会上，大家要开诚布公的指出存在的问题和不足。

（2）党员发挥先锋模范作用的管理。开展党员民主测评、群众监督机制。权力失去监督就会导致腐败，大学生党员同样需要接受党组织和群众的监督。对大学生党员进行民主评议和群众监督，是加强大学生党员管理的主要内容。通过背对背的测评，综合党员同学、普通同学、任课教师和班主任等各方面的意见，对大学生党员提出优点和缺点。通过群众监督，使大学生党员时时刻刻保持清醒头脑。党员的义务履行和作用发挥受到全程监督，对于进一步增强大学生党员的党员意识非常有利。

（3）党员参加社会实践的管理。党员给任务、压担子。党员的先锋模范作用要在平时体现出来，通过交给他们任务的方

式来进一步培养。从目前高校的情况来看，党员同学绝大多数都在学校承担着一定的工作，他们是学校学生工作的重要组成部分。通过交付党员工作任务，使他们在实际的工作当中体验党员的真正内涵。在工作完成之时，党员的综合素质和能力得到很好的提升和培养。

2. 建立健全各项规章制度，以良好的制度促进学生党员进一步发挥先锋模范作用。

（1）建立学生党员工作档案，以“评选优秀学生党员”和党员民主评议为激励，通过制定鼓励先进、鞭策后进、奖惩分明的考评制度，提高学生党员的整体思想素质和工作水平。档案包括学生党员每学期末向所在党支部上交的一份工作总结和每位党员所在工作部门对其工作表现的考核意见。此项工作的目的不是在于建立档案，而是以建立档案为依托，从而对学生党员严格要求，方便组织的考核。更重要的是通过建立工作档案，促进党员的工作，培养学生党员的责任感，发挥党员在群众中的先锋模范作用。

（2）建立学生党员民主评议制度，通过尝试制定《党外民主评议学生党员征求意见表（学生用）》《党外民主评议学生党员征求意见表（班主任用）》《党外民主评议学生党员征求意见表（任课教师用）》《党外民主评议学生党员征求意见表（工作部门用）》。党外民主评议学生党员活动的开展，有利于形成多方位共同监督和促进学生党员严格要求自己、不断进步的长效机制。通过制定《优秀学生党员评选标准》来指导学生党支部对每一名学生党员进行考核，评选优秀学生党员。

（3）坚持学生党员佩戴党徽制度。为加强对学生党员的教育、管理和监督，每位学生正式党员佩戴党徽，使党员有一种责任感，自觉接受群众监督，更好地发挥先锋模范作用，树立学生党员的形象，时时提醒学生党员自己的身份和言行。

总之，新媒体背景下加强党员的教育和管理是一项长期系统的工作，需要我们按照从严治党的要求，结合工作实际情况，在学生党建工作的内容、形式、方法、手段等方面不断进行创新和改进，切实加强党建工作的针对性、实效性和主动性，不断提高这项工作的感召力、说服力、渗透力，使学生党建工作再上一个新台阶。

参考文献：

[1] 钱和有："关于加强学生党员实践性教育的思考"，载《职业圈》2007 年第 6 期。

[2] 朱大富：《新时期党性锻炼与修养》，江西人民出版社 2009 年版。

[3] 冀学锋："新世纪高校党建工作研究"，湖南人民出版社 2004 年版。

海峡两岸高等教育交流的发展与思考

研究生部（处）　权力

摘要：本文从海峡两岸高等教育交流的背景与现状出发，基于目前双方在交流合作中存在的问题，探索与展望对未来两岸高等教育的交流合作，提出建立多元化与规范化的合作机制、扩展交流合作的领域与层次、全面推动学历互认、重视文化的力量等建议。

关键词：两岸　高等教育　交流　发展　思考

一、两岸教育交流的历史回顾

回顾两岸文化及教育交流的发展历程，大体上可划分为隔绝期（1949～1987年）、交流初期（1987～1999年）、交流和解期（1999～2008年）及交流成长期（2008年至今）四个时期。整体上看，在文化交流当中，高等教育项目最多，尤其随着1990年以后两岸关系的改善，大学生之间的交流获得了长足进展，双方学生对于两岸社会的认知也逐渐发生改变。

1. 打破壁垒。1979年以来中华人民共和国中央人民政府先后发布《告台湾同胞书》《关于对台湾进行教育交流的若干规定》《中华人民共和国中外合作办学条例》及其实施办法、《关于普通高等学校招收和培养香港特别行政区、澳门地区及台湾省学生的暂行规定》等文件，对台湾地区的交流政策措施逐步具体化。

大陆自 1979 年起便开放暨南大学的 13 个专业，通过大陆高考招收港、澳、台三地的学生进入本科学院及研究所就读，但当时台湾当局并不鼓励台湾学生到大陆求学。到 80 年代中期，大陆继续开放北京、上海、广东等地的大学，持续向港、澳、台等地招收学生。除了招收专科生、本科生和研究生之外，大陆还为台湾学生提供各种短期班、函授班、进修班、培训班等非学历教育，允许台湾学生到大陆学校进修、旁听，考试合格即颁发结业证书。

1997 年颁布的《台湾同胞投资保护相关规定实施条例》第 19 条规定，在大陆投资的台湾同胞子女在大陆地区上学将会被视同国民教育，可以就近申请进入当地中小学读书。这一人性化举措极大增强了台湾同胞与大陆进行全面交流的信心。

2. 交流升温。1990 年是大陆招收台湾学生人数急速增长的一年。北京大学等 7 所高校发布联合招生简章，并在各报名地点发放《考试大纲》，考试地点由香港考试局和澳门中华教育会安排。1998 年，教育部特别批准开放福建师范大学及福建中医学院于 1999 年以单独招生、单独考试的方式招收台湾学生。该政策显示了大陆进一步加强两岸交流与推动台湾认可大陆学历的积极态度。

而在台湾方面，相应的措施也在逐步完善和实施。1991 年，台湾地区成立“行政院大陆委员会”及具有民间性质的财团法人海峡交流基金会，专门负责处理大陆相关事务，两岸关系正式迈入新纪元。1992 年制订并实施《台湾地区与大陆地区人民关系条例暨施行细则》（以下简称《两岸关系条例》），两岸关系自此有了更进一步的法律保障，朝向制度化与理性化发展。

二、两岸政策的积极变化

1. 加入WTO产生的影响。2002年1月1日，两岸先后正式加入世界贸易组织（WTO），两岸与全球经贸体系关系更加密切。在全球化的时代里，WTO将高等教育定义为服务业，这促使两岸教育与学术的交流与合作得到加强。而根据WTO秉持的贸易自由化精神，以及GATS教育服务活动的定义，两岸必然需在“对等互惠”与“学术采认”的情况下，对外开放高等教育市场。在此作用推动下，2006年大陆宣布承认台湾地区所有高等院校学历。

2. 两岸签署的最重要协议。2010年6月29日，两岸签署《海峡两岸经济合作架构协议（ECFA）》，开创了两岸经济新关系，被视为60年来两岸签署的最重要协议。关税减免可降低两岸制造业的生产成本，有助于提升两岸外贸型经济的竞争力。同时，人才的自由流动，提升了两岸人力资源竞争力，推动了服务产业共同发展，促进两岸经济结构优质化。ECFA签订后，两岸关系由保守到开放，由对抗到和谐，由竞争到合作，由各争其利到共创双赢。

3. 台湾地区开始有条件采认大陆学历。2010年9月3日，台湾地区修正公布“台湾地区与大陆地区人民关系条例”第22条、“大学法”第25条、“专科学校法”第26条，并于2011年1月发布了“大陆地区学历采认办法”，认可大陆以“985工程”为主的41所高等教育院校学历，但对于大陆学历采认仍有“三限六不”制约——“三限”即限量、限校、限域，“六不”即未经正式入学渠道取得的学历、函授或远程教育取得的学历、经由成人自学考试取得的学历、分校或独立学院取得的学历、“文革”期间取得的学历、中西医、护理、药师等广义医事类学历，需经“大陆高等教育学历采认审议会”审议通过才可。

4. 两岸的政策互动。2011 年，大陆同意沿海六省市（北京、上海、江苏、浙江、福建、广东）学生可以申请赴台湾地区就学，2012 年新增高考达二本分数线以上学生才得申请赴台的规定，2013 年 3 月再新增辽宁、湖北两省为大陆学生赴台的试点省份。2013 年 3 月，台湾地区扩大认可大陆以“211 工程”为主的 111 所大陆高等院校学历，并开放二技生赴台就学。

三、两岸高等教育交流的现状

为了促进台湾青年学子赴大陆交流，自 2006 年起，大陆全程给予台湾学生落地接待的政策，此举深受台湾学生欢迎。此外，除了提高对台湾招生的优惠、将台湾学生比照大陆学生收费外，大陆还逐年增加两岸青年交流活动，承认台湾地区大学学历，开放 15 类专业证照考试资格。

1. 学科与人数的统计数据。据统计，从 1979 年大陆开放对台湾地区招生到 2014 年为止，在大陆交换学习的台湾学生人数超过 3 万人，学生选择的主修专业包括传统中华文化学科、中医、经贸、法政等。目前，仍有将近 7000 名台湾学生在大陆高校就读。这些台湾学生成为推动海峡两岸关系发展中不可或缺的群体。在两岸大学生交流方面，随着台湾地区 1993 年允许大陆人士以教育和文化交流为目的访问台湾，自 2002 年 1 月 1 日至 2009 年 10 月底，有近 2 万名大陆学生通过官方正式渠道参访台湾地区。

2. 学位政策的改变。近年来，两岸高等教育交流中最大的突破，当属 2010 年台湾地区认可大陆 41 所高校学历及开放大陆学生到台湾就读政策。这项政策实施前后历经十余年，台湾“立法院”于 2010 年 8 月三度修正并通过“台湾地区与大陆地区人民关系条例”第22条、“大学相关规定”第25条及“专科学校相关规定”第26条，开放招收大陆学生到台湾攻读学位，开启了两岸高等教育交流的新一页。2011年9月，大陆学生首度到台湾地区就读大学院校，其中台湾公立大学只可招收研究生，私立大学则招收大学本科生。到了2012年，台湾地区逐步增加对大陆学历认可的高校，如由原先41所增加至129所，招生省市也从沿海6省市增为8省市，分别为北京、上海、江苏、浙江、福建、广东、湖北、辽宁。2014年，又通过对两岸教育交流规范的简化与松绑，探讨增加两岸大学“双联学制”的可行性。

3. 姊妹院校的缔结。根据台湾元智大学原校长彭宗平分析，自1999年招收大陆交换生迄今，目前台湾147所大学中，已有超过115所（将近八成）大学与大陆300多所高校签订了姊妹校约，总合约数多达1039个，为学生提供共计约8000余个交换机会。

四、问题与思考

研究显示，虽然多数大陆学生对于赴台就读持正面态度，认为到台湾地区的学习经历可提升个人的综合能力，体会到了两岸文化、教育和制度上的差异及互补之处，但也有一些人在台湾就学期间感受到一些“不同待遇”。比如，多数大陆家长与大学生不了解台湾地区高等教育制度、学费与生活费比大陆部分高校贵、台湾尚未为赴台就读的大陆学生提供毕业就业与长期居留的机会、未提供政府部门的奖学金、一流大学的办学经费不如大陆顶尖高校充足等。这些都会影响大陆一流学生赴台就读的意愿。

随着大陆学生的到来，越来越多的台湾人也开始关注大陆学生对于台湾的学业、社团、生活与文化的适应，以及对台湾高等教育的整体影响。研究显示，开放大陆学生到台湾就学，有助于增强台湾地区学府与其他国家或地区高校的竞争，也将影响未来台湾自身高等教育的质量与发展。不过，在完全实现互利双赢局面之前，仍有一些问题亟待解决。

1. 交流成效初显。两岸教育交流自2008年后急速发展，无论在高校缔结联盟或签署交流协议、教育专业人士互访，还是互相承认学历、学生就读学位等方面，均不断扩充，在数量、范围与质量上，均已有加深加广的成效。

2. 合作成效尚未显现。目前两岸教育交流仍在扩大交流层面，但合作成效尚不够显著。无论是双联学制、合作办学、课程教材研发、教学质量保证、招生宣传，抑或收费奖助、学生权益保障、生活照顾、职训认证等诸多细节方面，均需要进行更深入的研究和探讨。

3. 学生交流数量初显失衡。据统计，目前约有七八千名台湾学生赴大陆求学，但大陆学生赴台就学人数仅有三四千人。再加之台湾赴大陆就读学生人数仍有逐年增加的趋势，致使两岸学生交流数量初显失衡状态。

4. 限制政策依然存在。目前台湾地区招收大陆学生有“阶段性、检讨修正、完整配套”、“三限六不”的政策原则，且限制2000个名额。大陆则限定八省且高考达二本分数线以上的学生才可以申请赴台湾地区就学。

五、展望与建议

两岸高等教育相互开放，反映了两岸人民共同利益的诉求。基于目前双方在交流合作中尚且存在的问题，提出以下几点建议：

1. 建立多元化与规范化的合作机制。两岸高等院校之间有很大的合作空间，多元化应是未来大势所趋。两岸应在巩固现有合作平台的基础上，努力探索创新交流合作机制，共享优质的教育资源，推动实质性的项目合作以最终促成双赢。同时，改善政策环境，逐步建立合作的长效机制，建立健全相关规定，为健康发展提供法律保障。

2. 扩展交流合作的领域与层次。纵观两岸高校互动现状，可以发现存在“重交流，轻合作”的普遍问题。一般学术往来和参观访问居多，但常规性以及基于长远规划的深度的合作较少。两岸应进一步拓展合作办学领域，将合作重点转移到学科建设、人才培养、科研攻关，逐步实现资源共享。依托大陆高校的重点学科或台湾较为成熟的研究中心，加强开展高层次的学术交流与和合作。

3. 全面推动学历互认。2014 年，台湾地区虽然扩大了对大陆高等教育学历的采认范围，但距离全面认可大陆学历，仍有距离。这里面一个重要原因是台湾地区对大陆高校的办学质量、学生质量以及学历证件仍存有疑虑。因此，需建立学历证件审查机制，由专门机构对学生的毕业证书进行审查认证。一套严密的学历审查机制，可以提高公信力，完善基本配套措施，进而推动学历、学分互认的全面实现。

4. 重视文化的力量。两岸继承共同的历史、文化和语言，共享儒家思想的包容性和多元化文明共存的信念，这是两岸人民开展良好交流的有利条件。特别是在《海峡两岸经济合作协议架构》（ECFA）签署后，台湾地区可以通过大陆接触到世界，同时，大陆亦可进一步了解台湾社会发展的历程。在维持两岸社会、经济和贸易交流发展的同时，文化交流尤其是大学生之间的交流，仍是两岸增进了解与信任、促进和平与稳定的重要力量。

参考文献：

[1]（台）陈志柔：《近二十年两岸关系的发展与变迁》，台北海基会出版社2008年版。

[2]（台）黄昆辉：《大陆政策与两岸关系》，台北“行政院陆委会”编印1993年版。

[3]（台）高孔廉：“两岸文教交流的过去与未来”，台湾政治大学，2009年。

[4]（台）林奇伯：“大陆学生留学台湾引爆善意竞争”，载《远见杂志》2009年第5期。

[5]王敏：“大陆高中生赴台求学意愿及其影响因素的研究——基于对南京市六所高中的调查”，南京大学2012年硕士学位论文。

适应学校科学发展的灵活用人机制的研究

人事处 孔军

高校用人机制改革是随着事业单位体制改革的推进而不断向前推进的，目前，高校以聘任制为核心的人事制度改革已进入深水区，建立适应高校科学发展的灵活用人机制，建立以聘任制改革为核心的多元实现方式成为推动高校下一步改革的基本形式。提前研究并建立适应学校科学发展的灵活用人机制关系到学校人才布局，十分迫切，刻不容缓。

一、高校用人机制及聘任方式理论研究

高校人事制度改革在高校整体改革中的重要地位，事业单位人事制度改革从固定用人向合同用人转变，从身份管理向岗位管理的转变的目标，社会主义市场经济体制改革对高等教育发展提出的新要求，都要求高校建立适应学校科学发展的灵活用人机制。首先，人事制度改革在高校内涵式发展道路中发挥着关键作用。人事制度改革与学校整体改革、特别是学校内部治理结构的关系比以往任何时候都更加密切。人作为人事制度改革中最基本的细胞，能否科学合理地配置人力资源，优化人才队伍结构，最充分地调动“人”这一最活跃因素，关键在于用人机制。其次，事业单位管理从固定用人向合同用人转变，

从身份管理向岗位管理的转变，是事业单位人事制度改革的重要目标。按需设岗、按岗聘人的聘任制改革要求事业单位建立更加灵活的用人机制，针对事业发展的需要对各类人员进行精细分类和科学管理，在分类基础上实现组织目标与岗位职责的内在统一，优化人力资源配置。最后，社会主义市场经济体制改革对高等教育发展提出的新要求。教育作为一种资源，也必然需要参与市场资源的配置。高校行政管理存在的政府化倾向、机构设置、职能定位、人员配置和管理方式还不完全适应服务教育科研中心工作的要求，行政人员的服务意识和服务能力还有待提高；高校作为市场经济资源配置的一个环节，高校各类岗位与劳动力市场都有内在联系，人事管理不再局限于一个单位的内部事务，随着岗位细分和劳动流动性进一步增强，需要探索更加灵活多样的用人机制，调整以及引入市场经济色彩更浓厚的人事代理和人事租赁在内的多元人员管理方式。

伴随着国家改革开放和事业单位人事制度改革的进程，高校用人机制改革从20世纪80年代中期到目前大体上可以分为三个阶段。第一阶段是从20世纪80年代中期到90年代初期。这一阶段的重点是政府简政放权，高校自主管理。这一时期，国家相继出台相关法律法规和推进高校内部管理改革的指导性文件；教育部陆续向学校下放多项人事管理权，高校用人机制从政府直接管理、高度集中的计划管理向政府间接管理、学校自主管理转变。第二阶段是20世纪90年代中期之后10年左右的时间。以1993年事业单位工资制度改革为标志，高校伴随事业单位体制改革进程，大力推进编制管理、岗位管理、人员聘用管理。高校教职工与学校的固定依附关系向平等的契约关系转变，聘任制开始成为高校用人机制中最为显著的标志，部分高校在用人制度上开始探索人事代理制度等用人方式。第三阶段是以2006年事业单位绩效工资制度改革为标志，这一阶段，高校进一步实行岗位分类管理，加强合同管理，并把用人机制与高校收入分配制度改革相结合。这一阶段，高校在用人机制上对高层次人才聘任自主权进一步加大，许多高校开始探索年薪制等更符合高层次人才特点的用人体制。国家层面也对劳动合同、事业单位人事管理、劳务派遣用工制度等用人机制措施给予法律保障。高校人事站在更高的平台上，具有更加广阔的视野，开始实现从封闭的人事管理到开放的人力资源国际化配置的深刻转变。

目前，各高校以聘用制为核心的用人机制一般包括编制内聘用和编制外聘用两种方式。其中，编制内聘用一般属于传统的用工方式，管理方式上也一般采用“老人老办法”。编制外聘用一般包括人事代理、劳务派遣、协议用工三种方式。其中，人事代理的用人方式，是学校选定一家具有资质的人才交流中心，并与其签订人事代理协议，由人才交流中心对学校聘用的人员实行人事档案管理的用人方式。劳务派遣用工方式，是人员与劳务派遣公司签订劳动合同，并派遣到高校工作的一种方式。编制外用工的三种方式中，由于劳务派遣与聘用单位之间的关系实质上属于劳动关系，协议用工双方之间属于劳务关系，与事业单位人事聘用关系存在着一定的冲突，因此，高校除一般在工勤技能岗位采用劳务派遣方式外，在管理和专技岗位上更倾向于关注人事代理的用人方式。有些学校甚至把人事代理方式延伸到编制内人员的用人机制中。

二、关于四所院校用人机制的实地调研

2014年4月，校人事处到北京工业大学、北京邮电大学、北京交通大学、北京信息科技大学就用人机制进行了情况调研，

重点就各高校专业技术人员的编制外用人方式尤其是人事代理方式进行了解。

北京工业大学等四所高校均在管理和其他专业技术岗位采用了人事代理的用人方式。其中，北京工业大学早在2003年就已经使用，最多时人事代理人员近300人。北京邮电大学自2009年起，所有新进管理和其他专业技术人员均采用人事代理方式。北京交通大学和北京信息科技大学也均于2009年起在部分管理和其他专业技术岗位采用人事代理方式。

四所学校认为，在上级核定的编制数内，采用人事代理方式补充部分管理和其他专业技术岗位人员，是学校人员补充的重要方式，这样可以把编制这一有限的资源用于吸引、稳定具有博士学位等更高层次的优秀教学科研人才身上，也有利于从更宽泛的层面吸引各类优秀人才，对于稳定、补充管理和其他专业技术人才队伍，提升管理和其他专业技术人才队伍活力，调动工作人员的主动性和积极性，具有重要意义，同时，也可以在聘用的时间里考察人事代理人员的综合素质，以便决定聘用时间的长短或是否正式调入，避免无序聘用编制外人员带来的用人风险。

北京工业大学等四所高院人事代理的主要做法见下表：

单位	人事代理用工岗位	人员条件	聘用管理	日常管理	薪酬管理	职业发展
北京工业大学	部分管理、其他专技岗位	本科以上	聘用合同	行政职务和专业技术职务晋升按在编人员管理	参照在编同类岗位人员	对表现优秀人员，且符合入编条件的可以转入编制内

续表

单位	人事代理用工岗位	人员条件	聘用管理	日常管理	薪酬管理	职业发展
北京邮电大学	所有管理和其他专技岗位	本科以上	劳动合同	行政职务和专业技术职务晋升按在编人员管理	协议工资，由学院确定	新进管埋岗位和专业技术岗位的人员均须人事代理，不存在入编问题
北京交通大学	部分管理、其他专技岗位	本科以上	劳动合同	满三年且表现优秀人员可参加行政职务晋升和专业技术职务评定	协议工资，略低于在编人员	可参加学校聘用人员的公开选拔
北京信息科技大学	部分管理、其他专技岗位	本科以上	聘用合同	管理岗位人员可参加行政职务聘任，专业技术职务限于社会化评审	参照在编同类岗位人员	年度考核优秀、表现突出且具有北京市户口的人员，在同等条件下优先录用

四所高校关于用人机制存在的问题主要是：①由于在编人员尚未缴纳养老保险，人事代理人员缴纳养老保险，需要学校支出更大的用人成本；②北京市属高校现行拨款体制主要是根据学生数进行拨款，但2007年以来，北京市核增的各项生活补贴是按照在编人员拨款，人事代理人员由于属于编制外人员，需要由学校承担人事代理人员的相应费用。

随着事业单位的改革进程，国家和北京市在人事制度改革上的一些政策逐渐明晰。尤其是2015年，事业单位即将全面实施养老保险政策，从政策上消除了编制内外人员在养老保险政策上的壁垒。北京市也正在研讨拨款方式，准备把拨款同各单位绩效挂钩，这都从制度层面开始消除了人事代理的障碍，为高校建立更加灵活的用人机制提供了制度准备。

三、北京联合大学用人机制的建议

北京联合大学是一所拥有14个校区、7个法人的北京市属综合性院校，14个校区中8个校区是有学生学习和生活的校区，5个校区有学生住宿和其他活动，1个校区是实习工厂。同时，从学科分布上来看，北京联合大学是一所拥有10个学科，50多个专业，含有本专科生在内的多层次办学体系。学校特殊的办学实际要求其人员管理不能一刀切，而要根据实际情况按岗位的不同来进行人员的分类管理。同时，近年来学校上台阶、上水平对更高层次人才的需求，学校深化管理体制改革的深化和统筹力度的进一步加大，也都需要进一步建立灵活的用人机制。

近年来，尤其是在2013年聘任后，随着人员的逐渐退休，学校管理和其他专业技术职务岗位人员缺口越来越大，通过教师转岗的办法只能解决一部分，但是对专业技术性较强的岗位，如财务处、电教中心、网络中心、图书馆等专业技术岗位难以聘用到合适人员，同时，实践中也发现在这类岗位若引进具有博士学位的人才，流动性强，人员不稳定的问题。

鉴此，建议在借鉴兄弟高校经验的基础上，结合我校实际情况，应按照“总量控制、逐年实施、内部挖潜、加大外聘、全校统筹、结构调整，鼓励引进高层次人才”的指导思想和原则，加强对岗位的细分管理，针对教师、其他专技、管理和工勤岗位，实行不同的用人机制：坚持编制内主要引进、调入高层次专职教师和招聘具有博士学位的应届毕业生，原则上不招聘管理人员和非教师专业技术职务人员的做法；对管理岗位缺编的单位，主要从超编岗位调剂；工勤岗位实施劳务派遣的用人制度；对专业技术岗位缺编的，探索实施人事代理的聘用方式等。

参考文献：

[1] 刘延东："深化高等教育改革，走以提高质量为核心的内涵式发展道路"，载《中国高等教育》2012 年第 10 期。

[2] 管培俊："深化高校人事制度改革"，载《中国高等教育》2014 年第 10 期。

[3] 马声："我国高校人事制度改革的发展沿革"，载《大学教育》2013 年第 5 期。

高校师资队伍建设的重要性和作用

人事处　杭孝平

人力资源强校的观念，在高校成为大家的共识。国以才立、人以才兴；百年大计，教育为本；教育大计，教师为本。一个不争的事实是一所大学是否拥有一流的师资队伍，决定了其办学特色、人才培养质量、学科水平是否一流。

师资建设关系到高校的生存和发展，是学校的一项根本性任务。没有一支高素质的队伍，任何改革必将大打折扣，很多宏伟的目标也只会是可望而不可即。加强师资队伍建设已成为各高校竞争实力的焦点和高校改革发展实践和探索的重点。

一、办学的主体是教师

大学的竞争其实就是人才的竞争。人才问题始终是高校改革与发展的核心问题和头等大事，谁拥有了人才，谁就必然在竞争中取胜。办学以人才为本，以教师为主体。师资是立教之基、兴教之本、强教之源，是学校核心竞争力的综合体现。高校的成功关键在于教师，在于那些富于激情和敬业精神的教师。

教师是科学教育观的践行者，是办学的主体。教师在教育过程中居于主导地位，这是由高校的主要任务所决定的。高校具有知识密集、人才密集的特点和优势，负有人才培养、科学研究、社会服务三大功能。无论是人才培养、科学研究还是社会服务，其承担者主要是教师。教师是培养人才的人才，学校的根本任务是育人。高校发展的最大支撑点是拥有一支素质优良、数量充足的人才队伍。作为高校人才培养、知识传承主体的教师，是办学的主要力量，是育人的主要实施者，是学校在市场竞争中的核心竞争力。

教学、科研固然是一所高校竞争力的体现，但随着我国高等教育的迅速发展，我们越来越清醒地意识到，以人才培养、科研创新和队伍建设为整体的学科建设更是一所大学核心竞争力的集中体现。学科建设靠什么支撑？当然靠人才，靠优秀的教师队伍。没有一流的师资队伍，就不可能产生一流的学科；没有一流的学科，就不可能建设一流的大学。因此，师资队伍建设是高校最根本的出发点。对高校而言，教师资源是第一资源，教师资本是第一资本，开发教师资源是第一动力。

二、形成办学特色的关键在教师

高校的核心竞争力源于优势和特色学科，归根结底源于高素质的师资队伍。师资队伍建设是办学特色能否顺利实现的决定性因素。历史和现实反复证明，谁拥有顶尖人才，谁就能占领科学高地，引领学术潮流，获得竞争优势；谁拥有一支数量充足、结构合理、教学技能高、创新能力强的高素质师资队伍，谁就有高水平的办学声誉和高质量的人才培养。

办学特色是指高校在教学改革和专业建设过程中，在办学理念、人才培养目标、培养模式、培养质量等方面具有显著特点。办学特色是一所高校独特的本质内涵，是一所大学的核心价值，是一所高校相对于其他高校而言具有的比较优势，是学校生存和发展的核心竞争力。每所学校都可以根据自己的办学传统、资源条件和区位优势等形成办学特色。从这个意义上讲，特色就是学校的个性和质量，特色就是学校的竞争力和生命线。有特色就是有质量，办出特色才能高质量地培养出高素质人才。

教师教育特色，是办学性质和历史传统决定的，也是任何时候都要坚持的特色，主要是做到人有我优、人优我特。重点是深化教师教育改革，打造教师培养和教育研究的品牌和声誉。如不同的人才培养目标和模式，对教师的素质、层次要求就不同。因此，要根据学校的办学定位和办学特色来建设教师队伍，深化人事制度改革，帮助教师提高自身素质和能力，特别是要提高教师应用型教学和科研的能力。

三、提高办学质量关键在教师

任何高校从办学到办好学，从小到大，从大到强，最关键的问题是质量。质量是高等教育的生命线。而提高办学质量最关键的是教师，教师队伍建设是关键。教师队伍的整体水平标志着一所大学的办学水平。师资队伍质量的高低，是高校教育教学质量的根本保证，师资队伍建设的好坏，是学生培养质量的决定性因素。法国教育家埃米尔·涂尔干说："教育的成功取决于教师，教育的不成功也取决于教师。"

没有教师，不能成为学校；没有高素质的教师队伍，就没有高水平的办学质量。教师承担着全面贯彻党的教育方针的重大职责，肩负着办好人民满意教育的重要使命。因此，一所学校办学水平的高低主要取决于教师水平的高低，一所大学育人的质量如何，在相当程度上取决于教师的质量。高校作为国家培养创新人才的一个主要基地，是否有一支强有力的教师队伍和一批拔尖创新人才、学术带头人作后盾，将决定能否培养出一批又一批高素质的并且能够将所学知识创造性地运用到经济、社会和各项事业中去的高智能的创新人才。

高校教学管理的核心是教师队伍建设。教师是组织与实施教学内容的主体，教师是教学活动的组织者、实践者，是教学方法的设计者、实施者。一流的教学内容、一流的教学方法、一流的教材、一流的教学管理首先需要有一流的师资队伍。在高校的教学建设中的教材、教法、教师“三教”关系处理的核心在于教师。在教学过程中，有效把握和正确处理知识传授与人才培养关系、教材与教学内容的关系、科研与教学的关系等，每一个环节都离不开教师的参与和作用的发挥，起决定性作用的是教师。

师资队伍对于民办高校提高教学质量，对于民办高校的改革与发展更是非常重要的。建设一支高素质的师资队伍，建设一支德才兼备、富有创新精神的高素质教师队伍，是民办高校提高办学水平和教育质量，提升人才培养质量的关键措施和根本保证。

四、加强内涵建设关键在教师

高校之间的竞争最终要归结到内涵层面的竞争，内涵建设水平体现高校间综合竞争力的核心。内涵建设是高教事业发展的硬道理，谁掌握了内涵建设的主动权，谁就赢得了未来的发展权。内涵建设跟不上，发展和建设出现一系列问题，学生的培养质量无法得到保证。在新的教育形势下，下气力抓内涵建设，是一项摆在全体高教工作者面前的迫切而艰巨的任务，需要我们拿出浑身解数打赢这场内涵建设之战。

高校的内涵建设是一项系统工程，涉及高校建设的方方面面。学科和学位点建设、科学研究及成果转化、师资队伍建设、人才培养质量和国际化水平、办学条件、校园文化建设等七个方面是高校内涵建设的基本内涵，是高校竞争最重要的七个要素。其根本在于提高整体办学水平，出发点和目标是提高教育质量，提高人才培养质量，而师资队伍则是核心，是事关学校内涵建设各项事业发展的关键性因素。因此，高校应树立教师是第一资源的观念，切实加快建成高素质的师资队伍。

我校教职工职业竞争力研究

教务处　陈晓华

摘要： 教师传道、授业、解惑的重要职责对学校的发展起着决定性作用，教职工强大的竞争力势必能把学校推入同行业的前列，从而培养出来的学生将会在未来的工作岗位上出类拔萃。本文从我校教职工主客观现状入手分析探讨，力求为提高我校教职工职业竞争力提供思路。

关键词： 职业竞争力　职业能力　学生诉求

北京联合大学是涵盖经、管、文、法、理、工、教、史、医等多学科的北京市属综合性大学，是北京地区规模最大的高校之一。面对高校发展百花齐放、百家争鸣的现状，我校学生人数、办学规模以及其有特色的地理位置分布，对本校教职工的职业竞争力提出了更高的要求。提高我校教职工职业竞争力刻不容缓，本文就这一主题进行了探讨。

一、我校教职工现状分析

1. 我校教职工的体质特点。学校的高速发展，对教学、科研、教改、管理等方面都提出了较高的要求，教职工的工作量逐步加大，各类任务更加繁重，工作内容更加丰富。教职工投入到工作中的时间越来越多，因此，学校将教职工身体健康和身体素质放到了重要地位，这样能促进教职员工的身体素质的提升，更能促进其工作的进步。

通过调查、测量、问卷调查、数理统计结合文献资料，得到我校教职工的基本体质状况：

（1）健康检测：在体检中共检查出40多种疾病，其中2374人有不同程度的症状或病变，总检出率64.04%。危害我校教职工健康的主要疾病是高脂血症、高血压、脂肪肝等。

（2）体质测评：与全国平均水平相比，我校教职工身体机能较低、心肺耐力较差，下肢爆发力、肌肉耐力、身体平衡能力优于全国平均水平，神经系统反应和动作综合能力呈较高水平。教职工体质综合评价结果合格率高于全国平均水平，但优秀率、良好率均低于全国平均水平。

（3）健身习惯：我校教职工尚未形成良好的健身习惯，参加体育锻炼人数比率低。造成这种现象的主要原因是“工作忙”“没兴趣”“缺少组织指导”“家务重”。但是大家对健身的作用认识比较到位，都将“增强体质”作为参加健身活动的第一目的。能参加锻炼的教职工主要以校内体育场馆作为健身场所。

2. 我校教职工的职业现状。我校校区分散，给教职工的教学和管理工作带来了很多不便。但是在学校的统筹规划安排下，学校的教学、科研、管理都在不断进步。

（1）随着科技的发展和社会对人才的需求的变化，上课讲授内容需要更注重理论性与实用性、时效性与先进性，这必将需要教学引入更多新鲜的血液，同时也对教师胜任工作的能力提出了更高的要求，体现在：提升专业知识技能与态度、培训、引导学生、教学科研水平、社会服务等多个方面。

（2）现代多媒体技术和网络技术以及视频技术的应用，使教学内容更加丰富、教学形式更加多样化，同时也给教职工掌握新的应用型技能提出了更高的要求。

（3）教师参加研修、外出培训，机会增多，更加拓展了教师的视野。学术的提高和深化使我校教职工的整体水平大大提高。

（4）高学历教职员工比例的增加，带动全校教职工在科研立项、科技成果、论文著作等方面有极大的发展。

3. 我校教职工面临的学生成长诉求。学生成长诉求是推动学校教职员工发展最活跃、最重要的因素，也是教职员工职业竞争力发展的内在动力与路径依赖。因此，以动态适应大学生成才成长诉求为目标，以专业性、科学性为基本要求，以自身胜任力提升为驱动，从学生角度探讨教职工的职业发展问题，将更具现实性和可操作性。

我校教职工面临的学生群体从研究生、留学生到本科、专升本、专科，学生层次多，从入学开始，相同班级内学生掌握的基础知识差别较大，对新知识的理解能力也有很大的不同，这就给教师的教学带来很大的考验，相同专业不同层次的学生给教师教学准备提出更细更高的要求。针对不同的学生的管理需要采取不同的方式方法，也给管理人员提出了新的课题。

二、提高我校教职工职业竞争力的方法和途径

1. 提高教职工的身体素质和心理素质。针对以上对教职工身体素质的分析，我们应该从以下方面入手，来提高我校教职工的身体素质和心理素质：

（1）教职工本人要学会积极处理个人健康、工作、生活的辩证关系，利用空闲时间积极参与体育锻炼，积极参与学校为我们提供的对提高体质有益的活动，还要主动学习健康知识技能，祛除不良嗜好，养成科学的生活方式和生活习惯。

（2）学校相关部门应采取有效措施，加大投入的同时，在健康教育、组织群体活动等方面，尽量提供多时段供不同岗位人群选择，这样能让更多的人参与进来，从而大大提高教职工参与体育锻炼的能力与兴趣。

（3）有效发挥校园文化的导向作用促使教职工释放压力、调节身心。校园文化不单单是学知识、搞科研，我校逐步建立的摄影协会、徒步协会、健美操协会等等都是校园文化的组成部分，在后续的完善过程中引导者要牢牢把握其共同的导向功能，把学校全体教职工的思想和行为统一到学校的发展目标和人才的培养目标上来，如此定能保证学校的发展方向，体现学校精神，并逐渐形成一种与之相适应的环境和氛围，从而对师生起到导向作用。精神的作用是巨大的，这必将会推动教职工职业竞争力的提高。

2. 提高老师的教学质量。教学工作是高校教师的核心业务，提高教学质量是高校教学改革面临的主要问题之一。教学质量的高低和成效直接影响学校的知名度和社会认可度。教师作为教学活动的主要执行者，提高他们的能力对提高教学质量有着重要意义。

（1）选择合适的教材。目前高等院校教材种类繁多，作为选取教材最关键的一环，教师一定要从学校人才培养方案出发，结合我校学生实际情况，从课程类型、教材内容、教学课时、不同学生的教授难易程度出发提出合适的教材供专家讨论定夺。同时教研室也要积极引导教师立足本专业的发展方向，结合学校的实际情况，积极探索，编写出适合当今社会发展和促进学校人才培养目标大发展的精品教材。

（2）适时更新教学内容。任何一个学科总是处在不断地发展完善之中，这就要求教学的主导者——教师在依赖教材的基础上还能实现对新知识的实时更新和补充，能够灵活穿插和引入一些其他参考书或者网络平台比较优质的资源。基本内容加上学科前沿、行业动态，必将会培养出顺应社会要求的人才。

（3）改变教学方式。网络的出现给教学方式的变革提供新的手段，教师要根据不同的学科特点建立与课程相适应的网络教学辅助模式作为传统教学模式的补充，这样在师生互动、培养学生自主学习能力、学生互助学习等各方面都会取得成果。笔者参与的“基于学生自主学习能力培养的高等数学课程作业改革与实践”项目结果显示，融入网络教学的教学模式，使学生在课后作业、课程复习方面积极性明显增强，对知识的掌握程度都有大幅度的提高，达到了预期的效果。我校的网络学堂建设目前已经取得初步成效，尤其是在公共课程上的应用深受学生的喜爱。依托以上项目，以一年级本科学生高等数学课程为实践对象，在小范围班级的教学过程中运用“传统 + 网络”教学模式作为检验，得出了有效的、能使学生自学能力提高的实际方案，大多数学生都说他们在课后练习和知识复习上获益匪浅。但是通过后台检查发现，很多课程网络学堂的内容多数是老师提供的参考资料和布置的作业，在线交流和知识的深入探讨学习还远远不够。

（4）寻找新的手段，让学生共同提高。学生的优秀率和合格率是衡量教学质量的又一个指标。依靠课堂教学很难让全体学生都达到预期的水平，所以需要寻找多种手段拉平学生之间的差距，提高整体的优秀率和合格率。针对某一科比较落后的学生，我们可以把专业课的导师制引入到所有课程中来，老师有针对性地对学生进行辅导，促使其对知识的掌握和提高。学校可以利用诸如广播、电子屏等多种方式，对语言类课程进行“磨耳朵”训练，比如外语，广播可以在早中晚一定时间段播放适合大学生的内容；学校开辟外语角，加强留学生、外教和国内学生的交流，这样学生的外语听说能力必将有很大提高。

3. 提高教职工的研修能力和科研能力。研修能力是科研能力的基础，科研能力是研修的动力，二者相辅相成，所以提高教职工的研修能力和科研能力，将会达到双赢的美好结局，则教职工的职业竞争力必将大大提升。

（1）提高教职工研修能力。教师的研修、继续学习不仅是自身的提高，也是后续事业发展和学校发展的需要。子曰“知之为知之，不知为不知，是知也。”这也提醒我们提高自我研修能力要把握好几个方面：首先我们要抓住一切机会，积极参加研修、培训。这是我们开阔视野、弥补不足和吸取新信息的绝佳时机。其次，在研修学习过程中，我们要注重在交流中提高，如同“尽信书则不如无书”告诉我们的一样，要辩证地吸取大师级人物的观点，要有认真与坦诚的学习风范，更要以求真为目的去交流，这样才能让自己在学术上有所裨益。最后，针对不同活动找到最佳的学习方法。我们要会根据所参加研修的环境和举办特色来选取合适的学习方式。比如培训会议要提前到场，争取好的座位；网络学习要做好记录准备，不方便记录时，可以借用会议允许的视频录制设备等等。通过各种有效的手段和方法，研修必将会取得较好的成效。

（2）提高教职工科研能力。作为高校教职员工，科研是工作的必要组成部分，科研能力的提高要注重提升自己的思维能力，拓展自己的思路，还要理论结合实际在岗位上能研究、能出成果。首先，作为“传道、授业、解惑”的师者，我们要会思考，还要会实践，更要会拓展。其次，在我们把所思所学所得传授给学生的过程中，知识不断消化、优化，灵感则会不断闪现，这时就应该学会动手，动手记录思维中的闪光点，有些灵感会一闪即逝，所以我们要善于捕捉，要勤于动手，还要学会总结、勤于写作。写的过程中则会将问题看得更透彻甚至会有新的闪光点，这就是新项目的起源。最后，一定要注意认识的深化和思维方法的培养。做学问与生活一样，要有真善美的追求，也要兼顾感性与理性，本性与心志的统一，将世界融入内心，将自我融入世界，要懂得辩证法，能达到回归自然又充满追求的自我超然境界，必会拥有不枯竭的思维。这样在工作过程中，能够敏锐地发现科研的亮点，展现自己的创新，提升自己的科研能力。

4. 为教职工制定合适的考评机制。在以全员聘任制为主体的高校人事分配制度中，合适的考评机制在激发高校教职工工作积极性、提高高校的教学质量和学术水平等方面发挥着重要的作用。

首先，加强对考评机制的宣传力度，让广大教职员工认识到考评工作的重要意义。其次，要注重过程，采取科学的考评体系，使结果公平、合理、真实。最后，要将考评条件和岗位紧紧结合在一起，尤其是制定岗位职责和考评标准时，要细致更也要落到实处，要注重工作成绩也要注重德才表现，要注重领导讲评，也要注重民主建议，同时还要注意考察和分析，这样才能达到客观公正，才能让考评真正起到激励作用。才能调动广大教职工的积极性，启发他们的创造精神，提高教职工素质和竞争能力，从而提高学校的办学效益和办学水平。

参考文献：

[1] 白雪冬：“北京联合大学教职工体质健康状况与健身习惯的调查研究”，北京体育大学2012年硕士学位论文。

[2] 吴慧：“高校教师现代教育素质和能力培养模式探究”，

载《科教导刊》2014 年第 12 期。

［3］王振海："高校教职工考核工作的实践与思考"，载《信阳师范学院学报（哲学社会科学版）》2004 年第 6 期。

［4］孙朝："大众化高等教育发展中的结构矛盾及其变革"，载《北京大学教育评论》2005 年第 1 期。

提升高校组工干部执行力浅析

组织（统战）部　勇天奇

摘要： 高校的党委和行政关于学校治理的政策制定出来，关键就是执行，而组工干部不去执行或者执行不力，一切就是空想。因此，提升高校组工干部的执行力对于高校的发展有至关重要的作用。本文从提升高校组工干部执行力的重要作用、存在的问题和提升途径三个方面对组工干部执行力研究进行了初探。

关键词： 组工干部　执行力

“执行力”一词最早流行于国外企业界，一直以来执行力在企业竞争中具有举足轻重的地位。那么对于党政机关的各级领导干部，尤其对于组工干部来说，执行力就是一个干部的素质、能力和经验的综合体现。组工干部要践行科学发展观，做到“讲党性、重品行、作表率”，就必须在强化执行力，在狠抓工作落实上下功夫。

一、提升高校组工干部执行力的重要作用

1. 能切实将高校党委、行政思想意图变为现实。高校党委和行政在治理学校时产生的思想意图想要实现，必须依靠组工干部按照学校党委和行政的指导性思想进行行动，也就是依靠组工干部的执行力。因此，提升高校组工干部执行力对于学校

党委和行政治理高校的思想意图变成现实十分重要，是意图变为现实的必要条件。

2. 能为学校发现和培养优秀的干部，实现学校的发展目标。组织工作的一项重要工作就是发现、培养和使用干部。组工干部必须配合学校领导去发现有能力、有潜力、优秀的管理干部和教师，进而培养他们，使用他们，锻炼他们，让他们成为学校各项工作的中坚力量，让他们去促进学校教学、科研、管理等各项工作顺利开展，从而实现学校的发展目标。如果一个组工干部的执行力不强，缺乏干部发现培养使用中贯彻学校发展目标的能力，就会严重削弱学校的发展潜力。

3. 能促进学校师生员工的向心力。组工干部的沟通协调融合能力也是其执行力的一个特殊体现。组工干部在工作中要与学校中的各类人员打交道，尤其是教师党员、领导干部、学生党员、民主党派无党派人员，在与各类人员交往中的沟通协调融合能力的高低，往往会影响这些人的工作、学习热情。所以增强了组工干部的执行力，也就促进了学校师生员工的向心力，从而促进了学校的发展。

二、影响提升高校组工干部执行力的主要因素

1. 思想还不够解放。思想是行动的指南，长期以来，多数组工干部都习惯于按各种规定、制度去做，有时还受到一些旧观念、旧框框的束缚，思想观念不够解放，缺乏改革创新的活力，在突破性问题上不能创造性地开展工作，影响工作效果。

2. 标准还不够高。执行力的核心是执行是否保质保量达成目标，是否达到规定的标准，如果执行了，但是没有达到要求等于没执行。有的组工干部处理问题的果断和恒心不够，不能严格要求自己，觉得差不多就行了，不追求效果的最佳，只满

足于工作效果的一般化，勇攀高峰的意识不强。

3. 解决问题能力不够高。一些高校组工干部业务能力不强，对工作中出现的新政策、新规定不熟悉，或理解不到位，吃不透上级文件精神，缺乏认真学习的态度，在工作中现学现用，面对各种复杂多变的新情况、新问题，不知所措，无法解决，或者解决问题的方法不够科学合理，极易成为不稳定因素。

三、提升高校组工干部执行力的途径

1. 组工干部必须要有正确的思想认识。思想是行动的先导。思想正确则行动正确，思想积极则行动积极，思想统一则行动统一。中国共产党是全心全意为人民服务的，我们的事业是人民的事业。学校的事业发展是社会发展的一部分，作为组工干部在这个问题上必须要认识到位，热爱本职工作，坚决贯彻执行上级单位、本单位的各项决策部署，以最大的热诚、最深厚的感情投入工作，服务师生员工。

2. 组工干部必须加强学习，提高自身的理论素养。组工干部的执行力要想提高，就必须要有过硬的业务能力。要把上级单位和本单位的精神执行好、贯彻好，要不断地学习党和政府关于国家发展的路线方针政策与教育的路线方针政策理论、党的建设理论、党的干部培养使用理论、党的组织工作与高校组织工作理论、党在高校的人才培养理论、执行力理论等，丰富业务知识和工作方法，才能在工作中得心应手，依法依规办事，不出偏差，保证各项工作的顺利推进。

3. 学校可以建立高校组工干部执行力的激励机制，包括奖励机制和处罚机制。对于执行力突出的组工干部可予以精神或物质方便的奖励，譬如在职称晋升方面给予优先考虑等。而对于执行力不能满足学校发展要求的组工干部，要进行批评教育或经济处罚，影响恶劣的应调离现岗位等。

总之，高校组织工作是靠高度的责任心干出来的，要有开拓创新精神，靠脚踏实地的工作，把握规律，认真躬行，就能真正打造出具有高效执行力的高校组工干部队伍。

参考文献：

[1] 王兵："谈新形势下组工干部对执行力的认识"，载《东方企业文化》2013 年第 10 期。

[2] 赵越英："新形势下提升组工干部执行力的思考"，载《山西日报》2011 年 8 月 3 日 C6 版。

关于新时期加强高校基层工会干部执行力的思考

直属单位党委办公室　屈文超

摘要：高校基层工会干部开展工作，关键就是执行，执行力是基层工会干部联系群众，传递高校对教职工的关心关爱的具体体现。因此，提升高校工会干部的执行力对于高校的发展有至关重要的作用。本文从提升高校工会干部执行力的重要作用、存在的问题和提升途径三个方面对工会干部执行力研究进行了探索与思考。

关键词：高校　基层工会　执行力

高校基层工会干部执行力，是高校基层工会干部所必须具备的重要能力，它在一定程度上决定着高校改革发展与成效。随着我国发展日新月异，顺应新形势、适应新常态，创新工会工作方式方法，调动、维护、发挥好广大教职工的积极性、创造性，凝心聚力为学校发展贡献力量，是摆在每名高校基层工会干部面前的必修课。要想做好基层工会工作，必须充分认识执行力在高校基层工会工作中的重要作用，以转变思想，强化意识为切入点，切实提高基层工会干部执行力。

一、提升高校基层工会干部执行力的重要性

对于高校基层工会干部而言，执行力是将学校关心教工，

为教职工制定的各项政策、举措落到实处，将学校的温暖和爱心向教职工心手相传的能力，是学校凝心聚力、善待教工、为群众服务的关键所在，也是学校落实党的群众路线方针，为人民群众和广大职工自觉服务的具体体现。因此提升高校基层工会干部执行力水平，是保障学校事业发展、为我国高等教育保驾护航的重要内容。

1. 执行力是我国工会组织的重要特点。我国工会组织区别于西方工会的主要特点就是我们是党领导下的工会组织。而强而有力的执行能力则是我国工会组织的重要特点。对于各级党组织的政策决议，我们基层工会组织都及时传达，坚决执行，全面落实。高校基层工会干部始终坚持将以群众为中心、为群众服务作为工会工作的核心内容，对于上级的各项文件决策，基层工会干部都认真学习、深刻理解，力求全面领会，然后把它作为行动指南。通过积极开展基层工会工作，将党和教职工群众紧密联系起来，激发群众以校为家的热心，共同为学校发展贡献力量。正因如此，不断提升基层工会干部执行力，对于党的事业的成功和学校改革发展都至关重要。

2. 执行力是落实群众路线的关键环节。全心全意为人民服务是党的根本宗旨，群众路线是党的生命线和根本工作路线。牢固树立宗旨意识和马克思主义群众观点，切实改进工作作风，赢得人民群众信任和拥护，对夯实党的执政基础，巩固党的执政地位，具有十分重大而深远的意义。对于基层工会干部，开展工会工作就是践行党的群众路线的一个重要组成部分。能够顺应新形势、适应新常态，把党的主张、学校的需要和职工群众的呼声联系起来，作为开展服务教职工工作的根本出发点，倾听教职工呼声、关心教职工疾苦、体察教职工情绪、维护教职工权益，实实在在为教职工做好事、办实事、解难事，让教职工得到实惠，真正体现“工会要体现做好群众工会的主体地位，发挥做好群众工作的主导作用”，这些都是高校基层工会干部执行力的具体体现。

二、影响高校基层工会干部执行力的问题

高校基层工会干部大都具有文化水平高、学习能力强的特点，总体来说，其适应力和执行力是比较强的，基本能够适应新形势、新常态、新任务要求。但基于高校的环境特点，也存在一些问题，需要我们高度重视。

1. 思想重视不够。对于有些工会干部而言，思想认识不到位是造成执行不力的根源问题。高校基层工会工作的核心就是全心全意为教职工服务，需要工会干部全心投入、无私奉献，真正把自己当作教职工“娘家人”。思想上如果对工会工作认识不够，开展工作不深入，不具体，不扎实，不到位，应付了事，仅仅把工会工作看成是一项机械性重复，见责任就推，见困难就绕，见矛盾就避；简单地将上级文件和讲话精神上传下达就是完成，不能把上级精神与本部门、本单位实际情况有机结合起来，创造性地执行，就无法将工会工作成效落到实处，工会干部的执行力更无从谈起。

2. 工作思路单一。高校基层工会工作的对象是高校教职工，包括教师、管理人员、工勤人员等。不同对象的文化水平、工作性质、思想意识、工作时间、关注点等都差异较大，开展高校基层工会工作不能同一而论，要针对不同对象的不同需求开展工作。而有的基层工会干部工作思路单一，不能根据对象差异调整工作思路，切合对象需求，针对其特点开展服务，这就造成了开展工作执行力不够，事倍功半。

3. 方法创新不足。新形势下，对于高校基层工会工作，传

统意义上的“吹拉弹唱”已经远远不能满足现今需要。工会工作不仅仅是组织教职工开展娱乐活动，拓展职工福利，更重要的是成为学校和教职工的桥梁纽带，走入教职工内心世界。工会干部要真正做好教职工“娘家人”，了解他们的真实需求，从情感上带给他们关心温暖。这就要求我们工会干部工作方法上要不断推陈出新，抓住教职工的心，团结群体力量，共同谋求发展。不求新求变，固守老思想、老办法开展工会工作，就无法体现基层工会干部的执行力。

三、通过转变思想强化意识，切实提升执行力

通过对影响高校基层工会干部执行力的问题进行分析，我们认识到，思想意识问题是阻碍其执行力提升的关键所在，因此只有不断转变思想，坚持强化意识，才能够切实提升高校基层工会干部执行力水平。

1. 责任意识和大局意识是前提基础。责任感和大局观是干好高校基层工会工作的基础和前提，也是执行力的核心和灵魂。工会干部要时刻铭记自己的职责，将为教职工服务作为自己工作的核心目标，同时要有大局意识，做工作要从有益于学校发展的视角，正确处理好整体与局部、长远和当前、单位和个人之间的关系，心系全局，尽职尽责，开展工作。增强责任意识和大局意识，需要从几个方面下功夫：①工作态度要端正。工会干部对待工作要多一份珍惜，多一份责任，尽心尽责地干好本职工作，将教职工满意作为工作的努力方向。②工作作风要提升。要努力提升工作作风，对工会工作要多思、巧干、善谋划，先思考、后行动，时刻为大局着想，淡泊名利，引导教职工共同营造充满生机和活力的良好工作氛围。③工作质量严要求。工会干部在开展工会各项工作中，对于工作质量要做到高

标准、严要求，重视群众意见反馈，不断改进，自我提升，同时虚心学习，取长补短。④工作纪律存敬畏。开展工会工作，对于各项财务制度要心存敬畏，做到心中有尺度，手中有标准，严格按章办事，同时积极主动，不推诿，不倦怠。⑤工作成效抓落实。工作的最终落实就是执行力的实际体现，对各项工会工作，都要认真端正的去执行、去落实，并深入了解实际成效，认证总结反馈，促进执行力不断提升。

2. 服务意识和奉献意识是核心内容。服务意识和奉献精神是干好高校基层工会工作的核心内容。工会工作的核心就是为教职工服务，教职工是高校事业发展的中坚力量，而高校基层工会的职责就是为教职工保驾护航，让他们以最饱满的精神和态度投入到学校发展事业之中。因此工会干部始终要将自己的情感和热情带入到教职工中去，用心体会感受他们的内心需求，从中发掘工会工作的切入点，以情动人，更好地开展工会工作，始终保持党和群众的血肉联系，同时对于工作要甘于奉献，不计得失。要冲得上、靠得住、拿得下，吃得起亏，受得了气，忍得住屈，善始善终地完成好任务。在奉献中体现基层工会干部的品德和修养。增强服务意识和奉献意识，需要从几个方面下功夫：①深入群众听心声。工会干部要深入到教职工中，多倾听，多了解，多关心，多走访，真实的了解他们的内心需求，将服务和温暖送到他们的心坎上。②态度端正低姿态。工会干部要时刻意识到，我们的职责就是为教职工服务，要时刻存有谦卑之心，将教职工的利益和需要摆在自己内心的制高点。③服务热情甘奉献。为教职工服务要热情真诚，不计得失，甘于奉献，让教职工切实感受到“娘家人”的温暖，将教职工的事情真正当作自己的事情去推进，去落实。

3. 才能意识和忧患意识是动力保障。能力提升和忧患意识是高校基层工会干部自身发展的保障和动力。工会干部要顺应新形势，适应新常态，就必须坚持不断学习，提升自我水平，同时时刻保有忧患意识，自我鞭策，自我提升。这样才能在高速发展、日益激烈的竞争中，站直立稳，激流勇进。能力提升需要通过持之以恒的自主学习实现，忧患意识则是不断审视自身，开阔眼界，寻找不足，求变求新，自我完善。只有通过两者相互作用，互促互进，才能不断增强工会干部自身实力，真正实现执行力的持续提升。才能意识和忧患意识的培养要从多个方面着手：①坚持更新业务知识。对于工作中不断出现的新思想、新知识，要坚持学习，不断更新，通过富有成效的适应性岗位培训，根据自己的知识结构和工作需要，从理论和实践两方面积累知识经验，促进工会干部了解新政策，把握新机遇，拓宽新思路，更好地开展工会工作。②树立终身学习意识。工会干部要树立“人人都是学习之人，时时都是学习之机，处处都是学习之所”的理念，把学习作为自己终生的追求和责任。③提高资源整合能力。工会干部要适应新形势新任务新要求，充分调动周边资源，不断开拓创新，跳出“自我循环”的圈子，形成合力共同推进基层工会工作开展。④培养计划统筹能力。开展工会工作要全局统筹考虑，做到总体有规划，分步有计划，对于每一项决策、每一项工作都了然于心，对可能遇到的问题有准备、有预案，这样才能提升工会工作的执行效果。

构建和谐校园，充分发挥员工的工作激情，圆梦联大美好前景

保卫处　马振伟

摘要：和谐校园是和谐社会的一个重要组成部分，是高校健康发展的基本保障。作为社会主义现代化高级人才的培育基地，营造一个健康、协调、稳定可持续发展的校园氛围，提高员工的工作激情，实现我校长期可持续发展，全面提升学校的办学层次，提高学校的影响力和竞争力，圆梦联大美好前景至关重要。

关键词：和谐校园　工作激情　圆梦联大

和谐社会是中国特色社会主义的本质属性，是国家富强、民族振兴、人民幸福的重要保证。构建社会主义和谐社会，是实现社会主义中国梦的基础，是实现民族复兴的重要保障。高校是培养和向社会输送现代化高级人才的基地，是促进和谐社会建设的重要力量。营建一个团结奋进，乐于奉献，爱岗敬业，充满活力的校园氛围，提高校园的知名度，提高内在品质，增强高校的竞争实力，应该是我们每一个联大在职员工的美好追求。

一、和谐的校园氛围对高校发展的重要作用

1. 和谐校园是现代高校素质教育的基本要求。高校是社会的向导，它代表一个国家和民族精神的精华，并始终站在时代的前列，带动着社会文化的提高和发展。和谐的校园环境是学校历代师生员工共向创造的，它是一种能动的教育力量。校园文化作为一种高层次的先进文化，既是全体师生认同和信守的理想目标与精神支柱，又必然辐射到社会，对人们的思想观念、价值观念、思维方式和行为方式产生积极的影响，从而对社会主流文化建设产生积极的推动作用。一所现代化的大学，要不断加强校园文化的内涵建设，构筑富有活力的高尚的文化生态环境，构建和谐的校园文化，形成一个朝气蓬勃的浓厚学术氛围，营造有利于创造型人才生存、发展的环境，从而在竞争激烈的教育领域立于不败之地。

2. 和谐的校园氛围是高校的内在品质和发展动力。高校的教育品牌是高校的一种无形资产。高校品牌的塑造直接影响着高校在竞争中的地位，直接影响高校的招生和就业。实施品牌战略，形成自己的特色，增强学校的竞争力，是高校目前应对挑战的重要举措，而校园氛围是一所大学的整体精神和风貌，是一所大学的内在品质，是品牌战略的重要组成部分。和谐发展观是学校工作的基础、生命线，是一项专业化的管理事业，应该和教学、科研并重，共同围绕学生这个“根本”，合作、协调，共同发展。和谐的校园环境，有助于提升学校的整体形象，提升高校的整体竞争力。

3. 和谐的校园氛围有利于激发教工的工作激情。高校的教职员工大都接受过高等教育，是一支思维严密和有创新能力的队伍，是祖国高技术人才的重要培育者，是整个社会发展的重

要力量。高等学校的健康发展，要有一批高素质的教职工队伍。和谐校园的构建是师生和谐发展的重要基地，是贯彻“以人为本”，倡导“平等、共享、人道、博爱”教育理念的重要成分。只有一批高素质、团结和谐、积极向上的教职工队伍，充分发挥每个教工的工作激情，才能营造出优良的教育教学环境，激发教职工的工作热情和创新动力。

二、影响和谐校园建设的主要因素分析

1. 现代社会发展的客观影响。随着我国改革开放及社会的快速发展，国际国内形势发生了很大变化，各种社会矛盾相互交织、相互作用、日益复杂。在经济全球化和中国社会转型期，人们的各种意识形态发生了很大的变化，政治参与的积极性和维护自身合法权益的意识明显提高，各方面的诉求明显增多。随着信息化及网络化的高速发展，各种思潮对社会的冲击日益突出，各种敌对势力及违法犯罪活动猖獗。高校教职工作为社会的一员，思维活跃，接受的意识形态比较复杂，对各种社会不公，权益诉求敏感。高校作为社会思潮的引领者、和谐社会建设的重要推动者，自身的和谐建设至关重要。

2. 高校教工的自身压力巨大。随着现代高校的体制改革，对高校教职工各方面的素质要求越来越高。要不断适应现代社会高速发展的时代需求，不断提高自身的学历水平及专业领域的相关知识水平。在职称评定中要经历痛苦的折磨和煎熬。要处理与领导、学生及同事间的各种关系，生活在大城市，还要承受住房、孩子入学、家庭父母赡养及上班交通等各方面的压力。

3. 工作环境方面的压力。高校教工事务繁杂、工作量大、标准高。要应付教科研、论文、继续教育等多方面的考核，生

活节奏快，缺乏锻炼。部门之间缺少沟通，办事困难。很多员工经常牢骚满腹，极大的影响员工之间的团结和谐。

4. 官僚主义及腐败现象。随着改革开放和我国高等教育的蓬勃发展，国家对教育的投入逐年增加，为部分人滥用公共权力谋取私利提供了方便，腐败问题也在大学中滋生蔓延。社会危害极大，教职员工反映强烈，影响极坏。在招生就业、教学管理、校园工程建设、科研经费使用等方面被少数人利用，严重败坏校风和学风。比如教师绩效工资的分配、教师职称评聘、评先评优等等，这些问题处理不好，就是不和谐因素，就会影响广大教职工的工作积极性和创造性。这些问题说到底是民主建设问题，一个单位处理问题是否公正、公平、合理，直接关系到单位是否和谐。高校应该是一片净土，是培养高素质人才的地方，高校腐败严重影响着校园的和谐与稳定。

三、创建和谐的校园氛围、激发员工的工作激情，圆梦联大

1. 加强心理调节，注重提高自我修养。高校教工担负着培育优秀人才，传播文化知识，促进精神文明的重任。教育工作者的自身修养直接影响着下一代人的素质，也直接关系到民族的前途和国家的未来。理想人格很大程度上取决于自我塑造，要学会自我调节，乐观豁达，心胸开阔。要正确认识自己，对自己的能力水平和潜质要有自知之明，根据自己的能力确定志向和目标，从付出、劳动和自己的创造中获得幸福和快乐。艰苦奋斗，不谋私利，乐于奉献，淡泊名利，同不良现象做斗争是教育工作者的优秀品质。要不断进行业务及政治理论学习，养成良好的心理素质，踏踏实实地做好自己的本职工作，正确处理各种利害关系，正确对待各种利益得失。以和谐促发展，

以和谐促稳定，以和谐的心态、和谐的行为对待同事、对待工作。

2. 发挥工会的协调和组织作用，调动职工的积极性，促进学校和谐发展。教育工会组织是联系广大教职工的桥梁和纽带，作为教职工的群众组织，在凝聚人心方面具有不可替代的重要作用。工会组织要深入到教职工中去，了解职工的各种困难与工作中的各种困惑，关心职工的生活疾苦，通过形式多样的活动调动大家的积极性和参与性，解决好职工与学校各级组织的种种矛盾，推进和加强学校民主政治建设，调动广大教职工参与构建和谐校园的积极性，团结和凝聚教职工积极投身到学校的教育改革事业中去。

3. 营造部门内部相互尊重、相互鼓励的和谐氛围。各级部门要积极营造团结和谐的工作氛围，领导要充分尊重每一位职工的工作权利，相信职工的工作能力，以开诚布公的工作思路，坦诚开阔的胸怀去对待职工，充分发挥职工的积极性，充分挖掘职工的工作潜能。不隐瞒、不独断，虚心听取每一位员工的意见，不走形式，不走过场。营造一个敢于说实话、说真话的和谐环境，让员工在轻松愉快的环境中工作。

4. 杜绝腐败，倡导公平正义、诚信友爱、充满活力、安定有序的和谐校园。要坚决杜绝腐败，严厉打击各种违法犯罪活动。在招生就业、工程投招标、绩效评定、职称评聘、科研经费使用等方面要严格监督，让其在阳光下进行。要坚决打击以权谋私，暗箱操作。要把国家对教育投入的各项经费用到实处，用到切实促进学校发展和提升办学质量上。决不能把国家投入的科研经费变成少数人的提款机，要让每一位普通员工有参与科研经费使用的权利，坚持“以人为本”，倡导“平等、共享、人道、博爱”。要努力倡导诚信建设，完善各项规章制度，建立信用登记、评估和监控机制，鼓励和保护诚实守信者，严打作假行骗者，要确保制度的有效实施，不使制度束之高阁、流于形式，要使“诚信为本”在校园蔚然成风，并成为领导干部的重要考核绩效之一。

实现社会和谐，建设美好社会，始终是人类孜孜以求的一个社会理想，也是包括中国共产党在内的马克思主义政党不懈追求的一个社会理想。根据马克思主义基本原理和我国社会主义建设的实践经验，根据新世纪新阶段我国经济社会发展的新要求和我国社会出现的新趋势、新特点，我们所要建设的社会主义和谐社会，应该是民主法治、公平正义、诚信友爱、充满活力、安定有序、人与自然和谐相处的社会。这些基本特征是相互联系、相互作用的，需要在全面建成小康社会的进程中全面把握和体现。

让我们携起手来，在和谐的工作环境中，团结友爱、努力拼搏，共梦联大美好明天！

浅谈岗位胜任力在高校研究生管理中的重要性

研究生部（处） 秦霞 刘红

研究生教育是我国高等教育的重要组成部分，它担负着为国家培养高层次人才的重任。作为高校研究生管理主体的研究生管理人员，其素质和工作质量决定了高校的研究生管理水平。只有全面、准确地考察研究生管理人员的工作能力和水平，才能采取针对性的应对措施，以适应研究生教育的发展，促进研究生培养质量的提高 。

一、胜任力的内涵

1. 胜任力的提出。“胜任力”最早由哈佛大学教授 David McClelland 于 1973 年正式提出，是指能将某一工作中有卓越成就者与普通者区分开来的个人的深层次特征，它可以是动机、特质、自我形象、态度或价值观、某领域知识、认知或行为技能等任何可以被可靠测量或计数的，并且能显著区分优秀与一般绩效的个体特征。

2. 胜任力的特征。胜任力是指个体具有的、为了达成理想绩效以恰当的方式一贯使用的特征。这些特征包括知识、技能、自我形象、社会性动机、特质、思维模式、心理定式以及思考、感知和行动的方式。胜任力的特征结构包括个体特征、行为特征和工作的情景条件。

（1）个体特征——人可以做什么。它们表明人所拥有的特质属性，是一个人个性中深层和持久的部分，决定了个体的行为和思维方式，能够预测多种情景或工作中的行为。

个体特征分为五个层次：知识（个体所拥有的特定领域的信息、发现信息的能力、能否用知识指导自己的行为）；技能（完成特定生理或心理任务的能力）；自我概念（个体的态度、价值观或自我形象）；特质（个体的生理特征和对情景或信息的一致性反应）；动机/需要（个体行为的内在动力）。

这五个方面的胜任特征组成一个整体的胜任力结构，其中，知识和技能是可见的、相对表面的外显特征，动机和特质是更隐藏的，位于人格结构的更深层，自我概念位于二者之间。表面的知识和技能是相对容易改变的，可以通过培训实现其发展；自我概念，如态度、价值观和自信也可通过培训实现改变，但这种培训比对知识和技能的培训要困难；核心的动机和特质处于人格结构的最深处，难以对它进行培训和发展。

（2）行为特征——人会做什么。可以看作是在特定情景下对知识、技能、态度、动机等的具体运用。有理由相信，在相似的情景下这种行为特征可能反复出现。与胜任力关联的行为特征即指在相似情景下能实现绩优的关键行为。

（3）情景条件——胜任力在一定的工作情景中体现出来。研究发现，在不同职位、不同行业、不同文化环境中的胜任特征模型是不同的。

二、高校研究生管理存在的问题

1. 研究生教育管理的特点。现阶段各高校研究生教育的管理工作虽然并不完全相同，但也有一些共同特点。首先是分层性和分散性特点。随着研究生教育规模的迅速扩大，从整体的信息分布上来看，研究生的教育信息越来越呈现分散性的特点。另外，各层次管理人员职责权限不同，使得研究生教育信息还表现出分散性的特点。其次是系统性和相关性特点。研究生教育的管理工作包括招生、培养、学籍管理、学位授予、分配就业、思想政治教育等一系列环节，一方面，这些环节是相互联系、相互依存的；另一方面，各个环节之间紧密配合、协调工作，贯穿于研究生教育的全过程。

2. 研究生管理工作存在的问题。

（1）管理意识较强，服务意识较弱。目前，我国各高校的研究生教育管理者的思想意识仍受传统的管理体制和计划经济体制的影响，他们中大多传统管理意识较强，而与市场经济相适应的现代服务意识薄弱。

（2）权力分配不合理，行政权力占主导地位。权力过多地集中在校级研究生教育管理部门，院系及导师的管理自主权较小。研究生院（部、处）作为学校一级的管理部门几乎集中了对学校研究生教育所有事务的决策权，在实际管理中过多地扮演了院系、学科、学术组织和导师的角色。这种管理模式忽视了院系、学术组织和导师在研究生教育方面的自主权，影响了学术权力的发挥，也抑制了其自发约束的积极性。

（3）考核评估力度不够，质量保障体系需完善。当前我国高校普遍未能建立有效的研究生教育质量监控系统，对于各院系研究生教育的考核评估力度不够，考核评估结果也未能很好地与资源配置有效挂钩，也不能及时对存在的差距与问题给予关注和解决。各院系对研究生教育的自评与自我监控积极性不足，力度也不够。研究生教育质量保障体系建设需要进一步完善，与研究生教育质量有关的各个环节，如研究生生源质量保障机制、培养机制、课程建设、学科建设、创新平台建设、导师队伍建设以及管理制度等方面的质量保证措施，与建设一流大学的要求还有差距。

三、基于岗位胜任力的研究生教育管理指导策略

1. 增强岗位胜任力意识。高校研究生管理人员的岗位胜任力主要体现在意识上，这些意识包括：

（1）行政意识。即工作特点以及行政工作的要求等方面的认识程度，是行政工作应具有基本素质，属于本职范围内的事情，因此要全心全力地做好，保持本职领导和学校工作的权威意识，坚持为学校工作的整体推进出力献策。

（2）岗位意识。对所在岗位的全面知晓程度以及坚持在岗的自觉意识，要求其认真完成在岗职责及任务，保质保量地完成相应的工作。要全面实行首问责任制和首要接待制度，凡涉及学校的人与事，在职责范围内须尽力解决；暂时不能解决的要耐心说明理由，并请求限定日期解决，对超出本职范围内的突发事项，要交给相关管理人员，共同协调解决，并要起到督办工作的作用，树立好学校的社会形象。

（3）角色意识。即对本人在学校的地位、作用、职责等有明确的认识，然后主要针对自己的工作内容明确自己的态度和工作方向。坚持创造性地完成工作任务并履行工作职责，要坚持三不原则：不越权，不越级，不乱管，以避免有可能产生的误会和纠葛，挫伤下属对工作的积极性和热情，造成本职管理工作中的混乱，从而做到角色作用的良好发挥，以体现本校行政管理人员的良好品质。

（4）大局意识。简单来说就是以国家和集体利益为中心，处理和解决问题的一种认识。它要求院校研究生管理人员从本校研究生教育教学工作的大局出发，做到内心时刻明确学校发

展的大局和教育质量的中心。

（5）责任意识。是在工作中融入个人生活的一种负责态度，它是以角色意识及岗位意识为基础，达到的更高层次的意识。要求本校行政管理人员有一种认真负责并负责到底绝不推脱的觉悟和精神，对在工作中出现的偏差和失误，用于担负应该承担的责任，并做出及时的补救工作以保证全方位工作的顺利进行。

（6）质量意识。顾名思义主要是对自身工作的质量要求的认识，即对本学校的研究生教育教学质量要求上的认识。以自身的全心服务和准确的质量意识来推动教学质量的进一步提高，以提升本职工作的胜任力。

（7）创新意识。即在本职工作基础上的开拓进取，不断创新使得本职工作充满活力，以推动其工作更快更好地发展。更需要我们在工作中多思考与比较，从而找出工作中问题的最佳解决方案和结合点。

2. 对研究生管理人员加强培训。对现有研究生管理人员加以培养提高，组织他们学习现代管理的科学理论，学习计算机管理技术知识和技能，实践中不断提高管理能力等。

3. 完善研究生教育管理人员考核评估机制。以胜任力为基础构建评价方案，在考虑现实成绩时，更需将其心理个性、管理能力、道德水平、胜任力发展潜质等即时指标与发展指标相结合，建立研究生管理人员的动态评价机制。

积极践行“三严三实”，做名副其实的好干部

审计处　牛彤

在2015年开展的“三严三实”专题实践教育活动中，我参加了校机关党总支组织的集中学习，并聆听了几场学校组织的高水平报告。在学习过程中，除了听报告和集中学习的内容以外，我还重点自学了习近平总书记在中央党校秋季学期开学典礼上的讲话、参加十二届全国人大二次会议安徽代表团会议上的讲话、在全国组织工作会议上的讲话以及到北京考察调研时的讲话等，对其中党员领导干部要树立正确的世界观、权力观、事业观、“三严三实”、好干部的五个标准等有颇多的体会。

一、坚定信念，严以修身

“严以修身、严以用权、严以律己，谋事要实、创业要实、做人要实”是习总书记对各级领导干部工作作风的要求；“信念坚定、为民服务、勤政务实、敢于担当、清正廉洁”是习总书记在全国组织工作会议上讲话时提出的好干部的20字标准。其中严以修身是指要加强党性修养，坚定理想信念，提升道德境界，追求高尚情操，自觉远离低级趣味，自觉抵制歪风邪气。他指出：“领导干部树立正确的世界观，必须坚定共产主义理想和中国特色社会主义信念，自觉把人生追求和价值目标融入为祖国富强、民族振兴、人民幸福的奋斗之中。有了这样的理想

信念，才能把自己变得精神高尚、眼界开阔，胸怀坦荡、生活充实，也才能做到淡泊名利、克己奉公、无私无畏、勇往直前，毫无保留地为国家为民族为人民贡献自己的一切力量。”信仰的确立来自于理论的认知。因此，要想加强党性修养，坚定理想信念，就必须加强理论学习，学会用马克思主义的立场、观点、方法去分析、认识客观事物，处理我们工作中遇到的各种各样的问题，处理好个人工作和生活中的得与失。同时，还要向实践学习，向人民群众学习。实践是检验真理的唯一标准，人民群众是历史和智慧的创造者。坚持“从群众中来到群众中去”的群众路线，向群众学习好的工作经验，总结切合实际、卓有成效的工作方法，并服务于群众，从而使自身的修养得到升华。

二、树立正确的权力观，严以用权、严以律己

严以用权就是要坚持用权为民，按规则、按制度行使权力，把权力关进制度的笼子里，任何时候都不搞特权，不以权谋私。习总书记强调：“马克思主义权力观概括起来是两句话：权为民所赋，权为民所用。”我们必须始终牢记我们手中的权力是群众赋予的，我们身上肩负着群众的信任和重托。他们赋予我们权力，是因为他们相信我们能够正确行使手中的权力，相信我们会在各自的工作岗位上严格按照规章制度履行我们的职责，全心全意为群众服务，把群众利益放在第一位，相信我们能够公平公正地待人处事，相信我们可以带领他们为了我们共同的梦想去拼搏、去奋斗。因此，我们必须树立正确的权力观，严格执行工作制度，按规程办事，不搞特权。同时，权力的行使与责任的担当是紧密联系在一起的，有权必有责。习总书记强调：“看一个领导干部，很重要的是看有没有责任感，有没有担当精神。”责任源于对事业的热爱与追求，源于对群众的忠诚与承

诺，源于对权力的尊重与敬畏。作为党员领导干部，我们应该在难题面前敢于开拓，在矛盾面前敢抓敢管，在风险面前敢担责任。

严以律己就是要心存敬畏、手握戒尺，慎独慎微、勤于自省，遵守党纪国法，做到为政清廉。我所在的审计处既是学校的监督部门，同时也是被监督部门。作为该部门分管工程审计工作的负责人，自己手中也掌握一定的权力。如何用好这些权力，严以律己是关键。在工作中，我们几乎每天都要同施工单位人员打交道，依据他们报送的工程预算或者结算材料和工程现场实际情况进行工程审计。如果在工作中不能严以律己、坚持原则，没有形成“为民、务实、清廉”的干部核心价值观，就有可能出现一些问题，给学校的经济利益带来损失，甚至会断送个人的发展前途。因此在工作中，我们始终坚持严以律己，制定了严格的规章制度和工作流程，并严格遵守《北京市审计条例》相关规定，不接受被审计单位的馈赠、报酬、福利待遇，不在被审计单位报销费用，不参加被审计单位安排并支付费用的宴请、娱乐、旅游、出访等活动，不在被审计单位为自己、亲友或者其他人谋取私利。2014 年，作为学校“清权确权”工作的第一批试点单位，我们对工程审计权限进行了具体划分，并制作了权力运行图，把权力关进制度的笼子里，使整个权力运行处于被监督之下。2015 年的“三个体系”建设试点工作中，我们将绩效评价工作作为“清权确权”试点业务。编制了职权目录，制定了相应的岗位说明书、岗位廉政风险防控责任书，绘制了权力运行（业务）流程图。通过“三个体系”二期试点工作，不仅切实提高了工作管理水平，加强了部门内部控制，推进了绩效评价工作流程更加规范，而且使每个岗位的工作人员都能够正确看待自己手中的权力，科学配置了各类职权，使廉政风险降到了最低。

三、胸怀坦荡、精心谋划、真抓实干

习总书记谈到的“三实”即谋事要实、创业要实、做人要实。

谋事要实，就是要从实际出发谋划事业和工作，使点子、政策、方案符合实际情况、符合客观规律、符合科学精神，不好高骛远，不脱离实际。目前，我校正处于发展势头最好的阶段，同时也到了攻坚克难的阶段。作为学校的中层干部，我们必须把本部门的工作放在学校整体发展的大局中去考虑、去谋划。结合当前社会形势和学校发展实际，认真研判我们所面临的机遇和挑战，并积极采取应对措施。当前，教育领域综合改革正在深入进行，涉及政府、市场和高校间的治理体系，高校的人才培养、招生制度等系列改革。北京市也在对首都城市战略定位进行重新调整，产业布局调整、控制人口、调整疏解非首都核心功能、京津冀区域协同发展等重大举措，对高等学校的学科专业、课程设置、招生工作等都产生了深远影响。面对新形势，我们必须发扬求真务实的精神，抓住大好机遇，积极发挥应用型大学的优势，广泛开展同兄弟院校、企业、京津冀区域合作，建立学校与社会的紧密合作关系，在“创新引领、服务社会”中体现我们的办学定位、办学宗旨，突显我们的办学特色，提升我们的办学能力和水平。

创业要实，就是要脚踏实地、真抓实干，敢于担当责任，勇于直面矛盾，善于解决问题，努力创造经得起实践、人民、历史检验的实绩。明确了工作目标和要求，才会产生强有力的工作动力，工作起来才有抓手，才能做到脚踏实地、真抓实干。随着教育改革的不断深入，会给我们提出更加明确的方向，同时也会带来各种矛盾和有待破解的难题。作为领导干部，我们必须实事求是地面对这些困难和难题，发扬求真务实的精神，踏踏实实地深入基层进行调研，了解这些困难形成的原因，找到破解难题的突破口。结合具体工作而言，随着学校的飞速发展，改革已经进入“深水区”，变革的触角已经触及方方面面。这无疑对学校内部审计工作提出了更高的要求，审计工作内容将更加广泛和深入，不仅要求做好日常的年度预决算审计、领导干部经济责任审计、工程审计、科研审签，还要将审计视角向项目绩效审计、固定资产审计、内部控制审计转移，不断探索结合型审计的方式方法，构建全方位的审计工作体系。所有这些，都离不开脚踏实地、真抓实干的工作作风。

做人要实，就是要对党、对组织、对人民、对同志忠诚老实，做老实人、说老实话、干老实事，襟怀坦白，公道正派。做人要实，就是要老老实实做人、踏踏实实干事、兢兢业业工作。要做能干事、会干事，并且可以干成事的人，不沽名钓誉，不虚张声势。同时，作为党员干部，要做公道正派的人，要常修为政之德，做一个立身不忘做人之本，为政不移公仆之心，用权不谋一己之力的人。还要规范其言行，敢言慎言，敢为慎为，要讲党性、重品行、作表率，这样才能在群众中树立威信，得到群众的支持和拥戴，才能更好地带领群众朝着共同的理想和目标努力奋斗。

将红色的历史延续

——赴白银市学习“红色之行”心得体会

保卫处　葛雪亮

在多年的工作中，我去过很多的红色圣地，井冈山、延安、百色、西柏坡等，每到一处都有不同的感受。金一南将军在我校的“中国百年的苦难辉煌”那一讲，对我党是怎样在艰辛的环境中生存下来，以及中国共产党为什么能在建党仅有 28 年的时间里就解放了全中国，做出了很好的解读。在 2015 年 10 月 7 日～10 月 14 日校党委组织的我校年轻副处级干部白银培训班的学习、培训的过程中，我有了更直观的感受。

我以前没有来过甘肃省，这一次让我对中国地理又有了更深的认识。在兰州下了火车前往白银市的客车上我没有睡觉，望着车外远处貌似荒芜的土山，有一种荒凉的美，这是第一印象，这时的我也没有想太多。吃完午饭，我心里还在想着在火车上和白银当地的年轻人聊天时得到的信息——到了白银一定要尝尝当地的酸烂肉和黄米糁饭。进入白银市委党校，听孙老师讲述白银的历史，感触不断加深——在白银工作的先辈们太艰苦了，可以说白银这座资源型的城市为我国的发展和建设付出的太多，也牺牲的太多。到这里不禁回忆起课堂的内容，资源、开矿、艰辛、牺牲、承受、果实。在随后的几天中，我们 40 余人又去了靖远、会宁、景泰三县学习参观，脑袋里装满了艰苦奋斗的实例，红军浴血甘肃中部的场景，国家为改善红色圣地老百姓生活做出的努力，以及当地人民祥和、安宁的生活等。

这是一片什么样土地？白银市的人类历史可以追溯到四五千年前，历史上有过多次的变革，这里是著名的古战场之一。解放前，在中国共产党的领导下，白银人民为争取自己的解放作出了努力。1936 年 10 月，参加长征的中国工农红军第二、四方面军先后到达会宁，与红一方面军在会宁县城西津门楼（新中国成立后改名会师楼）前胜利会师，在中国革命史上留下了辉煌的一页，这是白银人民的骄傲。会师后，红五军副军长罗南辉在会宁大墩梁战斗中牺牲，红三十一军 93 师师长柴鸿儒在会宁慢牛坡战斗中牺牲。10 月 25 日至 30 日，著名的红西路军（包括红军三十军、第九军和红五军团及四方面军总指挥部）共 21 800多人，从靖远虎豹口渡过黄河，一路腥风血雨，昼夜拼杀，气壮山河，烈士的鲜血染红了白银大地。

1951 年 5 月，中央地质计划指导委员会地质队来到白银矿区进行钻探，从 20 世纪 50 年代开始，相继建成了一批工业企业，这些企业奠定了白银的工业基础，使白银成了全国的有色金属基地之一和甘肃省重要的煤炭基地，并以有色金属冶炼加工和煤炭生产闻名于全国。

景泰川电力提灌工程是一项高扬程、大流量、多梯级电力提水灌溉工程。工程建成后，彻底改变了当地农业生产的基本条件，取得了显著的经济、社会和生态效益，成为腾格里沙漠南缘的一道绿色屏障。景电灌区已成为景古两县进行农业科技示范，带领群众致富奔小康的示范基地。

这是我在几天学习中获得的知识，感触颇深，不得不写出来，原因在于这里是无数红军先烈抛头颅、洒热血的地方；这里是解放初期父辈们为国家建设艰苦奋斗的地方；这里是党从未忘记这儿的老百姓一次又一次为红军、为党和国家奉献、牺牲的那一段段的历史而反哺的地方。

望着这贫穷的土地，想着红军时期那艰苦的岁月，我不知道先辈们当年有着怎样的信念能坚持到最后，但我知道是什么让老百姓愿意跟着红军走，愿意跟着共产党走，就是因为党的一切努力和付出都是为了老百姓生活得更好，就是全心全意为人民服务。我们现在美好的生活是几代人努力拼搏的结果。我们没有经历过残酷的战争，但是我们决不能忘记历史。当我们下班后，回到家和爸爸妈妈、孩子、亲人围在一桌吃饭的时候，我们不能忘却那一段红色的记忆。

一次次的绝地逢生，一次次的转危为安，当3支红色部队在80年前的那个十月胜利会师的时候，中国共产党所领导的这些红色战士，不仅谱就了长征这样举世罕见的伟大史诗，而且铸就了无与伦比的精神丰碑。这，就是长征精神。一边是国民党重兵的围追堵截，一边是恶劣到极点的自然环境和匮乏的物资供应，红军之所以能在连基本的生存条件都不具备的情况下坚持行军和战斗，直至取得最后胜利，靠的就是这种精神。红军和老区人民用鲜血和生命诠释的精神同样也是今天我们的时代精神，将引导鼓舞我们坚定理想信念、开拓进取、无私奉献，全心全意为人民服务。

通过这次学习，我认为今后要做到以下三点：①坚定理想信念，永远跟党走。作为一个共产党员，要时刻把坚定共产主义理想和中国特色社会主义信念放在首位，把它作为自己的立身之本、奋斗动力和行为坐标，个人利益永远服从于党和人民的利益。②加强学习，不断进取。立足本职工作，不断加强理论学习和业务知识学习，不断用新知识、新理念武装自己的头脑，增长自己的才干，不断提高工作水平，开拓创新，努力提高为人民服务的本领。③艰苦奋斗，无私奉献。要牢固地树立科学的世界观、人生观、价值观，把个人的追求融入党的事业之中，坚持党和人民的事业高于一切，始终积极主动地、忠诚老实地为党工作，甘愿为党和人民的事业奉献自己毕生的精力。

以上是我去白银学习培训的感受。这是我校白银干部培训基地学习的第一期，在这个地方对干部进行培训有着不一样的感觉。红军战斗、会师的地方，资源型的城市，电力提灌最大的工程，培训起来很直观，心灵的触动很大。结合习近平总书记提出的“既严以修身、严以用权、严以律己，又谋事要实、创业要实、做人要实”的重要论述，关键看我们工作做得怎么样，工作做得怎么样又取决于我们怎么样做工作，只有这样，才能把工作抓住、抓紧、抓实、抓好、抓出成效。

我在学习过程中一直在思考长征精神与“三严三实”要求是怎样的一种联系。长征精神就是把广大人民的根本利益看得高于一切，坚定革命的理想和信念，坚信正义事业必然胜利的精神；就是为了救国救民不怕任何艰难险阻，不惜付出一切的精神；就是坚持独立自主，实事求是，一切从实际出发的精神；就是顾全大局、严守纪律、紧密团结的精神；就是紧紧依靠人民群众，同人民群众生死相依、患难与共、艰苦奋斗的精神。今天，当年的战争硝烟已经散去，但和平发展的天空并非晴空万里。在实现中华民族伟大复兴的道路上，新的长征与当年红军长征一样将是山水重重的漫漫征程，也将面临严峻的困难和考验。回顾我们党由小到大、由弱到强的历史，之所以能夺取政权、巩固政权、长期执政，就是因为我们党能坚持严格的党性要求，用优良的作风密切联系群众。“得民心者得天下，失民心者失天下”。苏共这个有着 90 多年历史、连续执政 70 多年的大党最后轰然倒塌后，很多人都提出这个问题：为什么苏共在有 20 万党员时能够夺取政权，在有 200 万党员时能够打败法西斯侵略者，而在有近 2000 万党员时却丢失了政权？正是苏共党性的改变、作风的改变，导致了苏联解体的悲剧。知史才能通今，我们要从巩固夯实党的执政地位的政治高度，认识党性问题和作风问题，把“三严三实”深入到骨子里、融入进血液中，成为须臾不能忘记的根基和信条。正因如此，新世纪新阶段更需要我们高擎起长征精神的火炬，让曾经推动中国革命取得成功的光荣传统在新的长征中焕发出时代光芒，照耀着我们像当年的长征红军那样去不断开创出新的局面。

《中国共产党党员领导干部廉洁从政若干准则》《中国共产党纪律处分条例》学习体会

教务处　牛爱芳

《中国共产党党员领导干部廉洁从政若干准则》（以下简称《廉政准则》），《中国共产党纪律处分条例》（以下简称《处分条例》）是党中央为加强党员领导干部廉洁自律，加强党员教育管理采取的重要举措。党员领导干部能否做到清正廉洁，直接关系到改革发展稳定大局、人民群众的利益、干部队伍建设以及党和政府的形象，对于违反纪律的党员干部给予相应的纪律处分，是党员领导干部队伍建设的必要手段，因此，党中央发布《廉政准责》和《处分条例》有着十分重要的现实意义。

按照学校党委的要求，本人认真学习了《中国共产党党员领导干部廉洁从政若干准则》和《中国共产党纪律处分条例》，有以下体会和认识：

近几年来，由于一些党员领导干部没有遵守廉洁从政的若干准则，走上了违纪违法甚至犯罪的道路。我认为，为了规范党员领导干部廉洁从政的行为，为了更有效地指导今后党风廉政建设和反腐败斗争实践，党中央发布《廉政准则》是给党员领导干部筑起的一道“防腐墙”。我相信，《廉政准则》的正式实施，能够更加有效地规范党员领导干部的廉洁从政行为，是使党员干部远离腐败的重要规定。

《廉政准则》规定了52个“不准”，犹如52条鲜红的“警戒线”，《廉政准则》的发布和实施，对党员领导干部违纪行为惩处的同时，更重要的是警示、教育和保护，最大限度地使党员领导干部少违纪违法甚至是不违纪违法，我们应该深刻领会和理解这一点。

在今后的工作中，我们应该按照《廉政准则》的要求做到知行合一，在工作、生活和社会交往中自觉践行，廉洁从政，真正做为民、务实、清廉的党员领导干部；做到“自律”与“他律”结合，以“自律”为基础，遵守《廉政准则》，同时还需要加强监督检查，辅以“他律”；要做到“勤小物，治其微”，正确对待小事，防微杜渐。

总之，通过学习，我认为《廉政准则》就是党员干部行为规范的一场及时雨，是党员干部尤其是领导干部的从政指南。日常生活和工作中，我们一定要进行对照检查，加强自律自警意识，我认为作为一名党员干部，使《廉政准则》成为自己的人生指南，要对《廉政准则》常怀敬畏心，对《廉政准则》规定的“禁区”不进入，对“高压线”不碰触；要对权力常怀“平常心”，《廉政准则》就是对权力的约束和规范，我们要清醒地认识到权力是用来为师生服务的道理，不能滥用权力；要对诱惑常怀“警惕心”，作为领导干部，面对形形色色的诱惑，要头脑清醒，保持一颗“警惕心”，不能唯利是图、见利忘义，走上以权谋私的道路。

所以，作为领导干部，要经常用《廉政准则》为自己的行为敲警钟。管住自己的脑，不该想的不要想；管住自己的眼，不该看的不要看；管住自己的嘴，不该吃的不要吃；管住自己的手，不该拿的不要拿。要自重、自省、自尊、自励，要把精力投入到工作中，为学校的发展尽心尽力。对于已经违反了《廉政准则》的党员领导干部，党中央发布了《中国共产党纪律处分条例》，这是党内政治生活的一件大事。

《处分条例》的颁布和实施，将会保证我们党始终坚持做到立党为公、执政为民，对维护党的章程、严肃党的纪律，保证党的路线方针政策的贯彻执行发挥重要作用。同时，也将保证党的纪律的严肃性，通过将法律机制引入到党的队伍建设中，使我们执政党的地位得到进一步巩固和加强。

通过学习，我认为修订后的《中国共产党纪律处分条例》内容更加全面和具体，坚决贯彻“党要管党、从严治党”的方针，把我们党以往纪律处分方面的一些规定进一步条例化、规范化、具体化。新的条例对违纪的界限更加清晰，违纪的定性更加准确。明确指出了作为一个党员，一个党员领导干部，应该知道什么是可做的，什么是不能做的，如果做了不该做的，将会受到什么样的处罚。

通过学习，我们深刻感受到，《处分条例》是保持党的先进性和纯洁性的重要条件，是党的路线、方针、政策得以实现的重要保证，对于增强党的凝聚力和战斗力，密切党与人民群众的血肉联系具有十分重要的作用。我们党作为一个有着6600多万党员的大党，没有严明的纪律作保证，就会失去战斗力。在党面临着长期执政和改革开放的双重考验时，需要认真解决好提高党的执政能力和领导水平、提高拒腐防变和抵御风险能力两大历史性课题，在这样的形势下，加强党的纪律建设显得更为重要。

学习《处分条例》关键在于正确理解和把握其精神实质，重点在于规范和约束我们的行为。因此，我们要进一步增强组织纪律观念，自觉遵守党纪法规，时刻用党的纪律严格要求和约束自己，规范我们的一言一行，自觉提高拒腐防变的能力，一切为学校和学生的发展为核心，以求真务实的工作作风，努力为我们党的教育事业贡献力量。

用互联网思维引领、凝聚、服务团员青年

校团委　李焱

当前，“互联网+”“互联网思维”成为街谈巷议的热点话题，面对汹涌澎湃的互联网大潮，如何用互联网思维团结、凝聚、引领、服务被称为“互联网原住民”的90后团员青年，成为团干部必须要思考和面对的问题。团中央书记处第一书记秦宜智曾在讲话中强调，全团要强化互联网思维，积极打造“互联网+共青团”网上网下相互促进、有机融合的工作新格局。这就要求我们用互联网思维来思考和开展共青团工作，创新共青团的工作思路、工作理念、工作方式，更好地融入青年、服务青年。

为利用新媒体和互联网手段加强共青团组织与学生之间更加全面、直接、有效的互动，我们进行了积极的尝试，2013年底，校团委开通了官方微信公众平台“青春联大”。两年来，我们不断探索和创新，加深了对互联网思维的理解和运用，逐步走出了一条具有联合大学特色的微信公众平台建设之路。截至2015年底，校团委微信平台已经有2.4万的关注量，基本实现了对学生的全覆盖。累计推送内容1000余条，累计点击量近200万人次，自2015年3月起，长期位列全国高校团委微信平台100强。微信平台已经成为共青团对团员青年开展思想引领、

推动组织建设、促进教育管理、营造校园文化的有力载体，同时也是校团委联系、服务青年学生的重要渠道。

一、用户思维——坚持以青年为中心，真正把学生当作服务对象

用户思维是整个互联网思维中最基础最重要的思维，是指要“以用户为中心”去思考问题，在工作中，我们始终坚持把团员青年当作我们的用户和服务的对象，以青年的需求为中心，以他们的兴趣为导向，各项工作和活动都面向基层、面向普通学生，注重参与性和互动性，提高活动的吸引力和参与度，增强团组织对青年的吸引力和凝聚力。

1. 增强参与感，让青年参与到共青团品牌建设中。我们借鉴 C2B 的模式，让青年参与到共青团产品的创新中，兜售参与感，运用粉丝经济，让学生成为参与者、传播者和主动创造者。

例如，为了引导学生节约粮食，杜绝浪费，我们借鉴风靡全球的冰桶挑战的模式，吸引同学们参与光盘挑战，极大地提升了同学们参与的兴趣和热情。为了给 2015 年的毕业晚会造势，同时也为了吸引同学们参与这一盛大的校园文化活动，我们在微信平台上推出了“毕业晚会举办时间由你决定”“我帮室友上晚会”两项活动，极大地激发了同学们的参与热情。

2. 注重用户体验，让青年切实感受到关心和关爱。用户体验是用户的主观感受，好的用户体验贯穿于每一个细节。我们在组织开展的各项活动中都非常注重青年的体验，关注青年参与活动的便利性、时间成本和精力成本，关注青年的感受，让他们能收获新认知、感受新体验、发现新乐趣，感受团组织对青年成长的关爱。如，为了方便学生查询成绩，我们利用微信平台开通了《跨年福利 || 微信开启查询考试安排、考试成绩》。

二、简约思维——用简洁的产品来吸引和服务青年

在这个信息大爆炸的时代，学生们更愿意接受简单、简洁的内容。秦宜智书记在讲话中提出要“用简洁的产品来吸引和服务青年”，因此，我们的产品和活动从开发、设计到组织都要符合时代特点和青年习惯。我们践行“少即是多，简约即是美”理念，把复杂的内容简单化，策划文案简单明了，活动参与简单便捷，思想引导简明扼要，一次活动一个主题，一个产品一种理念，让学生一见倾心、一见如故。我们先后策划了“一张图读懂‘四进四信’”“一图看懂毕业流程”“从A数到Z把两会热点串起来”，都是用简单便捷的方式把信息、思想、服务传递给学生。

三、极致思维——打造让学生用户尖叫的产品和服务

极致就是把产品和服务做到最好，超越用户的预期。我们认为，只有把用户体验做到极致，才能够真正赢得青年，赢得人心，赢得口碑，我们不断地提升活动的尖叫指数，让学生愿意去快乐地分享新鲜感、荣誉感，让用户尖叫，让粉丝疯狂。

“联大话音”校园歌手大赛总决赛就是我们用极致思维去做的一场视听盛宴。我们从灯光、舞美、服装、主持、舞台布景等各个方面都精心设计，活动当天入场门票一票难求，甚至炒出高价。

毕业晚会是一次让学生尖叫的活动，活动开始前半月即发动宣传攻势，通过“剧透”“揭秘”引爆校园。活动结束后，用视频、图片大放送，幕后故事继续吸引关注，不断给学生带来“wow”效应的刺激。

四、迭代思维——小处着眼，快速创新，在学生参与和反馈中逐步改进

迭代思维的过程就是从一开始摸索到逐渐形成标准化、规范化、机制化的过程，我们首先以一个最基本的工作模式为基础，然后根据团员青年的体验、团组织的反思、活动的复盘不断地改进，最终形成一个适合自己组织特点也受团员青年欢迎的工作模式和活动形式。

2014 年初，我们提出了学生活动“全天候、全方位、全覆盖”的概念和想法，校团委整合全校的学生活动品牌和资源，迅速推出了“三全”第二课堂活动体系，吸引、鼓励全校师生参与到校园文化活动中来。

全天候是指活动的时间覆盖到课堂教学以外的所有时段。每天从早到晚，都安排了各类学生活动。全方位是指活动的主题和内容围绕学生成长成才所需要的理想信念、科学素养、人文素质、创新意识、社交能力、奉献精神等综合素质的各个方面开展活动。全覆盖是指活动的对象通过各种活动和方式覆盖到全校学生。

两年来，我们根据学生的反馈，针对活动的不足和有待改进的地方，不断加强“三全”第二课堂学生活动体系建设，进一步完善监督、管理办法，先后制定了校院二级管理的运行机制、氛围营造的宣传机制、人财物三到位的保障机制、考核评价的激励机制，把“三全”活动平台打造成思想政治教育、科技创新实践、艺术情感熏陶、身心素质锻炼的重要载体，为学生成长成才提供更加宽广的舞台。

五、流量思维——尽量大程度的扩展服务对象的范围

流量思维就是尽量大程度的扩展服务对象的范围，对共青

团组织来说，就是尽可能多的吸引青年。

对我校共青团来说，我们不光要服务好学生，还要联络和服务校园内的其他青年，把服务对象由 28 岁以下的团员延伸到 35 岁以下的团员青年。我们了解到后勤集团聚集了大量青年人，他们虽然学历不高、年龄偏大，但依然是我们团结和服务的对象。2014 年 5 月，我们在后勤集团建立了团组织，扩大了团组织的覆盖面，凝聚了青年力量，对于促进后勤公司与青年员工的共同发展都具有重要意义。每当有新年音乐会、毕业晚会等大型文艺演出的时候，我们都邀请后勤员工、保安、保洁参与，为他们开辟专门的观看区域，增强了他们对学校的归属感。

除了关注后勤员工，我们还开展各种学术沙龙、讲堂，邀请青年教师参加，扩大共青团在青年教师中的影响力。

六、社会化思维——站在青年的角度，以青年的方式和青年沟通

社会化思维是指组织利用社会化媒体和网络，重塑和用户的沟通关系。在社会化商业时代，用户以网的形式存在，团组织面对的团员青年也是以网的形式存在，这种相互联结的网状结构要求团组织以平等的姿态、真诚的话语，重新构筑与青年之间信息传递、情感表达、交流互动的关系。

1. 平等的双向沟通。共青团一向倡导“不做青年官，争做青年友”，就是为了营造平等的交流基础。沟通是双向的，“团干部讲、团员听”的说教形式已无法满足现在青年的要求，只有引导青年表达自我，才能更好地了解青年，进入青年的话语体系。为了加强与青年的沟通，我们的微信平台开通了评论功能，并定期举办粉丝交流会，与粉丝建立长期的互动机制，鼓励学生从被动转向主动，从单向接受信息转向双向交流信息，

更多地聆听和采取学生的建议。

2. 基于关系的链式传播。随着社交网络的发展，人与人之间通过网络的联系也越来越紧密，信息通过社交网络在朋友等熟人之间的传播效率也越来越高。为此，我们专门编发了《写给联大每个学院的三行情书》《嗨！同学，我有个恋爱和你谈谈》《和联大男生/女生谈恋爱是怎样的体验》系列文章，引发同学们在朋友圈、微信群中分享、转发，形成关系链式的传播。

3. 基于信任的口碑传播。“金杯银杯不如用户的口碑”，共青团组织只有帮助解决青年群体最关心、最直接、最现实的问题，才能赢得团员青年的信任，才能让他们成为我们的义务宣传员，通过他们将共青团“服务青年、维护青少年权益”的青年组织的形象深入青年心中。在我们的微信平台上，我们围绕学生的现实需求，定期推送四六级、考研、考公务员的相关信息，并为新生专门设计了“新生宝典”，帮助他们快速融入和适应大学生活，打造让青年“想得起、找得到、靠得住”的组织。

4. 基于社群的品牌共建。围绕工作需要和学生的需求，我们建立了上百个微信群，建立线上社区，帮助学生之间彼此建立联系，形成社群，围绕特定的工作主题进行分享和交流，这样既方便了工作上的联系，同时也围绕共青团工作建立了一个团结、活泼、向上的大社群，让大家共同参与“共青团”这个大品牌的建设。

七、大数据思维——科学化决策，个性化服务

大数据思维是指对大数据的认识，是对共青团资源和关键竞争要素的理解。我们利用各种渠道和途径收集学生的相关数据，并进行分析和挖掘，寻找对团组织有价值的信息，这些数据的沉淀，有助于我们进行预测和决策，让我们的产品和服务

更加贴近学生的实际需求，从而实现个性化、精准化服务和精细化运营。

我们对三全活动的数据进行统计分析，发现学生对不同活动的兴趣点；通过微信平台的点击量，来选择推送的主题和内容，让我们的更加吸引人、更接地气。我们每周都对全校团属媒体的数据进行收集和分析，并制作出“全校团学组织微信公众号排行榜”，与大家一起分享团学组织微信公众号的成长与发展。期望以此方式促进相互交流、学习，推动微信运营工作不断进步，共同唱响网上主旋律，一起传播时代正能量。

八、平台思维——整合资源，搭建平台，为学生成长成才提供更多机会

平台思维就是开放、共建、共享、共赢的思维。共青团不仅要做枢纽型组织，也要做平台型组织，我们充分借用、整合校内外的各种资源和力量，努力为学生搭建更好的平台，提供更多的机会，帮助他们快速进步和成长。

我们坚持“走出去”与“迎进来”相结合，搭建艺术讲堂、艺术沙龙、公开排练、高雅艺术与民族艺术进校园等文艺活动平台，积极与国家大剧院、北京交响乐团等演出机构开展战略合作，发挥好“高雅艺术进校园”“民乐校园行”等平台优势，为同学亲密接触高雅艺术，提高文化素养创造机会，营造充满艺术和文化气息的校园氛围。

我们利用地缘位置优势，积极开展校际合作平台。加强与对外经贸大学、北京化工大学、北京中医药大学等樱花六校的交流、合作，取长补短，优势互补，为我校学生的成长成才提供更多机会和便利条件。

我们利用我校多校区的优势，积极开展校政合作平台。加

强与属地区、县、街、乡党、政机关的合作。按照团市委的统一要求和部署，我校将积极参与区域化团建和社区青年汇建设，引导大学生走进社区，发挥专业和特长参与“新青年课堂”“新青年培训班”，提升我校学生参与首都社会建设，服务基层社会治理、促进区域经济社会发展的贡献力量。

九、跨界思维——颠覆式创新，跨界创造新的组织，为学生创造新价值、提供新服务

跨界思维，就是多角度、多视野地看待问题和提出解决方案的一种思维方式。我校共青团主动跨界，在领导的支持下，开创了“家乡的味道”餐饮实践项目，为学生提供餐饮服务，进行了一次大胆的尝试。

我们抓住学生对单调、乏味的食堂饭菜的厌倦，把擅长做饭的同学和懂得经营与管理的同学组合到一起，组建了一支全部由学生组成的团队，打破学生被动接受餐饮服务的局面，让学生主动参与。我们发挥自身的网络优势、组织优势和动员优势等，去提升、改善学生对传统校园食堂的体验，建立起新的游戏规则。我们在微信平台上进行宣传预告，并接受预定，用互联网的思维去经营，做出学生喜爱的口味，把一份简单的咖喱鸡肉饭卖到了 15 元一份。

大学生社会主义核心价值观培育的内在要求

人民代表大会制度研究所　赵连稳

核心价值观承载着一个民族、一个国家的精神追求，是最持久、最深层的力量。十八大以来，习近平总书记多次提到要注重社会主义核心价值观的培育问题，从自己做起，勤学、修德、明辨、笃实，使社会主义核心价值观成为自己的基本遵循。勤学、修德、明辨、笃实，内涵丰富，寓意深刻，是培育大学生社会主义核心价值观的内在要求。

一、勤学，就是要下得苦功夫，求得真学问

学习使人进步，学无止境，一部人类社会文明史，就是一部学习史。当今世界，科学技术发展日新月异，知识更新速度加快，周期缩短，不学习就要落伍，就会被社会淘汰；学习是苦差事，既要博览群书，扩大知识面，又要学有重点，结合自己的专业和职业进行学习。孔子为了研究《易》，花了很长时间，不知将《易》读了多少遍，第一遍对其基本内容进行了解，第二遍掌握了基本要点，第三遍理解了精神实质。由于反复阅读，致使串联竹简的牛皮带子磨断了好几次。毛泽东曾说："我一生最大的爱好是读书。""饭可以一日不吃，觉可以一日不睡，书不可以一日不读。"没有"头悬梁，锥刺股"的精神，吃不得苦

就学不到真东西学问。真学问就是对国家、对民族、对科学、对自己成长有用的学问。大学生要有“为中华之崛起而读书”的精神，才能学到真学问，才能够成为国家建设的栋梁之材。24 岁的钱学森离开祖国去美国留学，临别时对着他的祖国说道：“再见了，祖国。你现在豺狼当道，混乱不堪，我要到美国去学习技术，他日归来为你的复兴效劳。”当他学成后，又冲破重重阻力，毅然决然地回到祖国，此后一直矢志不渝地为祖国的科学技术发展做贡献，直到生命的最后一刻，赢得了党和人民的高度赞扬。

我们常说大学时代正是人生的关键阶段，就是因为大学阶段是人生步入社会的开始，是成就事业的基础时期。大学时光是多彩的，但却是短暂的，应该抓紧一切时间学习，刻苦学习，学得真本领，将来报效祖国和人民。光阴似箭，日月如梭，稍有松懈，四年即成过去，将来后悔莫及。

二、修德，就是既要加强道德修养，更要注重道德实践

国无德不兴，人无德不立。一个国家国民的道德水平如何，决定着它的发展方向和发展程度，具体到一个人来说，要想在社会上站住脚，就必须做一个高尚的人，一个脱离了低级趣味的人，做人没有道德既危害自己，更危害社会。道德修养是个过程，我国古代常用“内省”“自省”“洁身”“修身”等表达道德上的修养。孔子说他最担忧的是一个人不重视自己品德的修养，提出了“修己以敬，修己以安百姓”的思想，《礼记·大学》提出正心、修身、齐家、治国、平天下，把正心和修身作为治国平天下的前提。为实现自己的道德理想，就要对自己的品行进行锤炼和陶冶，心中不存邪念，为人浮漂、虚伪，心怀不正，就会被社会抛弃。道德实践是大学生道德观念形成、丰

富和发展的重要环节，是道德理想、准则外化为个人道德品质的必要途径。我国古代学校一直注重孝悌忠信礼义廉耻“八维”教育，使得“八维”成为中华传统文化的核心，也是中华文化的 DNA，经过千锤百炼，已经渗透到中华民族每一个子孙的骨髓里。迄今为止，还没哪个人敢挑战这八个字，敢说自己不孝、不忠、不信、不义、不廉、不耻！这就是教育的力量。在日常生活中，大学生要时刻履行道德规范，持之以恒，形成习惯。修德关键要落到实处，不能只停留在语言上。

大学生是国家的未来，大学生的道德水平将决定一个国家未来发展方向，大学生处在价值观形成和确立的时期，抓好这一时期的道德培育十分重要。大学生应当自觉加强自身道德修养，重视培养高尚品德情操，讲道德、遵道德、守道德，追求高尚的道德情操。要坚持由易到难、由近及远的原则，努力把道德理想变成日常生活的准则，自觉弘扬社会主义核心价值观。

三、明辨，就是要善于明辨是非，善于判断选择

是非未明，决不轻下判断，是说明辨的重要性。明辨是非，看清善恶，比学习专门知识显得更为重要。因为一个“德盲”远比一个文盲对社会更具负面效应。明辨对于人的言行至关重要；在大是大非面前，要多加思考，朱熹说：“人之进学在于思，思则能知是与非。”即人的学问增加来自于思考，只有思考才能判断是非曲直。毛泽东说：“吾国二千年之学者，皆可谓之学而不思。”毛泽东读书时善于独立思考，尤其是在读历史书的时候，善于从书中鉴取历史兴亡之道，悟出自己所需的为政方略。对于一个人来说，分不清是与非、对与错是很危险的；明辨是非的目的是为做出正确的判断，然后做出正确的选择。在需要决断时，具备判断选择的能力十分重要，这就回到了朱熹

说的勤于思考方面了。朱熹受教于父，聪明过人。四岁时其父指天说："这是天。"朱熹则问："天上有何物?"其父大惊。朱熹勤于思考，学习长进，八岁便能读懂《孝经》，在书上题字自勉："苦不如此，便不成人。"父亲不仅以儒家经书严格教导朱熹，而且对他讲授"古今成败兴亡大致"，教育他关心民族社稷安危和社会现实问题。朱熹长大后，主张"修政事，攘夷狄"，也就是整顿南宋自身的政治局面，以期达到"复中原，灭仇虏"的目的。他抨击当时朝廷的腐败政治，得罪了当权派，被斥责为"欺世盗名，不宜信用"。九年后，被平反昭雪，恢复名誉。

大学阶段是大学生人生观、价值观、世界观逐步形成的时期，由于社会阅历较少，理论基础浅薄，大学生往往不能全面正确地看待社会中存在的各种消极现象，在复杂的社会生活中容易受到各种不良思想的影响。尤其是当前，社会多元化，思想多元化，既丰富多彩，又眼花缭乱，大学生要学会慎思，学会自主思考，用正确的知识指引自己的行为，特别是要以社会主义核心价值观为根本，对社会上的各种思潮加以明辨，善于判断，确保自己在正确的人生道路上前进。

四、笃实，就是要扎扎实实干事，踏踏实实做人

坐而论道，不如起而行之，是说理论必须和实践相结合，把学到的知识运用到社会生活实践中。《易·大畜》："大畜刚健，笃实辉光，日新其德。"宋代大文豪苏轼说："愿子事笃实，浮言扫谵谆。"这是对人的言行要求，为人言行不实，难以立足社会。"天下难事，必作于易；天下大事，必作于细。""道不可坐论，德不能空谈。"把小事当作大事干，一步一个脚印往前走，干一行，爱一行，专一行，坚韧不拔，百折不挠。只放空炮，不干实事不行；做人杜绝好高骛远，不虚荣，不浮躁，光

明磊落，无愧于国家，无愧于人民。老一辈无产阶级革命家在国家民族需要的时候，毅然决然地走出书斋，投身到革命斗争中去，把学到的救国救民的道理运用到中国革命的实践中。毛泽东曾明确指出："对于马克思主义的理论，要能够精通它、应用它，精通的目的全在于应用。"新中国成立前夕，许多留学海外的青年才俊，冲破重重阻力，一批又一批地回到祖国，投身到新中国的建设中，以学到的科学技术报效祖国。

大学生处在思想活跃时期，面对的又是五彩缤纷的世界，但是，必须安下心来，秋风过面，静如处子，不为外界干扰，向着笃实的目标前进。毛泽东在湖南第一师范读书时，经常带一本书到人声最嘈杂的南门口去读书，闹中取静，目的就是锻炼专注力。大学生应该于实处用力，在落细、落小、落实上下功夫，从知行合一上下功夫，扎扎实实干事，踏踏实实做人，努力把社会主义核心价值观内化为自己的精神追求，外化为自己的自觉行动。

大学生社会主义核心价值的培育，重点在引导，关键在实践，只要我们从勤学、修德、明辨、笃实四个方面加强指导，持之以恒，久久为功，就一定能够使大学生的社会主义核心价值观培育取得显著成效，并使之焕发出强大的感召力和凝聚力，内化于心，外化于行。

后 记

在学校党委的领导和关怀下，在机直党委张楠书记的直接指导下，深入夯实基层党组织建设工作，可持续提升机关工作成效，连续三年陆续出版论文集《高校机关建设探索与实践》《高校机关效能建设探索与实践》和专著《高校机关作风与效能建设研究》等多部成果。

《高校机关作风建设和服务实践纵横》经过全体编纂人员的共同努力，又将付梓出版，这是机直党委党的群众路线教育实践活动、“三严三实”教育活动等转作风、提效能，推动学校科学发展的不断探索和实践总结。

《高校机关作风建设和服务实践纵横》按作风建设篇、实践服务篇和队伍成长篇三个版块共收录55位老师的45篇论文，就如何提高机关工作的规范化、专业化与效能化水平进行探索研究，充分展现了机关作风建设的诸多实践轨迹和深度理性思考。

十分感谢各位作者多年来对机直党委工作的真情倾注，为我们提供了大量的精神财富。同时对中国政法大学出版社的大力支持表示感谢，对为本书提出宝贵意见的各位领导和同志表示衷心的感谢。

由于时间紧迫、水平有限，不当之处敬请广大读者悉心指正。

编　者

2016 年 4 月